종교시장의 이해

유 광 석

다 산 출 판 사

서 문

최근 들어 한국에서 '종교시장' 이라는 단어만큼 흔하게 사용되고 임의적으로 규정되는 종교연구 관련 용어도 드물 것이다. 그들의 학문적 배경을 불문하고 적지 않은 종교연구자들이 다양한 방법으로 종교시장을 규정하고 이해하였다고 주장한다. 불행하게도 이런 개념적 형성과정을 겪으면서 종교시장에 관한 본래의 주장들이 이해되기보다 오히려 오해되고 그 오해가 쌓여 이미 하나의 기정사실처럼 되어 있는 현실과 마주할 때면 종교시장이론(religious market theory)을 전공한 학자로서 때때로 소박한 사명감을 느끼곤 한다.

개인적으로 이 책은 한국사회학회에서 기획한 사회학총서 시리즈로 다산출판사에서 출간된 『21세기 종교사회학』(2013)의 제4장 "합리적 선택이론"을 저자가 집필하면서 느꼈던 부족함과 아쉬움으로부터 계획된 것이다. 총서를 집필하는 과정에서 동료 종교사회학자들과 나누었던 반성적 토론을 계기로 좀 더 자세하고 체계적으로 합리적 선택이론을 설명하고 한국적 사례를 추가해서 정리해야 할 필요성을 실감했다.

이 책의 목적은 한국이나 서양에서 이해되는 종교시장이론에 관한 많은 적대적이거나 온건한 비판들이 전적으로 잘못된 것이라거나 근거 없는 것이라는 주장을 하기 위한 것이 아니다. 사실, 저자의 박사학위 논문 역시 합리적 선택이론을 한국적 사례로서 비판하고 그 문제점들을 극복하기 위한 분석들을 피력한 것이다. 저자가 8년간 공부했던 캐나다의 수도 오타와에서 순수하게 미국적 이론으로 평가받는 합리적 선택이론에 대해 얼마나 비판적이고 냉소적인지는 길게 설명할 필요가 없다. 현재 국제종교사회학회(ISSR : International Society for the Sociology of Religion)의 회장으로 있는 저자의 지도교수 피터 바이어(Peter Beyer)조차 미국적 토대의 합리적 선택이론을 단순히 지지하고 옹호하는 논문에는 박사학위를 줄 의향이 전혀 없는 학자였다.

그 이름이 무엇이든 이론은 항상 비판에 열려 있는 것이고, 그 비판들을 통해서 끊임없이 건설되는 것이다. 이론에 관한 크고 작은 오해들은 어쩌면 당연한 것이고 또 필요한 것이다. 그럼에도 불구하고 그 이론에 대한 정확한 이해를 중단 없이 추구하는 것 역시 학자들에게 주어진 또 다른 사회적 책임이 아니겠는가? 종교시장이론으로 석사와 박사 학위를 마친 저자조차 '종교시장'에 대한 또 하나의 오해를 기초로 이 책을 쓰고 있는 것일지도 모르고, 전혀 읽혀지지 않고 소각되어야 할 쓰레기를 다시 재생산하는 것일지도 모른다. 하지만 수많은 오해와 이해의 대립항들로 가득찬 현실세계에서 변증법적 인식과정의 한 부분으로서 이 책이 나오는 즉시 조용히 소각되어야 한다면, 그것도 완전히 무의미한 일은 아닐 것이다.

거의 20여 년 전 저자는 학부 졸업 논문으로 "이자에 관한 종교사적 고찰"이라는 제목의 유치한 글을 발표한 적이 있었다. 흥미로운 경험은 그 당시 박사과정에 있던 선배 한 분이 논문의 제목만을 보고 '이자(利子)'가 중국 어느 시대 사람이냐고 물었던 기억이 아직도 새롭다. 막스 베버(Max Weber)와 토니(R. H. Tawney)의 경제사적 논쟁을 읽으면서 근대 자본주의 발전에서 종교조직, 교리 및 종교 행위와 의례들의 영향에 관한 학부생의 소박한 고민을 이자(interest 또는 usury)의 문제에 한정하여 정리한 것이었다. 그 당시에 저자의 생각은 베버보다는 토니의 견해에 더 기울어 있었고 경제적 인간(homo economicus)과 종교적 인간(homo religiosus)의 우연한 만남, 즉 '선택적 친화력'이라고 불린 양자의 관계성을 지속적이고 근본적으로 다시 조사해 보고 싶었다. 엘리아데(M. Eliade)가 한국 종교학자들의 유일한 관심사처럼 보이던 그 시절에 '이자'에 관한 학부생의 소박한 질문은 어디서도 대답될 수 없었다. 어쩌면 중국의 어느 시대에 살았을지도 모를 '이자(利子)'를 찾는 것이 더 쉽고 현명한 대답이었을 것이다.

이후 캐나다에서 다시 시작한 석사과정의 첫 학기에 우연히 1995년 미국종교사회과학회(SSSR)에서 전개된 합리적 선택이론(rational choice theory)에 관한 일련의 심포지엄 논문들을 읽게 되었다. 로드니 스타크(Rodney Stark)와 윌리엄 베인브리지(William S. Bainbridge)의 *A Theory of Religion*(1987)에서 설명된 보상-교환 이론을 경제학적 관점에서 더 정교하게 발전시킨 아나코네(Laurence R. Iannaccone)의 미시적 종교이론들에서 그동안 저자가 고민해 왔던 많은 문제들이 서구사회에서 이미 충분히 공감되고 이론화되고 있었다는 학문적 위로를 비로소 얻게 되었다. 다시 말하면, 경제적 인간과 종교적 인간의 길고 긴 필연적 만남의 역사를 이론적으로 설명할 수 있는 길을 발견할 수 있다고 생각했다. 그러나 아이러니하게도, '이자'에 대한 소박한 관심으로부터 저자의 학문적 관심 분야가 지금껏 한 번도 변한 적이 없었던 것은 이러한 크고 작은 계기들의 우연한 결과라고 믿는다.

이 책의 전반부는 종교라고 불리는 복잡한 현상과 관념들이 왜 경제적 사고, 행위, 사실들과 분리될 수 없는 하나의 인간성에 기초하여 이해되어야 하는지를 설명하고 있다. 성과 속의 이분법적 설명체계에 근거하여 종교를 기능적으로 퇴화시키고 주변화시키는 종교연구들이 왜 오늘날의 종교-경제적 융합현상들을 충분히 설명할 수 없는지를 밝히고, 더 나아가 현실사회에서 요구하는 사회구성원 전체의 이익에 이바지하는 종교정책을 그런 관점이 분명히 제시하지 못하는지를 논하고 있다. 사회적 환경에 역동적으로 적응해 가는 종교들과 대조적으로 사회로부터 스스로를 고립시키는 기존의 종교연구 방법론들이 가진 폐쇄적 정체성을 타파하고자 하는 것이 새로운 패러다임으로 불리는 합리적 선택이론 또는 종교시장이론의 거창하지만 실제적인 목표이다.

1990년대 이후 이미 북미와 유럽, 아시아, 남미 등지에서 종교시장이론의 경험적 적용 가능성을 여러 학자들이 확장적으로 추구해 왔다. 특히 일본과 중국의 상황을 종교시장의 개념으로 분석하고자 하는 적지 않은 연구들을 보면서 한국적 상황에 대한 이론적 적용의 필요성을 저자 스스로 더 많이 느끼게 되었다. 이 책의 후반부가 주로 이런 실험적 적용을 위한 논의들을 담았다.

시대가 변하여 엘리아데의 저작들이 이제 북미의 주요 서점들에서 먼지 쌓인 재고로 창고에 남는 것과 대조적으로 사회과학적 종교연구들의 폭발적 성장이 그 추세를 따라가기 힘들 만큼 빠르게 진행되고 있다. 어떤 방법론이 타당하고 부당한지 또는 적절하고 부적절한 것인지를 논하는 것은 분명 종교연구자들의 몫이고 중요한 책임이다. 하지만, 이 책은 그런 논의보다 더 중요한 질문들이 다음과 같은 것이라고 주장한다. 왜 이제 사람들이 엘리아데의 소설보다 과학적이라고 주장하는 도킨스(R. Dawkins)의 무신론을 더 많이 읽고 있는가? 과학, 의료, 산업 및 정보통신 기술의 눈부신 발전 속에서도 왜 종교인들은 감소하지 않고 더 증가하는가? 현대인들의 삶의 만족도를 질적으로 높이기 위해 왜 여전히 종교가 중요하게 간주되는가? 왜 무신론자들도 자녀들과 함께 교회나 절을 찾는가? 왜 종교활동에 더 많은 시간과 돈을 투자하는 사람들은 그렇지 않은 사람들보다 더 행복하다고 느끼는가?

'이자'에 대한 소박한 관심에서 출발한 저자의 종교연구가 어떻게 이런 복잡한 문제들로 확장될 수 있고, 서로 밀접히 관련되어 있는 것인지를 이 책을 천천히 읽으면서 독자들도 함께 공감해 갈 수 있기를 간절히 바란다. 이런 바람이 헛되지 않다면 많은 독자들은 이 책의 마지막 장을 넘기기도 전에 종교를 시장의 관점에서 이해하고자 하는 노력이 보편적 이익과 전체 사회구성원들에게 왜 그리고 어떤 측면에서 중요한 것인지도 쉽게 이해할 수 있을 것이라고 나는 조심스럽게 믿어 본다.

어려운 출판시장의 여건을 고려한다면, 더 쉽고 재미있는 내용으로 폭넓은 독자층을 위해 원고지를 채워야 하지만 저자의 부족한 능력과 일천한 경험으로 그러한 욕심은 이 책의 새로운 인쇄본을 기다려야 할 것 같다. 독자 여러분들의 냉철하고 날카로운 비판과 진심 어린 충고를 기대하면서 이 책에서 명쾌하게 설명하지 못한 내용들은 전적으로 저자의 학문적 무능함에 기인한 것임을 고백하고 싶다. 늦은 나이에 종교현상의 학문적 이해에 매력을 느낀 미숙한 소장 학자의 편협한 시각들이 이 책의 곳곳에 산재해 있을 것이지만, 그런 편협한 학문적 껍데기를 객관화시킬 만큼의 반성적 내용들까지도 사려 깊은 독자들이라면 충분히 공감할 것이라고 감히 생각한다.

끝으로, 출판을 허락해 주신 다산출판사 강희일 사장님께 깊이 감사드리고, 미흡한 내용의 원고를 다양한 관점에서 충고와 질책으로 바로 잡아 주신 여러 선후배 선생님들께 지면을 빌려 다시 한 번 감사드린다.

2014년 8월 비 온 뒤 맑은 어느 날

유 광 석

차 례

Part Ⅰ | 이론적 기초들

Part Ⅱ | 사례연구

Part Ⅰ
이론적 기초들

제 1 장

종교이론과 현실

과학적 탐구대상으로서의 종교현상은 이념과 현실의 복합적 구조물이면서 동시에 역동적으로 이념과 현실을 구조화시키는 사회적 힘이다. 개체별로 독립된 인간이 사회적으로 통합된 인간과 존재론적으로 구별되는 것과 마찬가지로, 종교사회학적 탐구대상으로서의 종교현상은 개개인의 분절적 종교체험들의 단순총합이 아니라, 개인적 수준의 종교적 경험들을 공통적으로 관통하고 있는 그럼으로써 사회적으로 건설된 믿음과 행위의 의미체계들이다.

다른 정치적 및 경제적 이념들처럼 종교적 이념들도 현실에서 다양하게 구체화되고 변형되면서 발전해 왔다. 전 지구적 차원에서 인적 · 물적 자원들의 활발한 이동과 대중적 커뮤니케이션 기술의 눈부신 발전으로 시간과 공간이 압축되고 사회와 인간 상호 간의 의존성이 증대함과 동시에 종교적 이념과 현실의 문화별 · 지역별 · 나라별 · 인종별 격차가 더 분명하게 느껴지고 있다. 한국의 서울에 존재하는 '나'의 정체성이 전 지구적 차원에서 새롭게 확장되고 해석되어야만 하는 상대화의 경험을 우리는 이제 피할 수 없다. 종교도 그렇다. 미국의 몰몬교도는 한국의 몰몬교도와 다른 종교적 정체성을 갖고 있고, 한국의 순복음교회들은 저 멀리 아프리카의 순복음교회나 미국의 순복음교회와 의례, 교리, 조직 등의 여러 면에서 다른 정향성을 갖고 있다. 최근 한국 내 천주교 신자수의 급격한 증가는 천주교가 전통적으로 종교적 헤게모니를 장악해 왔던 남미나 유럽 국가들에서는 발견하기 어려운 특수한 현상으로 국내외 종교연구자들에게 중요한 논쟁거리가 되고 있다(조성돈 · 정재영 외, 2007; 조세희 · 이재혁, 2013). 동시에 거대한 지구화의 과정으로 우리가 편입됨으로써 서로 다른 종교성의 충돌로부터 야기되는 복잡한 정체성의 혼란을 겪는다. 종교가 다르다는 것은 단순히 도덕적 · 윤리적 가치의 차이를 의미하는 것뿐만 아니라, 다양한 문화적 기호나 편견의 차이를 포함하는 수준으로 발전하고 있다. 그것은 부모와 자식 세대 간의 존재론적 갈등을 야기시키고, 종교적 차별과 관용에 관한 다양한 사회정책들을 양산하고, 전쟁을 일으키고, 새로운 사회이념을 창조하기도 한다. 서로 다른 종교는 사회적 맥락에서 서로 다른 종교적 이념과 현실을 건설해 왔고 앞으로도 그럴 것이다.

이처럼 종교이념과 현실의 진화론적이고 변증법적인 다양한 전개양상에 대한 이해가 오늘날의 한국사회에서 더 중요해지고 있는 이유는 무엇일까? 왜 첨단 과학기술의 발전이 종교적 이념과 현실을 끊임없이 재생산하는 종교적 세계관이나 우주관을 완전히 소멸시키지 못했을까? 존재론적으로 질문의 방향을 바꾸어 보면, 종교현상은 진실로 인간성에 대한 이해를 깊게 하는 것인가? 아니면 인간성에 대한 또 하나의 오해를 더하는 것인가? 상호 공존하거나 갈등하고 있는 종교적 가치관들은 현대인들의 정체성을 파괴하고 있는 것인가? 아니면 새로운 정체성의 건설을 주도하고 있는가? 끝으로, 실천적 관점에서 종교는 인간의 행복에 궁극적으로 기여하고 있는가? 기여하고 있다면 어떻게 그리고 왜 그런가? 사회구성원 전체를 행복하게 하기 위한 종교정책은 존재할 수 있는 것인가? 있다면 그것은 어떤 원칙에 기초하여야 하는가?

물론, 위와 같은 질문에 대한 대답들을 추구하는 것은 종교연구가 단순히 인문학적 교양의 완성이 아니라 사회와 인간의 실제적 필요에 응답하기 위한 많은 지적 노력으로 축적된 산물이기 때문에 더 많은 학문적 함의를 가진다. 존재론적이든 당위론적이든 종교이념은 종교적 현실과 항상 일정한 거리를 두고 발전한다. 초월적 이념이 필요 없을 정도로 완전한 현실이란 존재할 수 없는 것이고, 현실에서 구체화되지 않는 이념은 공허한 것이기 때문이다. 종교적 관점에서도 이것은 사실이다. 이 세상은 결코 종교적으로 완전한 현실일 수도 없고, 세상에 존재하는 고통과 모순에 대해 완전하고 만족스러운 종교적 해답도 아직은 합의되지 않았다. 그러나 현실의 불완전성은 종교적 상상력을 낳는 풍요로운 자원이고 원천이면서, 그것이 상상을 넘어 체계화된 종교적 이념으로 발전할 수 있는 원동력을 제공한다. 예를 들어, 예수의 무조건적 사랑은 타락하고 억압적인 로마제국의 식민지가 처한 암울한 사회현실에 대한 인식이 없었다면 탄생할 수 없는 이념이었고, 석가모니가 힌두 사회의 계급제도에 대한 모순을 깨닫지 못했다면 자비나 평등의 이념이 불교의 정신으로 완성되지 못했을 것이다. 결국, 시대가 처한 현실이 불완전하고 불공평하고 모순적일수록 종교적 이념은 분명히 시대를 넘어 더 많은 호소력을 가질 것이다.

이런 면에서 종교연구의 궁극적 목적은 현실과 동떨어진 종교이념 그 자체의 이해에 있지 않으며, 그렇다고 종교의 해체나 건설을 완성하는 것도 아니다. 그런 연구작업들은 인간과 사회의 이해를 위한 하나의 수단이자 과정이며 많은 필요조건들 중의 하나에 불과한 것이다. 모든 종교는 인간의 행위와 정신에 대한 사회적 힘과 구조의 상호작용에 기초하고 있기 때문에 그것의 연구는 결국 인간과 사회의 상호관계를 떠나서는 연구의 정당성과 효용성을 가질 수 없다. 신학적 논쟁으로부터 종교연구자들이 독립할 수 있기 위해 계몽주의 철학 이래로 수백 년을 투쟁해 왔던 역사적 경험을 뒤로 하고 종교연구에 대한 방법론적 헤게모니를 추구해 왔던 종교연구의 다양한 분과들은 여전히 미성숙한 어른들처럼 환원주의 논쟁에 몰두해 왔었다. 그런 논쟁으로부터 우리가 무엇을 얻고 무엇을 잃었는지조차 여전히 논쟁거리이지만 한 가지 분명한 결과는 종교의 해체를 예견하던 수많은 종교연구들이 오히려 더 빨리 해체되어 가고 있다는 점이다. 전 세계 90여 개국을 비교 조사한 세계가치조사(World Values Survey, 1981~2000)에서 미국인들의 96%는 여전히 신을 믿고 있다고 대답했고,[1] 미국 총사회조사(General Social Survey, 1988~2000)의 결과에서는 응답자의 단 2.5%만이 무신론자라고 응답했다[2]는 것은 종교의 소멸이 아직도 머나먼 미래의 일

1) L. Halman and R. Inglehart *et al.*, 2008, *Changing Values and Beliefs in 85 Countries*, p.219.

2) W. S. Bainbridge, 2009, *"Atheism" in The Oxford Handbook of The Sociology of Religion*, ed. by Peter Clarke, New York: Oxford University Press, p.321.

이거나 아니면 영원히 오지 않을 일이라는 것을 반증하고 있다. 그럼에도 불구하고, 리차드 도킨스(Richard Dawkins)와 같은 신무신론(new atheism)자들의 주장에 내재된 결론은 사실 인간정신의 과학적 발전에 대한 종교의 해악을 주장하는 차원을 넘어, 종교연구 그 자체의 무용론에 있다는 것을 인식하는 종교연구자들은 많지 않은 것 같다.

그러나 오늘날 종교이념과 현실의 진정한 위협은 과학적 인과론으로 무장한 극소수의 근본주의적 무신론자들이 아니라, 종교현상 그 자체의 무한한 변화에 있다. 변화의 무한성이란 예측 불가능을 의미한다. 과학기술의 발달과 과학적 세계관의 확산이 필연적으로 종교의 사회적 영향력을 축소시키고 기능적으로 분화된 종교의 기능들은 사적인 영역으로 급격히 제한될 것이라고 단언한 세속화론자들의 가장 큰 실수는 종교의 진화를 너무 단순하게 생각했다는 점이다. 종교적 이념과 현실들은 사회와의 끊임없는 관계성을 유지하며 다양한 방향으로 충돌하고, 변화하고, 적응하고, 재변화하는 유기체적인 자기진화를 거듭하고 있다. 과학적 세계관의 관점에서 종교는 수많은 모순투성이의 대리만족에 불과한 것이지만, 반대로 종교적 세계관의 측면에서 과학은 자신의 업적에 도취한 인간의 소심한 자기만족에 불과한 것이다. 과학은 인간의 종교성에 내포된 인과적 오류를 바로 잡고자 하지만, 종교는 과학적 인간성의 편협한 한계를 초월하고자 한다. 다시 말하면, 세속화론자들은 후자의 관계를 철저히 무시한 채 전자의 측면에서만 종교와 과학의 비호환성을 인식하고 있었던 것이다. 현상학적 종교사회학으로 한 세대를 풍미했던 세속화이론의 주창자 피터 버거(Peter L. Berger)의 최근 고백을 우리는 귀담아 들을 필요가 있다(2001:444).

> 오늘날 종교를 다루는 대다수의 사회학자들은 더 이상 근대화와 세속화의 문제에 집착하지 않는다고 말하는 것이 공정하다. 용감하게도 브라이언 윌슨(Bryan Wilson)과 같은 몇몇 학자들은 여전히 호전적인 모습의 세속화이론에 얽매이면서 중요한 공헌을 하고 있기도 하다. (하지만) 동시대

> 종교사회학에 대한 나의 생각으로는 그런 다수 학자들의 심경의 변화는 정확히 구시대 세속화이론의 포기였다. 그것은 철학적 또는 신학적 변화 때문이 아니라 세계의 여러 지역으로부터의 경험적 증거들을 그 이론으로는 더 이상 이해할 수 없기 때문인 것 같다. 적어도 미국에선 그렇다.

기존 종교사회학의 지배적 패러다임으로 자리 잡고 있던 세속화이론의 경험적 한계들이 현실에서 뚜렷하게 드러나면서 그런 현실의 모순에 대한 이론적 반성들이 진지하게 고려되기 시작했다. 정말 종교와 과학이 호환적으로 상호 발전하고 변화해 가는 것은 불가능한 것인가? 근대화된 산업사회의 성장과 종교인구의 증가를 동시에 경험한 미국과 캐나다 그리고 한국과 같은 사회는 어떻게 이해되어야 하는가? 발전된 정보통신 및 의료기술을 향유하고 극단적인 개인주의와 물질주의가 팽배한 소비자본주의 시대에 인간은 왜 여전히 종교적인가? 과학적 지식의 완전성을 신봉하는 사람들은 결코 종교적일 수 없는가? 종교적 행위나 믿음을 감정이나 무의식과 같은 '비합리적 인간성(irrational humanity)' 이외의 관점에서는 설명할 수 없는 것인가? 현대종교의 다양한 사회적 변화들은 물신주의나 배금주의적 시대정신의 단순한 부산물에 불과한 것인가? 이런 물음들에 대해서 이 책은 이제 새로운 종교이론에 의지하여 그 나름의 학문적 대답들을 제시하고자 한다.

엄밀히 말하자면, 세속화이론은 종교이론이라기보다 종교이념과 현실을 비종교적 전제들로 규정하거나 해체하고자 했던 사회이론이었다는 점에서 종교적 역동성의 본질을 이해하는 데 필연적인 한계를 내포하고 있었다. 이와 같은 구시대적 패러다임을 버리고 이 책은 새로운 현실과 경험들을 포괄할 수 있는 과학적 종교연구에 기초하여 종교와 사회 그리고 인간의 상호관계를 규명할 수 있는 새로운 종교이론적 관점을 소개하고 실제 사례들에서 어떻게 적용 가능한지를 설명할 것이다.

일찍이 사회의 합리적 재구성 과정을 통찰하고 체계화했던 당대 최고의 사회이론가 제임스 콜먼(James S. Coleman)은 억압과 강제에 기초한 구시대적 사회체계가 쇠퇴하고 보상(rewards)과 유인(incentives)에 기초하여 새롭게 재편성되고 있는 현대사회의 구조적 특성을 역설한 바 있다(Coleman 1992:10). 이런 의미에서 우리는 전통적이고 선험적으로 규정되거나 정의된 '종교'가 아니라 우리가 실제 삶에서 경험하고 있는 그대로의 종교, 즉 사회적으로 건설되고 공유되어진 '종교'에 더 세심한 학문적 주의를 기울일 필요가 있다. 모호한 추상화와 공허한 논쟁으로 언제든 학문적 정체성을 상실할 위험이 큰 종교연구의 특성상 동시대의 과학적 방법론과 호환 가능한 범위 내에서의 종교연구만이 학문적으로 가치 있는 결과를 생산할 수 있을 것이다.

2006년 미국종교사회과학회(Society for the Scientific Study of Religion, 이하 SSSR)의 회장을 역임한 스테픈 워너(Stephen R. Warner)의 논문 "Work in Progress Toward a New Paradigm for the Sociological Study of Religion in the United States"(1993)은 미국 내 사회과학적 종교연구에서 중요한 이론적 전환점이 도래하였음을 환기시켰다. 논문의 요점은 세속화이론으로 대표되던 사회과학적 종교연구의 오래된 패러다임이 쇠퇴하고, 합리적 선택이론(rational choice theory)과 같은 종교시장이론[3]이 종교연구의 지배적인 경향으로 자리 잡고 있다는 것이다. 물론, 연구의 패러다임은 단순히 한두 명의 이론가들에 의해 건설되고 완성되는 것이 아니라 종교연구를 수행하는 다수의 동시대 학자들이 가진 이론적 정향성을 의미하는 것이므로 스테픈 워너의 미국 내 연구경향 분석은 1980년대 후반 이후 사회과학적 종교연구들의 포괄적 특성을 정리한 것이었다.

---

3) 엄밀히 말하면 종교시장이론은 광의적이고 경제학적인 의미에 중점을 둔 용어인 반면에, 합리적 선택이론은 사회학적 관점에서 다소 협의적으로 종교현상을 이해할 때 사용된다. 하지만, 이 책에서는 양자를 세분하여 구분하지 않고 동일한 의미로 사용하기로 한다.

〈표 1-1〉 신·구패러다임의 개괄적 비교

	새로운 패러다임	구패러다임
시대상황	경쟁	독점
역사적 대표사례	19세기 초 미국의 제2차 대각성 운동	기원후 500~1500년의 유럽 중세 가톨릭
주요한 설명구조	부흥과 일상화(routinization)	직선적 세속화
주요한 변화과정	이동성(mobilization)	차별화(differentiation)
세속성의 결과	수요의 권태로움을 제거	초월적 믿음의 제거
지도자의 원형	기업가	녹봉 성직자
다원주의관	형성적 관점	퇴행적 관점
사회의 기초	사회집단들	전체 사회
전형적 종교조직	교단(denomination), 회중(congregation)	보편적 교회, 교구(parish)
종교의 기능	결속력과 동기부여	설명, 의미
종교적 정체성	경쟁 및 선택 가능한 것	당연한 것
신도충원	발생적 또는 성취적인 것	근원적, 타고난 것
동시대 학자들	스타크(R. Stark), 핑키(R. Finke), 그릴리(A. Greeley)	버거(P. Berger), 레흐너(F. Lechner), 헌터(J. Hunter)
고전적 저서들	종교적 삶의 원초적 형태들	프로테스탄트 윤리와 자본주의 정신, 노동의 분화

워너 스스로는 종교시장이론(religious market theory)이나 합리적 선택이론에 기초한 종교연구를 한 적이 없지만 미국 내에서 이러한 이론들에 공감하고 있는 종교사회학적 연구들의 빠른 증가에 주목하고 있는 것이다. 그는 종교사회학의 신·구패러다임을 〈표 1-1〉과 같이 비교하고 있다(1993: 1052). 흥미로운 것은 새로운 패러다임에 대한 워너의 논문을 전후하여 그것이 무엇인지, 정말 지배적인 것인지, 그리고 현실에 대한 타당한 분석적 연구방향을 제공하고 있는지에 대한 학문적 논쟁이 본격적으로 미국과 유럽에서 가열되었다는 점이다. 1995년과 1996년 SSSR의 심포지엄,

1998년 American Journal of Sociology의 심포지엄, 2004년 American Sociological Association의 심포지엄, 그리고 the Association for the Study of Religion, Economics and Culture의 학술회의는 합리적 선택이론과 관련한 다양한 쟁점들에 대해 시대적 관심과 중요성을 반영하는 대표적 사례들이다. 정치학, 경제학, 사회학, 심리학, 인류학 등의 서로 다른 영역에서 표출된 합리적 행위(rational action)에 대한 관심들은 1989년에 창간된 영문저널 *Rationality and Society*에서 이미 집약되어 나타나기 시작했다. 이 저널의 초대 편집장이었던 제임스 콜먼이 창간 취지에서 밝힌 것처럼 합리적 행위 개념은 경제학 · 정치학의 공공선택이론, 인지심리학 · 사회학의 사회적 교환이론을 공통적으로 관통하고 있는 기본적 패러다임이다(1989:5).

이처럼 종교사회학의 새로운 패러다임을 선도하고 있는 합리적 선택이론은 학제적 연구결과의 산물이며 그 시대적 연원은 1950년대로 거슬러 올라간다. 1958년 조지 호만스(George Homans)의 "Social Behavior as Exchange"라는 논문을 시작으로 워싱턴 대학(University of Washington)의 리차드 에머슨(Richard Emerson)과 카렌 쿡(Karen Cook) 등에 의해 '사회적 교환'은 집단적 행위를 설명하기 위한 기본 개념으로 사용되었으며(Cook, 1982; Emerson, 1972). 시카고 대학(University of Chicago)의 제임스 콜먼(James S. Coleman)은 사망 전에 출간한 *Foundations of Social Theory*(1990)에서 기존의 단편적 논문들을 종합하여 합리적 선택이론을 사회학이론의 하나로 체계화하였다(1964; 1966; 1988). 정치학에서는 부캐넌과 툴락(James Buchanan and Gordon Tullock)의 *The Calculus of Consent*(1962), 만커 올슨(Mancur Olson)의 *The Logic of Collective Action*(1964)이 합리적 선택모형을 정치적 행태에 최초로 적용한 주요한 사례들이다. 또한 신자유주의 경제학에서 게리 베커(Gary Becker)는 *The Economics of Discrimination*(1957)을 시작으로 인적 자본(human capital)의 개념(1964), 범죄와 형벌(1968), 가족 내 출산(1981)과 같은 다양한 경제 외적 문제들로 합리적 선택이론을 확장시킴으로써 사회학자들에게 큰 영향을 주었다(Coleman, 1994:171).

그러나 합리적 선택이론을 마치 신자유주의 경제학의 부산물로 취급하고, 종교현상의 이해에 대해 합리적 선택이론가들이 스스로 물신숭배적 사상에 빠진 것으로 평가하는 것은 매우 잘못된 해석이다. 그것은 현실에 관한 이론적 사고와 평가자의 당위론적 사고를 스스로 혼돈하고 있는 비학문적 해석이다. 합리적 행위에 관한 논의들은 신자유주의 사상이 세상을 풍미하기 훨씬 전부터 인간과 사회에 관한 주요한 연구주제였으며, 역사적으로 인간의 합리성과 이기성에 대한 논의는 아리스토텔레스부터 어거스틴과 토마스 아퀴나스를 거쳐 애덤 스미스와 막스 베버에 이르는 긴 학문적 계보를 갖고 있다. 자기이익을 추구하는 인간들로 이루어진 사회가 어떻게 경제적 합리성에 기초한 효율성을 건설해 가는지에 대한 근본적 물음들은 경제학자들만의 전유물도 아니고, 물신숭배에 빠진 타락한 인간성을 반영하는 것도 아니다. 오히려 그 반대이다. 제2장에서 우리는 이런 논의를 더 자세하게 고찰할 것이다.

무엇보다 종교사회학의 새로운 패러다임을 대표하는 저술은 사회현상으로서의 종교에 합리적 선택이론의 개념들을 본격적으로 적용한 로드니 스타크(Rodney Stark)와 윌리엄 베인브리지(William S. Bainbridge)의 *A Theory of Religion*(1987)이라 할 수 있다. 그들은 종교를 통해 인간이 얻고자 하는 보상(reward)과 대리보상(compensator)의 개념을 사용하여 종교의 본질을 교환관계(exchange relationship)로 설명하고자 했다. 사회적 존재로서의 인간은 필연적으로 교환관계에 포함될 수밖에 없고, 종교인들을 포함하여 모든 인간은 그 교환관계로부터 보상(rewards)과 비용(cost)을 비교한다. 종교조직들도 이런 본질적 특성을 공유하고 있다. 사회의 다른 영역에서와 마찬가지로 종교적 영역에서도 인간들은 종교를 선택하는 것에 대해 맹목적인 복종을 추구하는 것이 아니라 이성에 기초하여 합리적으로 비용과 편익을 계산한다. 그러나 보상이란 늘 제한적이고 희소한 것이므로 모든 사회에서 보상의 분배는 불평등할 수밖에 없다. 사회적으로 불평등하게 분배된 보상을 더 이상 획득할 수 없을 때 사람들은 대리적 보상(compensator)을 얻고자 한다.

대리적 보상의 개념은 스타크와 베인브리지의 종교이론이 기존의 사회적 교환이론(social exchange theory)에서는 설명할 수 없었던 특별한 교환관계를 설명하는 데 중요한 기여를 하였다(Simpson, 1990:368-369). 즉, 행위자들이 돈이나 사회적 지위와 같은 유형적 편익만을 보상으로 추구하는 것이 아니라 영생이나 구원과 같은 무형적 편익도 보상으로 간주하고 교환관계에 임할 수 있다는 것을 설명했다. 대리적 보상(compensator)이란 종교적 교환관계에서 진정한 보상(real rewards)의 등가물로서 기능하는 것이다. 종파(sects)나 신종교(cults)가 사회문화적 환경과 높은 긴장관계를 가지는 근본적 이유가 바로 보상의 불평등한 분배에 있다. 보상의 불평등한 분배에 대한 종파적 대응은 교회경제(churchly economies) 내에서 활용 가능한 대리적 보상을 증대시키는 것이며, 이런 대리적 보상은 보상(reward)에 대한 직접적 대체물로서 종교적 이동과 분열의 기초가 된다. 그러나 종파적 대리보상이 교회적 대리보상을 대체할 수 있는 것과 달리 신종교가 제공하는 대리보상은 교회적 대리보상의 범위에 의존하지 않고 새로운 대리적 보상을 창조하는 데 그 차이가 있다(Simpson, 1990:369). 간단히 말하면, 컬트적 종교에서 제공하는 보상체계는 교회경제의 범위를 벗어난 교환관계에 기초해 있는 것이다.

그들의 시도는 1990년대에 이르러 스타크의 제자 로저 핑키(Roger Finke)와 경제학자 로렌스 야나코네(Laurence R. Iannacconne)에 의해 역사적 및 경험적으로 이론화되었다. 핑키는 종교적 규제의 문제가 종교적 성장과 쇠퇴에 어떻게 영향을 주었는지를 미국적 상황에서 역사적으로 검증했고(1990; Finke and Iannaccone, 1993; 1997), 야나코네는 합리적 선택이론의 이론적 가설들을 다양한 경제개념으로 체계화하면서 종교적 개종, 무임승차, 그리고 종교적 자본(religious capital)의 문제를 비용-편익 분석에 기초한 합리적 행위의 하나로 이해할 수 있게 해 주었다(1990; 1992; 1995). 스타크, 핑키, 그리고 야나코네를 중심으로 보수적이고 종교적 구속력이 높은 교단(denominations)이나 종파(sects)들이 왜 상대적으로 더 큰 성공을 거두었는지를 미국의 종교사에서 확인하는 작업들이 더욱 활발해졌다(Stark and Finke, 1992; Iannaccone, 1994; Iannaccone, Olson, and Stark, 1995; Sherkat, 2001). 스타크와 핑키의 *Acts of Faith: Explaining the Human Side of Religion*(2000)은 그들이 주장해 왔던 기존의 연구결과들을 체계적이고 종합적으로 정리하였다. 합리적 선택이론이 미국적 상황에서 종교와 사회의 관계성을 경험적으로 가장 설득력 있게 설명하기 시작하면서 종교학, 철학, 사회학, 인류학, 정치학, 심리학 등의 서로 다른 학문적 배경을 가진 학자들로부터 일정한 이론적 공감대를 얻기 시작했다는 것은 새로운 패러다임의 도래를 확인한 스테픈 워너의 논문이 잘 예시하고 있다. 이런 공감대는 합리적 선택이론의 전제와 결론을 부분적으로 또는 전면적으로 공유하고자 하는 새로운 학자그룹들의 증가를 낳았으며, 그들은 다소 온건하고 제한적으로 종교시장(religious market)의 개념들을 자신의 분석도구로서 다양한 지역에서 활용하기 시작했다(Swatos, 1991; Alexandrin, 1993; Hamberg and Pettersson, 1994; Miller, 1995; Sherkat and Ellison, 1995; Collins, 1997; Bankston, 2002; Chesnut, 2003; Introvine and Stark, 2005; Lang, Chan, and Lagvald 2005; Yang and Tamney, 2005; Yang, 2006; 2012). 특히, 2014년 미국종교사회과학회(SSSR)의 회장이 된 펭강양(Fenggang Yang)과 조셉 탬니(Joseph B. Tamney)가 편집한 *State, Market, and Religions in Chinese Societies*(2005)는 중국의 법적 · 제도적 제약 아래에서 불교, 기독교, 도교 및 민간신앙들이 성장해 온 원인과 과정을 종교시장의 틀로 잘 보여주었고, 라틴아메리카에서 개신교와 카리스마적 가톨릭 종파들의 성장을 종교경제의 관점에서 충실하게 설명하고자 한 체스넛(R. Andrew Chesnut)의 *Competitive Spirits*, 그리고 일본사회에서 합리적 선택이론의 적용 가능성과 경험적 타당성을 매우 긍정적으로 평가한 앨런 밀러(Allan S. Miller)의 논문 "A Rational Choice Model of Religious Behavior in Japan"은 합리적 선택이론의 이론적 일반화를 미국 이외의 다른 지역에서 검증한 주요 사례들이다.

종교사회학의 새로운 패러다임으로 명명된 후 약 20년 동안 넓은 의미의 종교시장이론은 이제 종교와 사회의 관계를 이해하는 가장 영향력 있는 지배적 분석틀이 되었으며, 시장의 개념을 부분적이나마 차용하지 않고서는 종교와 다른 사회제도들 즉 국가, 경제, 문화의 관계를 설명하는 것이 매우 어렵게 되었다. 이것은 우리가 사는 동시대 사회가 극단적인 소비주의와 물질주의에 지배되어 있다는 것을 당연시하거나 정당화하는 것이 아니라 그런 시대적 경향을 있는 그대로 이해하지 않으면 어떤 이론도 경험적으로 타당할 수 없기 때문이다. 사실 종교시장이론을 주도하고 있는 로드니 스타크와 스테픈 워너 같은 학자들이 세속화이론을 주창했던 피터 버거 만큼이나 독실한 개신교인들이라는 것을 우리는 잊어서는 안 된다. 다만, 과학적 종교연구자의 기본적 임무는 종교적 현실에 대한 정확한 이해와 설명이며, 그런 이해와 설명의 주관적 동기와 결과에 대한 평가는 부차적인 해석의 문제일 뿐이다.

앞에서 논의한 종교시장이론의 간략한 발전과정을 기초로 하여, 왜 그리고 어떻게 이런 접근법이 한국사회에서 유용한 것일지를 잠시 고려해 보자.

'종교시장'이라는 단어를 듣자마자 대부분의 사람들은 성직자들의 사치와 탐욕을 떠올리거나 종교 다원주의 사회가 수반하는 사유화된 종교(privatized religions)들을 연상할 것이다. 이미 한 세기 전에 종교윤리가 자본주의 정신의 발전에 미친 서로 다른 영향들을 막스 베버(Max Weber)는 비교문화적 맥락에서 고찰하고 베버명제(Weber Thesis)로 불리는 일련의 주장들을 하였다는 것도 우리는 상기하게 된다. 문화체육관광부에서 발행한 『한국의 종교현황』(2011) 첫 페이지에서는 510여 개의 종교집단들이 존재하는 한국의 종교상황이 '종교백화점' 또는 '종교시장'으로 표현된다고 하며, 다종교사회인 한국사회에서 문화적 자본으로 기능하는 종교의 중요성을 지적하고 있다(2011:3). 이처럼 '종교시장'이라는 표현과 이해에 대한 수많은 용법에도 불구하고 위에서 예시한 '종교시장'의 의미는 종교시장이론, 즉 합리적 선택이론에서 의미하는 '종교시장'의 개념이 결코 아니다. 간략히 설명하면 종교시장이론에서의 시장 개념은 순수하게 경제학적인 개념이므로, 수요이론과 공급이론 모두에 기초하여 건설된 것이다.

이러한 종교시장 개념에 관한 일반인들의 도덕적 편견이나 종교연구 전공자들의 피상적인 비유들은 때때로 한국사회의 종교적 변화나 본질을 이해하는 데 큰 장애가 되기도 한다. 단적인 예를 하나만 들어보자.

[그림 1-1]은 은행의 정보통신망을 활용하여 기업에게 제공하던 체계적인 자금관리서비스를 여의도 순복음교회나 오륜교회와 같은 초대형 교회를 대상으로 확대하여 기부금 수납전용 자동화기기(ATM)를 통한 기부금 수납 등 맞춤형 기부금관리서비스 'e-church branch'의 금융상품 모형도이다. 교회 자금과 행정을 복식부기에 기초하여 투명하고 체계적으로 관리하기 위해 기업적 자금관리시스템을 도입한 것은 시대적 요구이고 종교인들의 현실적 필요라는 것은 금융상품을 개발한 은행의 광고가 아니라도 누구나 공감할 수 있다. 2007년 개발 이후 대형교회들이 교회 내에 ATM을 설치하여 이 서비스를 실제로 많이 사용하고 있다는 것은 이제 새로운 뉴스거리도 아니다.

하지만, 이런 서비스를 처음으로 개발한 은행이 '기업은행'이라는 것은 매우 흥미롭다. 물론, 자신의 교회건물 입구에 헌금 납부용 ATM을 설치할 것인지를 두고 교인들과 성직자들 사이에 많은 교리적 논쟁이 있을 수 있다. 그러나 종교사회학적 논점은 교회를 기업처럼 다루고 있는 은행과 은행이 개발한 기업적 금융상품을 필요로 하는 교회의 사회적 현실 그 자체에 있을 뿐이다. 급속한 지구화 과정을 겪으면서 시공간적으로 하나의 거시적 연계망에 포섭된 후기산업사회(post-modern society)의 종교들은 교리적 · 도덕적 · 문화적으로 객체화되어 움직이지 않는 고인돌로 비유되기에는 너무 능동적이고 역동적인 사회적 참여자로 살아있다는 것을 [그림 1-1]의 사례가 잘 보여준다.

그림 1-1 | 기업은행의 e-church 서비스

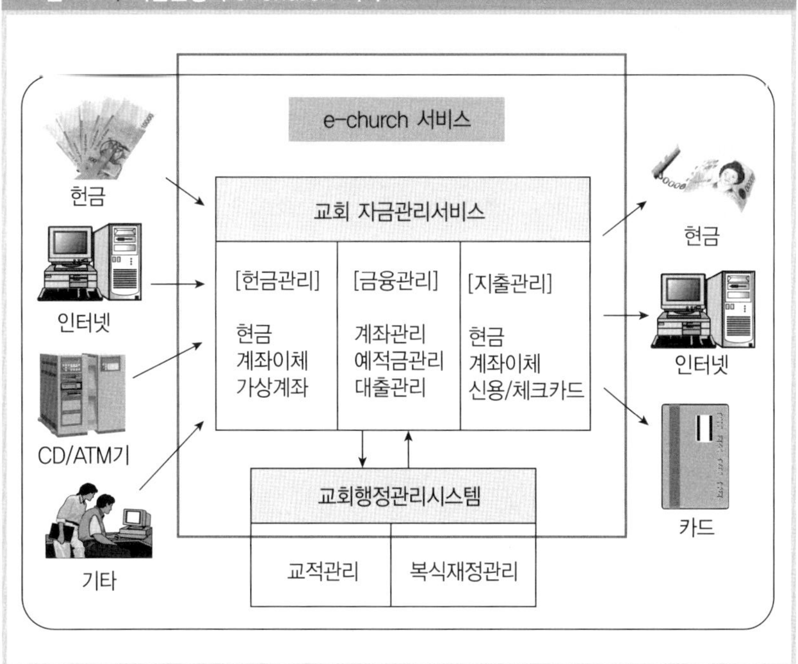

출처 : 머니투데이, 2007년 2월 14일.

종교시장이론의 가장 큰 특징은 사회적 행위자(social actor)로서 종교시장을 구성하고 있는 공급자와 수요자를 능동적이고 자발적인 행위자로 전제한다는 것이다. 한국사회에 존재하는 [그림 1-1]과 같은 종교적이면서 경제적인(religious-economic) 수많은 행위들은 종교행위와 경제행위를 인위적으로 구분하는 것을 더 이상 불가능하게 만든다. 이런 경계의 모호함은 베버명제에서 분리되어 취급되었던 종교적 인간(homo religiosus)과 경제적 인간(homo economicus)의 관계성이 종교시장이론의 인식론에서는 다시 하나의 통합된 인간성으로 회복되어 해석되고 있음을 의미한다.

종교를 정의하기 어려운 것은 종교라는 의미가 정형화된 사실로 존재하는 것이 아니라 의미 그 자체가 사회 속에서 매 순간 건설되고 있기 때문이다. 종교적 행위나 경제적 행위의 개념도 역시 그렇다. 처음부터 종교와 경제의 영역이 구분되어 존재했던 것이 아닌 것처럼 종교적 현상과 경제적 현상의 뒤섞임과 혼합은 자연스러운 인간성의 한 표현으로 이해되어야 한다. 뒤르켐(Emil Durkheim)의 용어를 빌리자면 '기능적 분화(functional differentiation)' 와 탈분화(de-differentiation)의 과정은 이념형적 구분으로서 동전의 양면일 뿐이다. 한국사회에서 종교시장이론의 적용 가능성에 대한 더 상세한 논의는 제3장에서 할 것이다. 끝으로, 종교사회학의 새로운 패러다임으로서 종교시장이론의 장점은 이론에 기반한 정책적 방향성을 분명하게 제공한다는 점이다. 구패러다임에 속한 이론들이 종교와 근대화의 부정적 상관성을 전제하고 현대사회에서 종교의 우울한 미래를 개탄하고만 있었던 것과는 달리, 시장에서 수요자와 공급자가 다 함께 경쟁을 추구함으로써 결국 종교시장 전체가 가장 효율적인 상태로 최적의 균형(optimal equilibrium)을 이룸과 동시에 종교시장의 수요자와 공급자 모두의 효용이 극대화될 수 있다는 뚜렷한 정책적 목표를 종교시장이론은 제시한다. 종교정책이 단지 문화재정책이나 종교적 차별방지 또는 종교법인법과 같은 제도적이고 단편적인 정책목표의 차원에서만 논의되던 한국의 종교정책적 담론에 종교시장이론은 모든 사회정책의 궁극적 목표가 사회구성원들의 행복과 만족에 기여하는 것이라는 평범한 진리를 경제적 관점에서 종교시장 상황에 적용하고자 한다. 이는 이 책의 제4장에서 한국의 종교시장 상황에 비추어 더 구체적으로 설명할 것이다.

제5장은 한국의 기성종교가 전체 종교시장에서 차지하는 시장점유율에 근거하여 어떻게 과점적 지배자로서 기능하고 있는지 그리고 그런 과점적 지배에 정부의 정책적 지지가 왜 중요했는지를 설명하고, 제6장은 신종교들의 성장과 쇠퇴를 전략적 관점에서 이해할 수 있게 해주는 종교시장이론의 분석틀을 예시하고 있다. 제7장은 저자의 박사학위 논문의 일부분을 번역 및 편집한 내용으로 한국의 점술시장이 빠르게 성장한 이유와 과정을 종교시장이론의 수요측과 공급측 이론으로서 설명하였으며, 제8장은 현대 복지국가의 정책적 화두로 부상하고 있는 삶의 주관적 만족도를 증대시키는 데 종교가 어떻게 기여할 수 있는지를 해외 사례들을 중심으로 논하였다. 마지막으로 제9장은 종교시장이론의 이론적 및 경험적 한계를 나열하고 그에 대한 종교시장이론가들의 대응을 함께 제시하여 종교시장이론에 대한 균형적인 이해를 돕고자 하였다.

제 2 장

합리성의 재발견

종교시장의 이해의 기초는 역시 시장을 구성하는 개개인의 본성에 관한 고찰로 시작한다. 모든 인간은 이성을 갖고 있고 이성에 따라 사고하고 행위하는 합리적인 존재라는 것이 종교시장이론의 기본적 인간관이다. 이런 인간관은 우리가 잘 알다시피 근대사회를 이념적으로 지탱하고 있는 자유, 평등, 박애와 같은 모든 인간에게 주어진 최소한의 기본권으로서 존중받고 보호되어야 하는 이유의 기초이기도 하고, 그런 기본권을 현실에서 제도적으로 구현해야 하는 것은 국가권력의 도덕적 정당화로 인식되기도 한다. 이처럼 이성적 존재로서의 인간에 대한 믿음이 사회의 건설에 중요한 이념적 · 도덕적 기초로서 기능하는 것에 대해 의문을 품을 사람은 거의 없다. 근대 유럽의 계몽주의 사상은 바로 이런 믿음을 사회이념으로 그리고 시대적 정신으로 격상시킨 지적 운동이고 흐름이었다. 그러나 계몽주의 사조에 기초한 근대적 학문들은 신학적 논쟁과 사고를 과학적인 학문의 영역에서 배제하고, '신', '주술', '종교'와 같은 단어들이 내포하고 있는 검증하기 어려운 개념들을 '과학'의 이름으로 단죄하기 시작했다.

계몽주의 사조의 영향을 직접적으로 받은 오귀스트 콩트(August Comte)가 사회학을 탄생시킨 이후 수세기 동안 종교적 믿음과 행위는 근대적 합리성의 관점에서는 설명하기 부적합한 영역으로 간주되어 왔다. 종교적 신념을 지키기 위해 인간이 행하는 대부분의 행위들은 논리적이고 예측 가능한 과학적 판단에 기초한 것이 아니라 전과학적(pre-scientific) 또는 초과학적(trans-scientific)인 사고유형으로 취급됨으로써 과학적 학문의 영역에서 논의하기에는 부적절한 것이라고 믿었다. 자식을 살해하고자 했던 아브라함과 십자가형을 받았던 예수에서부터 십자군전쟁, 신대륙으로 집단 이주한 청교도들, 순교자들, 그리고 집단적 자살이나 학살로 끝난 존스타운(Jonestown) 사건이나 웨이코(Waco) 사건에 이르기까지 '비합리적(irrational)' 종교행위의 사례들을 우리는 어렵지 않게 역사 속에서 그리고 동시대 현실에서 발견할 수 있다. 이런 계몽주의적 종교관의 영향은 마르크스나 뒤르켐, 베버의 종교사회학에서도 쉽게 발견된다. 그들에게 종교는 결국 근대성과 병치될 수 없는 인간의 전근대적 사고유형의 하나에 속했다. 그들 각각에게 '민중의 아편(the opium of the people)', '집단적 광기(collective effervescence)', '세계의 탈주술화(the disenchantment of the world)'로 표현된 종교현상들은 근대적 합리화(modern rationalization)의 과정과는 도저히 어울릴 수 없는 것이었다.

종교적 심성의 비합리성에 대한 가정은 위에서 예를 든 순교나 극단적 자기희생 및 집단적 일탈의 문제들에 한정되지 않고 일상적인 종교활동, 즉 기도나 봉사 및 헌금과 같은 행위에 대해서도 적용되곤 한다. 프로이드(Sigmund Freud)는 *The Future of an Illusion*([1927]1961)에서 종교를 '환상', '달콤한 독', '신경증(neurosis)', '환각제(intoxicant)', '극복되어야 할 유치함'으로 설명하였으며([1927]1961:88), 아도르노(T.W. Adorno)는 권위주의가 사람들을 종교적으로 만들고 권위주의와 종교의 결합으로 근본주의와 같은 정치적 및 종교적 편협함이 나온다고 설명했다(1950). 모티머 오스토우(Mortimer Ostow)나 마이클 캐롤(Michael Carroll)과 같은 학자들은 복음주의 개신교를 모성으로부터의 차별화에 저항하는 유아적 심리상태로의 회귀라거나(Ostow, 1990:113), 묵주기도를 억압된 항문성욕의 위장된 만족화라고 표현하기도 하였다(Carroll, 1987:491). 한편, 허버트 스펜서(Hebert Spencer)와 에드워드 타일러(Edward B. Tylor)로부터 레뷔 브륄(Lucien Levy-Bruhl)에 이르기까지 초기 인류학자들에게도 종교는 과학과 실험에 어울리는 논리적(logical)이고 문명화된 심성(the civilized mind)이 아니라 전논리적(prelogical)인 원시적 심성(the primitive mind)의 소산에 불과했다. 저명한 인류학자 앤서니 왈라스(Anthony Wallace)는 종교의 진화론적 미래는 소멸이라고 단언했다(1966:264). 정말 이런 유의 예는 너무 많고 흔한 것이어서 다 열거할 수도 없고 그럴 만한 가치도 없다. 간단히 정리해 보면, 사회과학적 방법론으로 종교를 이해하는 것은 계몽주의 철학에서 주장하던 전논리적 사고구조의 이해이거나 아니면 합리화된 근대사회에서 잔존하고 있는 인간의식의 비합리성에 대한 이해의 하나일 뿐이었다.

한편, 종교적 비합리성과 관련하여 종교사회학 내에서 일정한 지지자를 갖고 있는 또 다른 관점들이 있다. 1965년 미국의 존슨 대통령(President Johnson)이 동양 이민자 배제법(The Oriental Exclusion Acts)을 폐지하면서 인도종교, 티벳불교, 한국의 통일교와 같은 다양한 동양종교들이 동양이민자들과 함께 미국으로 수입되었다. 문제는 미국적 전통의 몰몬교나 여호와의 증인들, 하나님의 자녀들(the Children of God)뿐만 아니라 통일교(Unification Church), 헤어 크리쉬나(Hare Krishna or ISKCON)와 같은 다양한 신종교운동들과 관련하여 그들의 신도충원, 기금모집, 조직관리 등을 이해하기 위한 주요한 설명들이 개발되기 시작했다.

주로 사회심리학적 종교이해로 편향된 상대적 박탈이론(relative deprivation theory)과 세뇌이론(brainwashing theory)이 새로운 종교적 상황들에 대한 이론적 근거를 제공했다. 글락(Charles Y. Glock)은 경제적, 사회적, 유기체적, 윤리적, 심리적 박탈의 다섯 가지 유형을 구분하고 상대적 박탈을 경험하고 있는 사람들이 종교적 보상을 추구할 수 있는 가능성에 대해 유형별로 구분하였다(Glock, 1964). 이후 로드니 스타크와 함께 다양한 사회조사자료들을 양적으로 분석하여 상대적으로 박탈된 지위의 사람들이 종교를 정말 일종의 안식처로 생각하는지를 조사하였다(Glock and Stark, 1965). 그들의 결론은 상대적 박탈감을 가진 사람들이라 하더라도 항상 종교적 해답이나 보상을 추구하는 것은 아니며, 상황에 따라 세속적일 수도 종교적일 수도 있다는 것이었다. 그러나 상대적 박탈이론의 이런 양면적 결론을 신종교들의 유입으로 혼란스러워진 많은 사람들은 매우 일면적으로 해석하였다. 즉, 상대적 박탈감에 시달리는 사람들이 신종교의 주된 가입자들이라는 단정적인 결론을 이끌어 내고자 하였다.

한편, 미국의 저명한 종교법 연구자 제임스 리차드슨(James T. Richardson)은 '세뇌(brainwashing)', '사상개조(thought reform)', 또는 '강제적 설득(coercive persuasion)'과 같은 용어들이 1950년 한국전쟁 포로들의 사상전향에 관한 연구와 중국 공산주의자들에 의한 중국인들의 재사회화에 대한 보고들로부터 처음 사용되었다고 한다(1991:56-57). 1970년대 이후 이런 용어들은 신종교들과 탈세뇌교육가(deprogrammer)들 간의 미국 내 법정공방에서 신종교들의 신도충원과 교리교육에 대한 민형사상 책임을 묻기 위한 근거로 일부 사회학 및 심리학 전문가들의 법정증언에 의해 주로 남용되었다(Bromley and Richardson, 1983:1-11; Richardson, 1991; Bromley and Robbins, 1992:213-220). 대표적으로 George v. ISKCON(1983) 사건에서 심리치료사이자 UC버클리 외래교수였던 마가렛 싱어(Magaret Singer)[1] 박사를 예로 들어보자. 15세에 ISKCON에 가입하여 2년 뒤에 집으로 되돌아온 후 다시 근본주의적 개신교파에 가입한 조지(Robin George)라는 소녀와 그 어머니가 ISKCON을 상대로 불법구금과 감정장애, 명예훼손, 사생활 침해, 조지 부친의 사망에 대해 손해배상을 청구한 사건이다. 이 사건의 전문가 증인으로서 싱어 박사는 SMSI(systematic manipulation of social influences)이론에 의거하여 조지의 행동은 심신미약과 마인드 컨트롤(mind control)을 이용한 ISKCON의 조종에 의한 것이므로 자유의지(free will)에 기초하여 헤어 크리쉬나에 가입한 것이 아니라고 주장했다. 미국정신의학회(Americam Psychiatric Association)의 DSM III(*Diagnostic and Statistical Manual*, 3rd ed.)에 근거하여 주체성 장애(identity disorder), 외상 후 스트레스 장애(post-traumatic stress disorder), 비정형적 정신분열 장애(atypical dissociative disorder)의 특성이 조지에게서 보이며 이것은 크리쉬나에서

1) 마가렛 싱어의 신종교 이해에 대한 더 자세한 논의는 김재영, 2013, "신종교 연구방향에 대한 종교학적 성찰," 『한국종교』 36(pp.161-164)를 참조할 것.

지냈던 2년이란 기간의 직접적 결과로 보인다고 하였다(Richardson, 1991:61). 사이언톨로지(the church of scientology)에 대한 Wollersheim v. Scientology 사건이나 통일교(the unification church)에 대한 Molko v. Holy Spirit Association 사건 역시 종교체험이나 개종의 가능성을 전면적으로 부정하는 '자칭 전문가(self-appointed expert)' 들에 의해 직접적으로 법정에서 증언되었던 사례들이다(Wood, 1989:13). 이런 다수의 판례들을 통해 그 주장들이 집적되면서 그것을 통칭하여 세뇌이론으로 부른다.

세뇌이론과 박탈이론에 대한 다양한 관점에서의 많은 비판들이 존재하지만, 그들에게 공통된 가장 큰 문제는 양자의 이론적 출발점이 보편적 종교성에 대한 설명을 추구하는 데 있지 않았다는 것이다. 세뇌나 상대적 박탈에 의한 개종이나 배교가 개인적 수준에서 빈번히 존재한다고 하더라도 그것을 어떻게 사회 전체 구성원의 종교성을 설명하고 이해하는 데 적용할 수 있을 것인가? 왜냐하면, 종교일반에 관한 이론으로 세뇌이론이나 상대적 박탈감을 주장하는 것은 종교성을 추구하는 사회구성원들이 모두 정신병리적 환자거나 일탈적 행위자라는 극단적 결론에 이르게 되기 때문이다. 종교적 체험이나 개종의 경험을 전적으로 부인하고 종교를 일탈이나 병리적 현상으로 취급하는 것은 결국 마르크스적 종교이해와 일치하는 면이 있다(Wood, 1989:13). 두 번째 결정적 난점은 두 입장이 모두 종교적 행위자들의 상대적 자율성을 부정할 뿐만 아니라 종교적 선택에 이성적 분별력이 개입될 여지가 없이 종교적 믿음과 행위의 비합리성을 확신하고 있다는 점이다. 즉, 세뇌에 의한 강요 또는 심리적 박탈감으로 인해 종교적 대리만족을 얻고자 하는 행위자들은 모두 자신들의 이익을 스스로 추구할 수 있는 합리적 판단능력이 결핍된 존재들로 간주된다.

그러나 이와 같은 지적 편견들은 신종교들과 관련한 많은 직접적이고 경험적인 연구들에 의해 해체되고 있다. 대표적으로 아일린 바커(Eileen Barker)는 수년간의 참여관찰 연구를 통해 통일교의 신입회원 충원에서 납치, 감금, 심리적 강제와 같은 어떠한 프로그램밍 과정도 발견할 수 없다고 결론지었으며(1984:141-146), 미국종교사회과학회(Society for the Scientific Study of Religion)와 미국사회학회(American Sociological Association)는 미 대법원에 제출한 참고인 서면진술에서 그런 결론을 재차 선언하였다(Richardson, 1985). George v. ISKCON 사건의 손해배상액도 최초 배심원 평결에서 3,250만 달러로 산정되었으나, 싱어 박사의 증언에 조사내용의 의도적 누락 및 조작과 같은 많은 결함이 발견되면서 1987년 최종적으로 미 대법원 판결에서 7만5천 달러로 감액된 것은 그런 형태의 전문가 증언이 미국 법원에서 충분한 증거능력을 더 이상 갖지 못하고 있음을 단적으로 암시한다.

게다가, 개종이나 종교적 참여에 개인의 자유의지를 부인하고 그 책임을 면제시켜 주는 세뇌이론이나 박탈이론은 종교의 자유와 개인의 행위책임을 전제로 하는 법원칙에 중대한 예외를 허용하는 문제가 있다. 이와 관련하여 동시대 신종교연구의 대가 중 한 사람으로 인정받고 있는 제임스 벡포드(James A. Beckford)는 몰몬교나 통일교가 미국과 영국에서 처한 사회적 편견들에 대한 대응전략들을 비교 조사한 뒤 사회적 일탈(social deviance)의 관점에서 신종교들과 주변 사회의 상호관계를 일관되게 설명할 수는 없다고 주장했다(Hampshire and Beckford, 1983).

한 세대 전에 서양에서 전개되었던 안티컬트즘(anti-cultism) 논쟁의 교훈은 종교적 행위자들, 종교적 믿음과 행위 그 자체, 종교조직들과 같은 '종교'를 구성하고 있는 각각의 요소들에 대한 학문적, 대중적 및 언론매체들의 편견이 사회적으로 중대한 결과를 낳을 수 있다는 사실에 있다. 그리고 바로 그런 편견의 핵심에 비합리적 사고유형으로서의 종교성(religiosity)에 대한 폭넓은 공감대가 존재하고 있었다. 이런 지적 유대를 이론화한 접근법이 세속화이론(secularization theory)이라고 할 수 있을 것이다. 결국, 고전적 또는 표준적 의미의 세속화 명제는 결국 근대사회의 합리화과정(rationalization process)이 시간적으로나 공간적으로 심화될수록 비합리적 요소들로 가득한 종교의 사회적 필요성이나 영향력은 감소할 수 밖에 없다는 주장으로 요약된다. 당시 많은 학자들은 이 세속화 명제(secularization thesis)를 그 시대가 당면한 기정사실로 간주했다. 하지만, 반세기가 지난 오늘날 세속화 명제의 주창자 피터 버거의 고백은 놀라운 것이다(1997:974).

> 1960년대 세속화에 대하여 나와 대부분의 종교사회학자들이 썼던 글들은 하나의 실수였다고 생각한다. 우리의 기본적 주장은 세속화와 근대성이 병행한다는 것이었다. 근대화가 진행될수록 세속화도 더 많이 진행된다는 것이다. 이것이 터무니없는 이론은 아니었다. 일정한 증거도 있었다. 그러나 그것은 기본적으로 틀렸다고 나는 생각한다. 오늘날 세계의 대부분은 분명히 세속적이지 않으며 매우 종교적이다.

세속화이론이 유럽식 근대화모델의 길을 따라 근대성과 종교성의 부정적 상관성을 가정하고 있는 것과 대조적으로 합리적 선택이론은 종교적 진화의 과정에서 아메리카식 근대화모델을 발견하고자 하였다. 미국과 캐나다가 건국 후 지속적으로 높은 수준의 종교성을 유지하고 있는 사회라는 점을 이해하기 위해서는 근대성과 종교성에 대한 다른 차원의 분석이 필요하였다. 이런 분석의 역사적 기초를 찾는 데에는 애덤 스미스(Adam Smith)의 종교관이 도움이 된다. 그의 유명한 『국부론』에서 거의 기억되지 않는 다음 구절을 인용해 보자([1776]2007:510).

> 다른 교사들과 같은 방법으로 성직자들도 그들 청중의 자발적 기여금으로부터 또는 국가법에 의해 자격을 부여받은 다른 기금으로부터 자신들의 생존을 의지할 수 있을 것이다. … 후자의 경우보다는 전자의 경우에 자신들의 노력, 열정, 근면함이 훨씬 더 크게 작용할 것 같다. 이런 면에서 신종교들의 성직자들은 오래된 기존 제도들에 소속된 성직자들을 공격할 때 항상 매우 유리한 입장에 서 있었다. 기성제도 내의 성직자들은 자신들의 기득권에 안주함으로써 신자들 다수의 열정적인 믿음과 헌신을 계속해서

유지시키는 일에 소홀했기 때문이다.

애덤 스미스의 종교관은 모든 인간이 기본적으로 자기이익(self-interest)을 추구한다는 전제에서 출발하기 때문에 종교서비스 공급자들 사이에 경쟁이 없는 상태보다 생존경쟁을 통한 절실함이 신자들의 믿음과 헌신을 높게 유지할 수 있다는 것이다. 세속적 행위들과 마찬가지로 종교적 행위에서도 모든 참여자들이 자기이익을 추구하는 것으로 이해할 수 있다면 종교적 행위를 경제적 합리성으로 설명하는 것은 당연한 것이고 적절한 것이다. 어떤 종교인들도 맹목적으로 믿지는 않는다. 종교조직들과 그에 소속된 종교전문인들조차 맹목적 믿음으로 세뇌된 신자들보다는 합리적 믿음을 소유한 신자들을 증가시키기 위해 노력할 것이다. 수요자들의 입장에서도 평화, 안식, 안정, 철학, 예술, 사회적 소속감 및 물리적 치료에 이르기까지 종교가 제공하는 다양한 편익이 기대될 수 있을 때 비로소 종교를 소비하고자 할 것이다. 이런 점에서 종교현상은 본질적으로 교환관계(exchange relationship)의 일종이다.

경쟁의 효율성에 관한 애덤 스미스의 신념은 종교적 서비스를 제공하는 사람과 소비하는 사람들 양 당사자가 자기이익의 증대에 부합하는 행위를 선택할 수 있는 이성적 존재라는 믿음에 기초하고 있다. 예를 들어, 예배, 미사, 또는 법회를 제공하는 종교전문인들과 그런 종교적 의식에 시간과 돈을 투자하면서 참여하는 신도들은 맹목적 의식화나 불안 및 공포감 때문이 아니라 각자 그 종교적 선택으로부터 기대되는 편익과 비용을 계산하고 참여하는 것이다. 종교를 정신병리적 환상의 일종으로 간주한 프로이드와 달리 종교는 인간의 정신건강과 행복에 이바지하는 치료제로서 이해된다(김성건, 2010; Ellison, 1991). 무한경쟁의 스트레스로 병든 사회에서 현대인이 종교를 더 많이 그리고 더 깊게 소비하는 이유는 단순히 고통을 잊기 위해 아편을 찾는 맹목적 종교성이 아니라 자신의 몸에 맞는 건강한 치료제를 선택하고자 하는 합리적 종교성에서 찾아야 하는 것이다. 간단히 말하면, 종교행위의 기본은 자발적인 자기이익의 추구에 있다.

물론, 인간의 이기적 본성에 숨겨진 합리성에 대한 탐구가 애덤 스미스의 발견은 아니다. 고대 그리스 철학자 아리스토텔레스는 『니코마코스 윤리학』에서 자기를 사랑하는 사람(self-lover)이 왜 선한 인간인지를 이미 명쾌하게 논증하고 있다(Natali, 2009:175).

> 그러므로 선인(good man)은 자기를 사랑하는 사람이지만 악인(wicked man)은 그렇지 않을 것이다. 왜냐하면 선인은 고귀한 행위를 함으로써 자신과 동료들을 모두 이롭게 할 것이지만, 악인은 나쁜 열정을 따라서 자신과 이웃에게 해를 끼치기 때문이다. 악인이 행하는 것은 그가 해야만 하는 것과 충돌하지만, 선인은 그가 해야만 하는 것을 행한다. 모든 이성의 소유자는 그 이성에 가장 유리한 행위를 선택하고 선인은 그의 이성에 복종한다. 선인이 친구와 국가를 위해 많은 행동을 한다는 것은 정말 사실이다. 만약 그들을 위해 죽어야 한다면 그는 부와 명예 및 전리품을 그의 고귀함을 얻기 위해 버릴 것이다. 왜냐하면 그는 장기간의 밋밋한 즐거움보다는 짧지만 강렬한 쾌락을, 비참한 삶의 긴 세월보다는 고귀한 일년을, 수많은 사소한 선행들보다는 하나의 위대하고 고귀한 업적을 더 선호할 것이기 때문이다. 따라서 타인을 위해 죽는 사람들은 의심의 여지없이 이런 결과를 획득한다.

자기를 사랑하는 사람, 즉 자신의 이익에 충실한 사람들이 왜 이성적인지 그리고 왜 타인과 사회에 이익을 주는 사람인지는 분명하다. 자신을 진정으로 사랑하지 않는 사람이 타인을 진정으로 사랑할 수는 없기 때문이며, 자신의 이익추구에 충실하지 못한 것은 이성적 능력과 책임에 대한 게으름이고 태만이다. 자신의 이익에 충실하다는 의미에서 이기적 존재인 인간이 자신의 정체성과 사회적 관계를 어떻게 건설적으로 바꿀 수 있는지를 아리스토텔레스는 잘 가르쳐 주고 있다. 『니코마코스 윤리학』의 제3권에서 그가 인간의 합리적 선택과 자발성에 대해 더 자세히 논증하고 있는 것처럼 모든 인간은 이성의 명령에 따른 자발적이고 합리적인 선택에 대해 책임 있는 존재로 이해되어야 한다. 결국, 자신을 진실로 사랑하고 또 사랑해야만 하는 책임이 있다.

애덤 스미스와 아리스토텔레스가 보았던 바람직한 사회는 이성에 기초한 이기적인 인간들의 조화로운 공동체였다. 그리고 기본적으로 이기적인 인간들이 종교를 선택하는 이유조차 자기이익의 증대에 있다. 종교적 합리성도 다르지 않다. 자기이익의 증대에 이바지할 수 없는 종교를 사람들은 선택하지 않는다. 아리스토텔레스가 설명했듯이 마더 테레사(Mother Teresa)의 일평생 헌신이나 이차돈의 순교조차 자신을 사랑했던 이기적인 행위이다. 왜냐하면, 박애나 중생구제와 같은 목적을 위해 생명이나 일생을 바치는 것은 헌신이나 순교를 통해서 성스러운 가치를 실현하고 있는 스스로가 '만족스럽기' 때문이다.

이처럼 종교적 선택이 인간의 합리적 이성에 기초한 자기이익 증대행위의 연장선상에서 규정될 수 있다면 우리는 앞에서 논의한 세뇌이론이나 박탈이론에서 전제된 인간성에 대한 이해가 얼마나 인간의 비합리성에 대한 전논리적 가정인지를 쉽게 깨달을 수 있다. 그리고 다음과 같은 질문을 다시 물어야 할 것이다. 인간의 역사와 때를 같이해 온 종교가 단순히 행위자의 즉흥적인 감정이나 행위자가 인식하지 못하는 기만 또는 무의식에 의해 유지되어 왔다는 사회심리학적 결론들은 지나치게 선험적이고 비현실적인 가정이 아닌가? 종교현상에서 관찰되는 다양한 감정과 경험들이 종교를 이해하는 중요한 요소임을 부정하진 않지만, 그것만이 정말 종교이해의 결정적 요소들로 인정되어야 하는가? 비합리적 요소들을 제거한 뒤에 남은 종교현상은 더 이상 종교적일 수 없는 것일까?

종교를 합리성의 관점에서 이해하고자 하는 학문적 노력은 종교의 비합리성에 대한 위와 같은 자기반성적 질문들에서 시작된 것이다. 신학적 담론으로부터 그토록 독립하고자 했던 근대 계몽주의 철학이 수백 년 동안 철저히 도외시해 왔던 문제가 종교시장이론의 궁극적 출발점으로 돌아왔다는 것은 매우 아이러니한 사실이다. 그러나 이 새로운 학문적 출발점이 진실로 의미 있는 것은 신학적 담론으로서가 아니라 종교 그 자체에 관한 담론이라는 점이다. 종교시장이론을 '호교론'으로 오해하는 사람들은 이런 차이를 분명히 혼동하고 있다. 종교시장이론을 호교론이라거나 또는 반대로 물신숭배사상이라는 비난은 모두 공통적으로 한국에서 아직 본격적으로 소개되지 않은 새로운 종교이론에 대한 지극히 피상적이고 극단적인 비난이라는 점에서 특별히 논할 가치가 없는 것이지만, 그것은 기존의 종교사회학이 상실했던 종교와 인간의 합리성에 관한 학문적 자기반성의 부족을 스스로 반증하는 것임은 비판받아야 마땅하다.

이제 위에서 제기한 질문으로 다시 돌아가면, 종교현상을 합리성에 기초하여 이해한다는 것은 종교현상에 내포된 다양한 감정적 · 경험적 요소들을 합리성으로 해체한다는 의미로 이해되어서는 안 된다. 종교시장이론이 주장하는 것은 종교적 믿음과 행위가 인간의 행위에 기초하고 있는 이상 그것은 '기본적으로' 합리적인 선택과 결정에 의해 건설된 현상이라는 것이다. 언제나 항상 모든 면에서 인간의 사고와 행위가 합리적이라는 의미가 아니다. 또한 합리적 선택과 결정이 의도대로 항상 합리적 결과를 낳는다는 의미도 아니다. 그럼에도 그 선택과 결정에 대해서 인간은 책임이 있고 그 책임을 수용한다. 그래서 인간은 합리적이다. 종교적 선택과 결정도 이와 다르지 않다. 이런 부분에 대한 설명은 이미 수천 년 전에 아리스토텔레스가 『니코마스코 윤리학』의 제3권에서 충분히 정리했으므로 여기서는 간략하게 쉬운 예를 들어보자.

시한부 종말론을 믿는 종교인들이 교리적 믿음에 따라 자신의 재산을 모두 처분하고, 가족을 버리고, 심지어 종교적 구원을 앞당기기 위해 자살을 했다는 기사를 종종 접한다. 이들 행위의 동기를 우리는 쉽게 그 행위의 결과와 혼동한다. 그래서 그들의 믿음과 행동을 비합리적인 것으로, 즉 이성에 반하는 것으로 쉽게 단정한다. 그러나 합리적 선택이론에서 그들은 여전히 일반적 상식과 이성에 기초한 행위자들과 다르지 않다. 즉, 합리적 행위자들이다. 왜냐하면, 결과적으로 그들이 믿은 종말이 도래하지 않았다고 하더라도 적어도 그들은 종말론에 대한 믿음으로부터의 기대이익은 이미 갖고 있었기 때문이다. 전 재산을 헌납하고, 가족을 떠나 종교공동체에 귀의하고, 구원을 확신하고 자살을 선택하는 행위의 동기는 맹목적인 것이 아니다. 전 재산보다 더 가치 있는 만족감을 주는 것이 있다면, 아니 전 재산을 다 바치고도 부족함을 느낄 만큼 가치 있는 행복이 있다면, 더 나아가 타락하고 부패한 세속사회에서 사는 것보다 저 세상의 낙원으로 가는 것이 더 행복한 사람들이 있다면 그들의 선택은 행위를 통해 얻게 되는 편익(또는 만족감)과 그 행위에 투자되는 비용(재산, 생명)의 상대적 비교에 기초한 것이다. 그 행위를 선택하게 된 동기는 의식적이든 무의식적이든 합리적 비용-편익분석이 고려된 것이다.

또 다른 예를 들어보자. 다량의 통계적 데이터와 경제적 예측에 기초하여 주식을 전문적으로 사고파는 금융전문가들이 결과적으로 항상 원하는 기대수익을 달성하고 있는가? 고객들에게 장담했던 기대수익을 달성하지 못했거나 큰 손실을 보았다고 해서 그들의 투자를 비합리적 행위라고 단정할 수 있는가? 물론 그들은 지구상에 존재하는 모든 직업군들 중에서 가장 합리적인 의사결정을 하는 사람들에 속한다. 그렇다면, 미래를 예측하는 점에서 다를 것이 없는 종말론자와 펀드매니저 사이에 행위동기의 근본적 차이는 결국 과학적 지식의 차이에 불과한 것이다. 이런 비교는 기우제(rain dance)에 기초하여 날씨를 예측하는 원시인과 일기예보에 기초하여 내일의 날씨를 예측하는 현대인의 차이와 같은 것이다.

이것은 우리가 '동기의 합리성'을 이해할 때 과학적 지식의 정도와 혼돈해서는 안 된다는 것을 의미한다. 예를 들어, 원시사회에서 기우제(rain dance) 의식에 참여하는 원시인들은 보통 우기가 아니라 건기에 기우제를 지낸다. 그들이 건기에 비가 오기를 추구하는 기대이익을 갖고 종교행위를 한다는 점에서는 여전히 최소한의 합리성을 전제하고 있다. 다만, 과학적 무지(ignorance)라는 사회적 제약이 존재할 뿐이다. 따라서 과학적 지식이 부족하다고 해서 합리적 사고가 없는 것은 아니다(Stark and Finke, 2000:85).

원시사회의 합리성에 대한 수많은 인류학적 보고들이 있다. 대표적으로 인류학자 말리노프스키(B. Malinowski)는 트로브리안드 원주민 사회를 직접 관찰한 후 그들의 사고방식이 현대 과학적 · 심리적 구조와 다르지 않은 계산적 합리성과 자주성을 갖고 있다고 하였고(1926:27-36), 레비 스트로스(Claude Levi-Strauss)는 그의 책 『야생의 사고』에서 필리핀 하누누(Hanunoo) 부족이 조류 75종, 뱀 12종, 어류 60종, 갑각류 12종, 곤충 108개, 개미 13개, 바다 연체동물 60종 등 총 461종의 동물기록을, 필리핀의 피그미족 니그리토(Negrito)는 식물 450종, 조류 75종, 뱀, 어류, 곤충, 포유류, 개미 20종의 명칭을, 남캘리포니아 코아휠라 인디언(Coahuilla Indian)은 60종의 식용식물, 28종의 마취제, 흥분제와 약용식물을 구분하고 있었다고 보고했다([1962]1996:53-59).

과학적이고 통계적인 많은 데이터를 활용할 줄 아는 현대인들이 자연현상에 대해 단순한 지식을 가진 원시인들보다 합리적인 것은 두말할 필요도 없다. 다만, 과학적 지식의 발달은 인간성에 내재해 있는 합리성과는 다른 외적 조건일 뿐이며, 인간성에 내재해 있는 합리성이란 시대와 장소를 불문하고 모든 인간이 동등하게 갖고 태어난 본성에 해당한다. 이런 의미에서 현대인과 원시인이, 종말론자와 펀드매니저가, 초등학생과 대학생이, 남자와 여자가 근본적으로 다른 합리성을 가진 인간으로 평가되어야 할 이유가 없다. 성경에 기초한 예언과 과학적 지식에 기초한 예측을 동시에 믿는 사람들이 우리 시대에도 여전히 많은 이유는 인간의 합리적 사고 내에서 두 가지 예언들이 충돌 없이 정돈될 수 있기 때문이다. 인간성에 보편적으로 내재해 있는 이런 동기의 합리성을 부인한다면 아마도 오늘날 현대인들이 향유하고 있는 첨단 과학기술의 다양한 혜택들이 어떻게 시대를 거듭하여 진화하고 발전할 수 있었겠는가? 레비 스트로스는 현대인들의 이와 같은 편협성에 대해 다음과 같이 지적한다.

> 어느 문명사회에서나 사람들은 그들의 사고방향이 객관성을 띠고 있다고 과대평가하는 경향이 있다. 미개인들은 단지 생리적 · 경제적 욕구에 의해서만 움직일 뿐이라는 편견을 우리는 갖지만, 미개인 역시 같은 방식으로 우리를 평가하며 그들의 지적 욕구가 우리의 그것보다 훨씬 조화로운 것이라 생각한다([1962]1996:52).

종교인들이 추구하는 내세에 관한 믿음을 합리적 계산으로 설명해 준 파스칼의 내기(Pascal's wager)는 더욱 유명하다. 〈표 2-1〉에서 보는 것처럼 17세기 프랑스의 철학자 파스칼(Blaise Pascal)은 내세에 대한 믿음이 더 유리한 경우의 수를 갖는다고 설명했다.

〈표 2-1〉 파스칼의 내기

	신이 존재하는 경우	신이 존재하지 않는 경우
신자	+	0
불신자	−	0

즉, 신자의 경우는 신이 존재할 때는 이익을 보고 존재하지 않으면 죽고 나서 얻는 것이 없지만, 불신자의 경우는 신이 존재하지 않을 때는 얻는 것이 없고 신이 존재할 때는 손해를 보게 된다. 따라서 전체 경우의 기대이익으로 판단해 보면 내세에 대한 믿음을 갖는 것이 위의 내기에서 유리한 선택이라는 것이다. 기본적으로 자기이익에 충실한 인간이라면 신을 믿는 것이 합리적이라는 것이다. 물론, 이런 설명은 현실의 복잡한 선택적 상황들을 극도로 단순화시켜 신과 인간의 관계가 맹목적인 감정이나 광기, 열

정, 흥분의 우연적 귀결이 아니라 이성에 기초한 합리적 선택의 결과라는 것을 보여주기 위한 환원적 예시이다.

최고의 과학자이자 수학자였던 파스칼의 믿음이 계산적 고려에 의한 선택이었다면, 오늘날의 과학자들은 어떤 종교를 어떻게 믿고 있을까? 종교사회학의 구패러다임에 익숙한 사람들은 쉽게 다음과 같이 예측할 것이다. 과학자들의 종교성은 매우 낮을 것이고 인간의 사고가 과학적 논리로 무장되면 될수록 종교의 영향력을 그들에게서 찾기 어려울 것이라고 말이다. 구패러다임에서는 종교와 과학의 조화로운 발전과 상호 보완적 관계성은 원칙적으로 불가능한 것이다.

〈표 2-2〉 학문영역별 종교성(1969년) (단위 : %)

	종교적 인간	정기적 교회참석	교회 불참석	종교적 보수주의자	종교 없음
수학/통계학	60	47	35	40	27
물리학	55	43	38	34	27
생명공학	55	42	36	36	29
사회과학	45	31	48	19	36
경제학	50	38	42	26	30
정치학	51	32	43	18	30
사회학	49	38	43	16	36
심리학	33	20	62	12	48
인류학	29	15	67	11	57

출처: The Carnegie Commission Survey of 60,028 American Academics, 1969 (Stark, "Reconceptualizing Religion, Magic, and Science," p.53에서 재인용).

실제 미국에서 약 6만여 명의 분야별 학자그룹을 대상으로 설문조사를 한 결과가 〈표 2-2〉에 나와 있다. 구패러다임의 상식과는 너무 다른 결과에 흥미로울 것이지만, 합리적 선택이론에서 보면 오히려 당연한 결과이다. 자연과학자들의 종교성이 사회과학자들의 종교성에 비해 모든 기준에서 높은 것으로 나타났다. 사실 대량의 통계조사에서 이처럼 일관된 형태의 결과를 얻는 것은 학문적으로 큰 행운이지만, 이 조사결과는 제3세계의 후진국에서 조사된 것이 아니라 동시대 첨단 과학기술의 발달을 선도하고 있는 미국사회의 조사결과라는 점에서 더 많은 생각을 하게 한다. 과학적 논리로 철저히 훈련받고, 그것을 다음 세대에게 교육시킴과 동시에 자신들의 과학적 연구결과물을 추구하는 자연과학자들이 종교적 사고에 비판적이고 냉담한 사회과학자들보다 더 종교적인 이유는 종교적 합리성과 과학적 합리성 사이에 근본적으로 모순적이고 상충되는 대립관계가 아닌 다른 맥락의 관계성이 존재한다는 것을 암시한다. 그리고 당연히 이런 질문에 이른다. 종교와 과학을 동시에 향유하는 태도는 어떻게 그리고 왜 첨단과학의 시대에도 여전히 건재한가? 종교와 과학의 관계를 포괄적으로 다루는 일은 과학철학이나 과학사 전공자에게 미루어 두고, 여기서는 합리적 선택이론의 관점에서만 양자를 구분하여 설명하고자 한다.

사실 막스 베버처럼 스스로를 '종교적 음치(the religiously unmusical)'에 해당한다고 생각하는 사회과학자들은 대부분 종교 그 자체에 큰 관심을 두지 않는다(Swatos *et al*., 1998). 관심이 없을 뿐만 아니라 종교적 관념이나 제도들, '신', '교회', '신앙', '기도', '해탈', '자비', '박애', '제의'와 같은 주요한 교리적 믿음과 행위들에 대해 의도적으로 일정한 거리를 두려고 한다. 분명한 과학적 방법론을 가진 자연과학자들과 달리 그들은 자신들의 이론이나 생각이 종교적 논리구조나 이념체계로부터 영향을 받았거나 일정한 관계를 유지함으로부터 자신들의 '과학적 합리성'이 의심받는 것을 두려워하기 때문이다. 반대로 말하면, 종교정치학, 종교경제학, 종교심리학, 종교사회학, 종교인류학 등의 분야를 전공하는 종교 관련 연구자들은 항상 사회과학적 호교론이나 신성모독으로 비난받을 위험이 많은 것이다.

종교와 과학에 전제된 합리성의 구분은 주술(magic)의 이해와 밀접히 연관되어 있다. 종교의 기원을 주술에서 찾고자 했던 에드워드 타일러(Edward B. Tylor)와 제임스 프레이저(Sir James Frazer) 같은 인류학자들과 사회진화론을 주장했던 허버트 스펜서(Herbert Spencer)는 주변의 자연환경을 직접적으로 통제하고자 하는 주술은 과학적 지식이 부족한 상태에서 자연현상을 설명하고자 했던 일종의 원시적 과학으로 생각했다. 종교는 주술적 통제의 가능성을 넘어서 있는, 즉 인간의 무력함에 대한 자기 고백의 과정에서 탄생한 초월적 존재에 대한 믿음이다(Malinowski, [1948]1954:23). 사회진화론적 관점에서 주술은 '전과학적 단계'의 과학이며, 종교는 주술에서 진화한 인간의 사고라고 이해되었던 반면, 종교사회학의 창시자로 불리는 에밀 뒤르켐(Emil Durkheim)은 이런 관계를 반대로 생각했다([1915]1965:404).

> 프레이저가 주장한 주술은 일차적 자료들도 아니고 종교가 그것의 유일한 파생물도 아니다. 그러기는커녕 주술사들이 의존하고 있는 지침들은 종교관념의 영향 아래서 형성되었다. … 허버트와 모스(Marcel Mauss)는 주술사에 의해 사용된 지극히 세속적인 메커니즘, 즉 주술이 종교로부터 가져온 완전한 힘의 세계들이란 관념 뒤에 숨어 있는 종교적 개념들에 대한 전체적 배경을 잘 설명했다. 우리는 왜 주술이 종교적 요소들로 그렇게 가득 차 있는지를 이제 알 수 있으며 결국 그것은 종교에서 나온 것이다.

주술이나 종교가 어느 것이 먼저이고 이후이건 역사적으로 분명한 사실은 주술과 종교가 모든 사회에 동시에 존재하고 있다는 것이다(Malinowski, [1948]1954:21). 생명이 위독한 환자를 위해 수술이 무사히 끝나도록 묵주기도를 하는 의사의 행위는 종교적인 것이지만, 큰 수술이 있는 날에는 커피나 담배를 하지 않는 의사의 습관은 주술적인 것이다. 종교적 순종과 의무감으로 십일조를 헌납하는 것은 종교적 행위이지만, 십일조를 납부하면 더 많은 물질적 축복을 받을 것이라는 생각에서 십일조를

〈표 2-3〉 종교, 주술, 과학의 대조

	종 교	주 술	과 학
자연과 사건을 통제하고자 하는 시도들	예	예	예
현세적 보상을 제공한다	예	예	예
초월적 존재에 의존한다	예	예	아니오
신 또는 신들을 원용한다	자주	아니오	아니오
관계영역에 대한 일반적 설명을 제공한다	예	아니오	예
궁극적 의미의 문제를 언급한다	예	아니오	아마도
내세적 보상을 제공할 수 있다	예	아니오	아니오
도덕적 질서를 정당화할 수 있다	예	아니오	아니오
경험적 오류화 과정에 종속된다	아니오	예	예
자연적 또는 물질적 현실로 보상범위가 제한되어 있다	아니오	아니오	예

출처: Rodney Stark, 2001, "Reconceptualizing Religion, Magic, and Science," *Review of Religious Studies* 43(2):115.

하는 것은 주술적 행위이다. 이런 종교, 주술, 과학이 공존하는 태도들은 오늘날 우리 주위에서 흔하게 볼 수 있다.

물론, 많은 주술적 행위들은 제도교육의 확산과 함께 과학적 세계관으로 지속적으로 대체되어 가고 있다. 그러나 종교 내에 포함된 주술적 요소들이 과학적 요소들로 대체되어 가는 것을 구패러다임의 추종자들은 종교의 쇠퇴로 과장해서 해석하는 실수를 범했다.

합리적 선택이론은 종교와 과학, 주술의 관계에 대한 새로운 접근을 제시한다. 그들의 과학, 종교, 주술에 대한 개념적 특징들에 대한 이해를 〈표 2-3〉을 기준으로 종합적으로 정리해 보면, 주술과 과학적 세계관이 현세적 보상(worldly rewards)만을 제공하는 반면에 종교적 세계관은 내세적(otherwordly) 및 현세적 보상을 모두 제공함으로써 보상의 범위가 더 넓은 설명체계란 차이점이 있다. 또한 설명체계의 기초는 종교가 주로 신이나 초월적 존재에 의존한다면, 과학은 이론과 조사로 이루어진 경험적 오류의 검증과정에 의존한다는 점도 다르다. 이때 사용된 '보상'의 개념은 스타크와 베인브리지가 *A Theory of Religion*에서 사용했던 보상(reward)과 대리보상(compensator)의 개념을 모두 포함하는 넓은 의미의 '보상(reward)' 이다. 특히, 종교는 과학과 주술에서 제공하지 못하는 삶과 죽음에 대한 궁극적 의미와 설명체계를 가지고 있고, 도덕적 질서에 대한 정당화를 제공한다. 주술과 과학이 공통적으로 현세적 보상을 제공하기는 하고 경험적 오류의 검증과정에 종속되지만, 종교는 현세적 보상의 성취를 내세로 연기시킬 수 있는 능력이 있기 때문에 현재 경험적으로 보상의 성취가 없다 하더라도 그 보상의 개념이 즉각적으로 허구가 되지는 않는다(Stark and Finke, 2000:88). 즉, 오늘밤 나의 기도가 가까운 미래든 먼 미래든 언젠가는 이루어질 것이란 믿음의 정당성을 교리적으로 설명할 수 있기 때문이다. 영생이나 부활, 구원과 같은 내세적 보상에 관한 종교적 예언이나 종말론이 현재에 실현되지 않았다는 것은 미래에 받을 보상을 기대하는 사람들의 관점에서 보면 결정적으로 중요한 것은 아닌 것이다.

과학이 제공하는 보상은 종교에 비해 매우 제한적인 것이고 일시적인 것이며 경험적 한계 내에서만 의미 있는 것이다. 이처럼 양자는 서로 다른 보상의 기초와 범위에 근거한 설명체계이므로 충돌보다는 오히려 보완적인 관계에서 서로 다른 영역으로 양립할 수 있다. 인간이 합리적 존재라면 제한적이고 현세적인 보상에 치중하는 과학적 세계관과 무제한적이고 궁극적인 내세적 보상에 중점을 두는 종교적 세계관을 동시에 소비하고자 하는 것이 당연한 것이다. 새로운 패러다임의 관점에서 본다면, 과학이 종교를 완전히 대체할 수 있다는 믿음은 하나의 이데올로기에 불과한 것이다. 밀러(Allan S. Miller)는 실용주의적 종교성이 뚜렷한 일본 종교시장에서 신종교나 점술산업의 성장이 이데올로기로서의 과학을 거부하는 성향과 강하게 상관되어 있음을 검증한 바 있다(1995:241-242).

합리적 선택이론이 기존의 종교사회학적 접근들과 다른 가장 큰 특징은 '종교' 와 '주술' 의 개념뿐만 아니라 '신' 과 같은 종교현상의 본질적 개념 도구를 합리성의 관점에서 직접적으로 정의한다는 점에 있다. 뒤르켐의 관점과는 달리 신, 초월적 존재, 궁극적 실재와 같은 개념들이 '의례(rites)'와 '제의(rituals)'보다 종교를 이해하는 데 훨씬 더 중요한 요소라고 주장한다(Stark, 2001:621). 좀 더 구체적으로 설명해 보자.

첫째, 신은 의식과 욕망을 가진 초월적 존재이다(Stark and Finke, 2000:91). 초월적(supernatural)이기 때문에 인간에게 물리적 힘을 통제할 수 있는 힘을 가진 것으로 상상되며, 존재들(beings)이기 때문에 단순한 초자연적 힘(forces)이나 실체(entities)이기보다 의식과 욕망을 가진 대상들이다. 따라서 신들은 인간의 욕망과 의식을 위탁받을 수 있는 인격적 관계가 가능한 존재들이다. 불교의 예를 들어 에밀 뒤르켐이 초월적 존재가 모든 종교의 보편적 특징은 아니기 때문에 초월적 존재를 중심으로 종교를 개념화하는 것을 거부했던 것([1915]1965:24-25)에 대해 합리적 선택이론가들은 뒤르켐이 지적 엘리트들의 불교와 대중불교를 혼동하였다고 비판한다. 멜포드 스피로(Melford E. Spiro)의 인류학적 연구에 의하면 실제로 대중불교(popular Buddhism)에는 다양한 초월적 존재들이 풍부하게 존재하였고(1966), 도교와 같은 신 없는 종교(godless religions) 내에서도 실제 중국 대중들은 노자에서부터, 옥황상제, 조왕신, 불교에서 온 원시천존 및 시왕과 같은 일종의 판테온(panteon)을 숭배했다(Kohn, 2000:303; Fisher, 2008:193). 유교에서도 천(天)이나 상제(上帝), 일월성신 및 조상숭배가 유교적 종교성의 기본요소라고 인정된다(금장태, 1994:182-201). 그러나 도교의 '도(道, Tao)', 임마누엘 칸트(Immanuel Kant)의 '제일 원인(First Cause)', 또는 폴 틸리히(Paul Tillich)의 '존재의 근원(ground of our being)'과 같은 무의식적 본질을 '신(god)'의 개념에 포함시키려는 비교종교학적 접근법에는 반대한다(Stark and Finke, 2000:91). 정리하면, 합리적 선택이론에서 도교의 도(道)는 신이 아니지만 도교 내에서 번창하고 있는 만신전(pantheon)의 초월적 존재들은 신들이다.

둘째, 종교는 하나의 신 또는 복수의 신들과의 교환관계를 포함하는 존재에 관한 매우 보편적인 설명들로 이루어져 있다(Stark and Finke, 2000:91). 〈표 2-3〉에서 보는 것처럼 종교가 초월적 존재와의 관계를 다룬다는 점에서는 주술과 중복되지만 그것이 존재에 관한 설명체계란 점에서 주술과는 다르다. 주술이란 신(들)이나 존재에 관한 보편적 설명에 의존함이 없이 보상을 얻기 위해 초월적 힘(supernatural forces)을 조작하려는 모든 시도들을 의미하기 때문이다(Stark and Finke, 2000:105; Stark, 2001:111; Stark, 2007:47-48). 뒤르켐이 지적한 것처럼 주술은 기계적이고 공리주의적인 목적을 추구하기 때문에 존재론적 설명에 대한 사색에 시간을 낭비하지 않는다([1915]1965:57). 모든 종교들은 보편적이며 존재론적인 선언들을 제공하는 반면, 주술은 궁극적 의미(ultimate meaning)의 문제들에 관심을 두지 않는다. 주술에서는 즉각적이고 특정한 결과를 얻는 것이 중요하며, 초월적 존재에 대한 강제나 기계적 조작을 통해 현세적 보상(worldly reward)을 얻는 것이 주된 목적이다.

앞서도 언급했듯이 종교의 본질은 신(들)과의 교환이다. 신이 있는 종교(godly religion)들에서 이런 교환관계의 특징이 훨씬 더 뚜렷하게 나타난다. 왜냐하면, 신이 인간에게 제공하는 보상(reward)의 질과 양이 교환관계의 형태를 결정짓기 때문이다. 합리적 인간이 신(들)과의 거래에서 추구하는 보상은 현세적 보상(worldly reward)을 넘어 궁극적으로는 내세적 보상(otherworldly reward)을 얻고자 하는 데 있다. 주술이 종교가 될 수 없는 이유는 주술은 결코 내세적 보상을 제공하지 못하기 때문이다. 내세적 보상을 제공할 수 없다는 것은 주술의 공급자와 수요자는 일회적 또는 일시적 관계로 끝날 뿐, 반복적이고 지속적인 형태의 교환관계로 맺어지기가 어렵다는 것을 의미한다. 그래서 주술가는 자신의 고객들에게 봉사할 수는 있지만 조직을 건설하지는 못한다(Durkheim, [1915]1965:44; Stark and Finke, 2000:106). 뒤르켐은 주술의 이런 특성을 다음과 같이 요약하고 있다([1915]1965:44).

> 주술의 교회는 없다. 주술가와 그에게 자문을 구하는 개인들 사이에는 그런 개인들끼리도 마찬가지지만 지속적인 유대가 없다. 주술가에게 단골들은 있어도 교회는 없다.

결국, 주술은 파트너들 간의 교환을 전제하는 것이 아니라, 초월적 힘을 통제하고 강제하기 위한 행위이므로 교환관계로 정의되는 종교행위와는 다른 것이다.

영생, 구원, 부활과 같은 내세적 보상을 제공하는 종교의 경우는 주술이 갖지 못한 광범위하고 배타적이고 지속적인 교환관계로 진화할 수 있다. 왜냐하면, 내세적 보상을 추구하는 인간들은 지속적 교환관계(extended exchange relationship)를 통해 상당한 기간 동안 종종 죽을 때까지 정기적으로 신(들)에게 보상에 대한 대가를 지불할 것이기 때문이다(Stark and Finke, 2000:99). 이런 형태의 관계에서는 관계의 지속성과 신이 제공하는 보상의 광범위함이 교환의 본질이다. 고대 그리스나 로마처럼 다신교 사회에서 많은 신들이 사랑, 전쟁, 건강, 풍요와 같은 각각의 역할에 따라 보상의 범위를 제한적으로 인간들에게 제공함으로써 단기적이거나 일회적인 관계로 끝나기 쉬웠지만, 내세적 보상과 현세적 보상을 함께 제공할 수 있는 신(들)은 인간들에게 지속적인 충성과 믿음을 요구할 수 있다. 현세적 보상만을 제공하는 신들과의 교환을 포기하고 더 크고 다양한 힘과 영향력을 가진 신, 즉 광범위한 보상을 제공하는 신들과의 교환으로 이동하는 것은 비용-편익분석의 관점에서 보자면 자연스럽고 당연한 행위의 합리화 과정이다.

한편, 배타적 교환관계(exclusive exchange relationship)란 하나의 특정된 신과의 교환만이 허락되는 관계의 패턴을 의미한다(Stark and Finke, 2000:100). 이런 관계에서의 유일신은 다른 모든 신들보다 전능하고 우월

하므로 자신 이외의 다른 신들과의 교환관계를 허락하지 않는다. 인간이 원하는 모든 보상을 특정된 그 신만이 줄 수 있기 때문에 그 보상에 대한 대가도 역시 그 신이 독점적으로 요구할 수 있는 것이다. 이때 보상에 대한 대가가 어떤 형태의 것이든 절대적으로 우월한 하나의 신에게 집중되는 것이 인간의 입장에선 다른 열등한 수많은 신들에게 분산되는 것보다 훨씬 효율적이고 경제적이다. 수요자의 입장에서는 하나의 신만 존재하면 충분한 것이고, 그에 상응하여 유일신이 요구하는 구속력의 정도는 여러 신들을 믿을 때의 수준보다 훨씬 더 높게 될 것이다. 지극히 단순화시켜 생각해보면 유대교, 기독교, 이슬람과 같은 유일신관이 다신교적 전통을 극복한 이유는 유일신과의 교환관계에서 요구되는 높은 비용을 초과하는 더 많은 보상을 인간들에게 제공했기 때문이다. 결국, 합리적 선택이론에서는 지속적이면서 배타적인 교환관계에 기초한 유일신 사회(monotheistic society)가 제한적이면서 포괄적인 교환관계에 기초한 다신교 사회(polytheistic society)보다 종교적으로 진화한 사회이며 합리적 인간성에 더 부합하고 있는 종교적 선택이라고 할 수 있다.

종교가 이성에 기초한 합리적 선택이라는 주장이 종교적 교환관계에서의 보상들이 모두 진실이라는 것을 의미하는 것은 아니다. 모든 종교적 설명들은 특히 내세에 관한 설명들은 위험을 수반한다(Stark and Finke, 2000:106). 합리적 선택이란 의미는 그 선택에 수반된 위험을 이미 고려하고 있다는 것을 전제하고 있다. 종교적 보상에 대해서 확신이 없다면 사람들은 그 보상을 얻기 위해 자신들의 시간과 돈, 열정을 투자하려 하지 않을 것이다. 보상에 대한 확신이 무엇보다 종교적 교환에서도 중요하다. 슈퍼마켓에서 우유를 살 때 제조사, 유통기한, 함유된 영양성분, 판매자의 신용도, 위생상태 등등을 세심하게 고려함으로써 우리는 그 우유를 사는 데 든 시간과 돈이 헛된 것이 되지 않도록 또는 상한 우유를 자신의 가족들이 마시고 병에 걸리는 파생적 비용이 발생하지 않도록 신경 쓴다. 자신과 가족이 오래도록 몸담고 있어야 할 종교를 선택하는 것, 교회나 절을 선택하는 것, 그리고 소속된 종교집단에 어느 정도의 헌신을 해야 하는지를 우리는 끊임없이 선택해야 하는 상황을 겪는다. 그런 선택의 기초가 종교들이 제공하는 보상에 대한 신뢰의 정도와 그 위험의 관리에 있다.

종교적 보상에 대해 확신을 증가시키는 가장 흔한 방법이 종교적 제의에 참여하는 것이다. 제의란 집단적인 행위이기 때문에 그 제의에 참여하는 다른 사람들의 확신이 나에게 영향을 미친다는 것을 뜻한다. 종교적 상품은 경험하지 않고서는 평가되기 어려운 경험재(experience goods)의 특성을 강하게 지니고 있을 뿐만 아니라 집단적으로 경험되어야 하는 재화에 해당한다. 이런 특성은 참여자들로 하여금 집단적 제의에 대한 참여를 통해 그 상품을 경험하고 평가하는 방법까지도 배우게 되는 사회화과정을 겪게 한다(Sherkat, 1997:68).

즉, 제의에 참여하는 다른 사람들이 종교적 보상에 대해 얼마나 신뢰하는지를 경험함으로써 자신의 신뢰도가 영향을 받게 된다. 이런 관점에서 보면 제의에 참여하는 종교인들은 제의가 제공하는 사회적 통합을 무의식적으로 추구하고 있는 것이라는 뒤르켐적 전통의 기능주의는 매우 관찰자 중심적인 환원주의로 평가할 수밖에 없다. 합리적 선택이론에서는 제의 참여자들 스스로가 그 제의를 통해 실제로 무엇을 얻고자 하며 왜 참여하는지가 제의의 본질에 대한 이해이다. 제의 참여자들이 직접적으로 의도하는 것은 제의를 통해 보상에 대한 확신의 증가를 스스로 경험하기 때문에 종교적으로 중요한 집단행위인 것이다.

종교적 인간의 '합리성'을 해석하는 수준과 범위에 다소의 차이는 있을 수 있지만, 종교사회학 내의 합리적 선택이론가들은 경제학자들의 합리성과는 다른 합리성 개념을 제시한다. 경제학자인 로렌스 야나코네(Laurence R. Iannaccone)가 종교적 인간이 추구하는 합리성이 종교에 투자되는 시간, 열정, 돈, 감정과 같은 비용과 종교로부터 얻을 수 있는 다양한 편익을 비교하여 순편익(net benefit)을 극대화하고자 하는 '극대화모델(maximization model)'로서 종교행위를 정의하고자 한다면(1998), 로드니 스타크(Rodney Stark) 및 로저 핑키(Roger Finke)와 같은 사회학자들은 현실적으로 순편익(net benefit)의 극대화 달성을 불가능하게 만드는 사회적 제약들이 존재하기 때문에 개인들은 '만족스러운(satisficing)'[2] 수준의 편익을 추구할 뿐이라고 본다(Stark and Finke, 2000:37).

비용-편익분석의 기계적 극대화로 합리성을 이해하기보다는 행위자들의 만족도, 즉 주관적 합리성(subjective rationality)에 기초하여 종교성을 이해하고자 하는 것이다. 순편익의 범위가 1에서 10까지 있다고 가정하면, 행위자들의 주관적 만족도는 극대화모델에서 가정한 최고 수준이 아니라도 1과 10 사이에서 다양하게 분포할 수 있다. 이런 차이는 베커(Gary Becker)가 전제한 '극대화 행위, 시장균형 및 안정된 선호'의 경제학적 가설들을 콜먼(James S. Coleman)의 합리적 선택이론에서는 유연하고 완화된 사회학적 개념으로 변경했기 때문에 야기된 것이다(Miller, 1992:50). 이런 구별이 종교사회학을 종교경제학과 구분해야 하는 중요한 이유이다.

합리적 선택이론에서 가정하는 종교적 인간의 '합리성'이란 무엇보다 '과정의 합리성(rationality of the process)'이다. 행위의 목적과 수단의 관점에서 합리적인 의사결정이 존재했다면 그것은 합리적 행위인 것이다(Stark and Finke, 2000:42-56). 이것은 일찍이 막스 베버가 설명한 '도구적 합리성(instrumental rationality)'을 의미한다. 종교적 행위도 일상의 다른 행위와 동등하고 같은 방법으로 도구적 합리성에 기초한 비용-편익적 계산으로 선택 및 결정된다고 전제하는 것이 타당하다. 종교적 행위과정을 인간의 다른 일상적 행위들과 기계적이고 인위적으로 차별하여 이해하는 것은 계몽주의적 편협함의 산물이다. 순교, 자비, 자기희생, 봉사, 헌금, 의

2) 'satisfy'와 'suffice'의 조합어로서 충분한 수준의 만족을 의미하는 용어로 사용되고 있다.

례, 개종과 같은 수많은 종교적 사건들은 목적에 부합하는 최선의 수단을 고려한다는 의미에서는 최소한의 '도구적 합리성'을 따르고 있는 것이다.

물론 그 행위를 선택하고 결정하게 된 과정의 합리성이 결과의 합리성까지 보장하는 것은 아니지만, 종교적 결정과 선택에 내재해 있는 '합리성'을 비용-편익분석에 기초한 경제적 개념으로 이해하는 것이 타당하다는 확신이 종교사회학의 새로운 패러다임으로 불리는 합리적 선택이론의 인간관이다. 결국, 기본적으로 이기적인 인간이 추구하는 모든 가치들은 결국 자기만족을 위한 것이기 때문에 막스 베버가 '목적적 합리성(value-rationality)'을 추구하는 것으로 분류했던 모든 행위들은 사실은 위장된 형태의 '도구적 합리성'을 추구하는 것에 지나지 않는다. 경제적 합리성에 근거하여 종교적 믿음과 행위를 설명할 수 있다면 각각의 종교적 행위자들이 종교적 서비스를 공급하고 수요하는 교환관계를 하나의 시장으로 부를 수 있을 것이고, 이런 시장의 총합을 경제라고 할 수 있다. 이런 의미에서 합리적 선택이론을 종교시장이론(religious market theory)이라고도 하고, 넓은 의미로 종교경제모델(religious economy model)이라고도 할 수 있다.

제 3 장

종교경제론

종교적 믿음과 행위를 일상적 행위들과 구분하지 않고 본질적으로 동일한 차원에서 이해하고 설명하는 것이 인정될 수 있다면, 인간의 이성에 기초한 합리적 선택과정의 산물로서 신과 인간의 교환관계는 종교적 보상과 종교적 구속을 추구하는 수많은 사회구성원들의 개인적 교환의 차원을 구조적으로 결정짓는 사회의 하위체계(subsystem)들 중의 하나로서 종교경제(religious economy)를 상정할 수 있을 것이다. '종교경제' 란 반드시 종교적 소속이 분명한 경제주체들뿐만 아니라 종교적으로 소속이 분명하지 않은 수많은 잠재적 수요자와 공급자들이 종교재(宗教財, religious goods), 특히 종교적 용역(religious service)에 대한 각자의 욕구충족을 위해 시장에 참여하고 있는 상태를 의미한다. 스타크와 핑키는 다음과 같이 정의한다(2000:193).

> 하나의 종교경제는 시장에서 일어나는 모든 종교활동들로 구성된다. 즉, 조직들에 의해 제공된 종교문화와 신자들을 유인하고 유지하기 위한 하나 또는 여러 조직들의 환경으로서 현재적 또는 잠재적 신자들의 시장이다.

종교를 하나의 상품(goods)으로 간주하는 것이 인정될 수 있다면, 현재적이거나 잠재적인 수요자와 공급자들 그리고 그들을 둘러싼 문화와 환경으로 구성된 하나의 종교시장을 상상하는 것도 가능할 것이다. 이런 정의에서 드러나는 분명한 특징은 종교시장이론에서의 '종교시장' 이란 냉소적이거나 풍자적인 비유(metaphor)로서의 '종교시장' 이나 저널리즘적 용어로서의 '종교백화점' 같은 피상적인 '종교시장' 개념을 사용하지 않는다는 점이다. 이론적 관점에서 종교시장은 다양한 시장구성요소들 간의 역동적인 관계성을 유기적으로 체계화한 뒤에야 건설된 개념으로서 수요 측 이론과 공급 측 이론 양면을 일관되고 통합된 방법으로 설명하는 논리적 구조물이다. 시장이나 백화점을 가득 채우고 있는 쇼핑객과 판매자들이 체계적인 경제이론을 모르고도 합리적인 경제활동을 하는 것과 마찬가지로

'종교시장'의 개념을 들어보지 못했거나 심지어 혐오하는 종교서비스의 구매자와 판매자조차 이미 합리적 선택을 행하고 있는 종교시장의 참여자로 가정되는 것은 당연하다. 이런 의미에서 구매자든 판매자든 시장에 참여한 모든 주체들은 이미 경제활동의 진정한 당사자들로 규정된다.

한편, 피에르 부르디외(Pierre Bourdieu)의 행위이론에서 설명되는 '종교적 장(religious filed)'은 종교시장이론에서의 '종교시장' 개념과 유사하지만 양자의 구조적 특질은 전혀 다른 것이다. 양자 모두 경쟁의 원리가 중요한 작동원리이지만, 전자에서 경쟁은 구원재(salvation goods)로 불리는 종교적 자본에 대한 생산, 축적 및 통제권을 추구하는 구조화된 갈등적 원리로서 종교적 헤게모니를 장악하고 있는 기성권력의 이익에 봉사하는 것이지만(Rey, 2004:331-332), 후자에서 경쟁은 시장참여자 상호 간의 효율성을 제고시키는 시장의 힘으로 작용하여 궁극적으로는 시장참여자 전체의 이익에 조화롭게 기여하는 것이다. 그러나 양자의 가장 큰 차이는 무엇보다 종교적 행위자(religious actor)의 자율성 정도에 있다. 전자에서는 종교적 행위자들의 자발성이 인정된다고 해도 계급구조가 종교에 대한 행위자들의 기대이익을 이미 결정하고 있다고 보는 반면, 후자에서는 종교에 대한 행위자들의 기대이익이 오히려 그들의 계급적 성취를 결정할 수 있다고 믿는다. 부르디외의 표현을 빌린다면 "대부분의 행위들은 주관적으로 경제적인 것이 아니라 객관적으로 경제적인 것이며 합리적 계산의 산물이 아니다"(1990:90-91). 시장의 원리와 특성, 문화적 구조와 환경 등에서 양자는 근본적으로 타협하기 어려운 '종교시장'에 대한 서로 다른 이해를 갖고 있으며, 이러한 차이에 대한 비교분석은 '종교시장'의 개념과 관련한 또 다른 연구과제라고 생각한다.

공급 측 이론

교리, 의례, 소속감, 인적 관계망과 같은 종교서비스를 제공하는 종교전문인(religious specialist) 및 종교집단들이 공급 측 요소가 되는 것이고, 그런 종교서비스를 필요로 하는 신도집단 및 개인들은 수요 측 요소로 간주될 수 있다. 이러한 공급자와 수요자들이 조직화되면 하나의 종교조직(organization) 또는 종교공동체(community)가 되는 것이며, 유형론적으로 그것이 '교회(church)', '종파(sect)', '교단(denomination)', '신종교(cult)'와 같이 일정한 조직적 형태를 취할 때 종교시장의 역동성은 더 커진다. 그러나 이런 종교조직들을 다양한 차원에서 끊임없이 세분화하여 유형화하는 작업은 종교현상에 대한 명쾌한 이해를 더 어렵게 만드는 경우가 많다. 스타크와 베인브리지는 이렇게 예시하고 있다(1979:123; 1985:22).

> A부터 E까지 다섯 가지의 상관요소들이 '교회형'을 정의하기 위해서 사용되고 있고, 동시에 그 요소들이 '종파형'을 정의하기 위해 부정적 상관성을 보여야 한다고 생각해 보자. 이 기준들을 이분법으로 표시하면 논리상 총 32가지 경우의 타입들이 발생한다. 그들 중 2가지 경우만 이념형적 상관성이 분명히 나타나고 나머지 30가지 경우는 혼합된 상관성의 형태를 보일 것이다. 예를 들어, A와 B는 상관적이고 C, D, E는 부정적 상관성을 보이는 경우와 D와 E만 상관적이고 나머지 A, B, C는 부정적 상관성을 보이는 경우에 어느 쪽이 교회형에 더 가까운 것인가?

다양한 유형론(typology)은 종교를 편의상 분류하는 방법일 뿐 종교를 정의하는 방법이 결코 아니다. 종교를 정의(definition)하는 수단으로 유형화의 다양한 기준들을 계속 만들어 내는 것은 현실에 존재하는 수많은 종교조직들을 끊임없이 현상적으로 나열하는 것만큼이나 무모한 작업이다. 이런 면에서 종교시장이론은 현실의 종교조직들을 사회적 긴장관계의 정도에 따라서 일관되게 비교할 수 있도록 하는 단일차원의 유형론(unidimensional typology)을 제시한다. 구체적으로 '교회'는 사회적 주변과의 긴장관계가 상대적으로 낮은 종교집단으로, 그리고 '종파'는 그 긴장관계가 상대적으로 높은 종교집단으로 이해된다(Stark and Finke, 2000:143-144). 여기서 사회적 긴장의 정도라는 단일한 기준이 어떻게 그리고 왜 모든 종교조직들을 구분할 수 있는 척도인지에 대해서는 이론이 많겠지만, 현실에 존재하는 모든 종교집단들의 뚜렷한 사회적 특징으로서 트뢸취(Ernst Troeltsch) 이후 거의 모든 종교사회학자들의 유형론에서 유용한 비교기준으로 사용되어 왔던 것을 고려하면 지나치게 자의적인 것은 아닐 것이다. 게다가 이런 기준은 종교적 집단들의 사회적 변화와 역동성을 이론적으로 설명하는 데 중요한 기능을 담당한다. 다시 말하면, 종교적 서비스를 제공하는 다양한 종교조직들을 교회적(churchlike) 또는 종파적(sectlike)인 정도의 차이로서 상호 비교분석함으로써 종교적 변동에 대한 좀 더 명료하고 체계적인 이론화를 시도하고자 하는 것이다.

공급 측 요소들에 관하여 가장 뜨거운 논쟁은 스타크와 핑키의 미국 종교사에 관한 역사사회학적 연구서 *The Churching of America, 1776-1990: Winners and Losers in our Religious Economy*(1992)를 통해서 야기되었다. 그들은 이 책에서 식민지 미국의 최대 교단들인 회중주의자(Congregationalist), 성공회파(Episcopalian), 그리고 장로교도(Presbyterian)들과 같은 교회적 교단(churchlike denomination)들이 침례교(Baptistism)나 감리교(Methodism)들과 같은 종파적 교단(sectlike denomination)들에게 신도수 성장의 측면에서 패배한 이유는 대중과 유리되고 엘리트화된 성직자들로 인한 조직의 비효율성과 자유주의적인 교리해석으로 인한 종교적 구속력의 감소와 같은 종교시장 전략(marketing strategy)의 실패 때문이라고 주장하였다. 미국 종교사에서 있었던 두 번의 대각성운동(the Great Awakening)들 역시 문화적 위기의 결과가 아니라 복음주의적 개신교 교단들의 열성적인 시장캠페인의 결과라고 단언하고, 그런 종교적 부흥을 19

세기 미국 가톨릭의 성장에도 적용하였다(Finke and Stark, 1992; Finke and Iannaccone, 1993:29). 당연히 이 책에서 제시된 많은 종교사적 양적 자료들의 해석에 대해 종교사가들은 특히 신랄하고 거친 비판들을 쏟아냈다. 이런 비판들 중에서 미국교회사학회(American Society of Church History) 회장이었던 유명한 에드윈 거스타드(Edwin S. Gaustad)의 서평 몇 줄을 소개하는 것으로 충분할 듯하다(1993:640-642).

> 이 책은 순진함과 오만함의 탁월한 조합이다. 먼저, 순진함은 다소 자기 고백적이다. 로드니 스타크는 그의 학생이 책 두 권을 들고 왔을 때를 묘사한다. … 그는 놀라면서 묻는다, "어떻게 수세대 동안 학자들은 이렇게 많은 센서스가 있었다는 것을 모를 수 있었을까?"… (그러나) 저자들에게 그보다 더 오래된 책들을 보여주는 학생들이나 동료들이 없었던 것은 유감스럽다. 더 순진한 것은 그에게 반드시 필요한 로제타 스톤(Rosetta Stone)이라고 했던 그 책은 이미 삼십 년도 훨씬 전에 나의 저서 *Historical Atlas of Religion in America*(1962)에 사용되고 포함되어 있었다는 점이다. … 순진함은 종종 용서받을 수 있고 때론 사랑스럽기까지 하다. 그러나 오만함은 다른 문제다. 이해하기 힘든 이유들에 근거하여 저자들은 모든 미국 종교사학자들을 쓸데없이 모욕하는 잘못된 길을 가고 있다. … 이런 거만함은 책 전체에서 계속된다. … 저자들은 전통적 교회 성장을 '시장 점유율'로, 미국 종교의 전체 줄거리를 '미국 종교경제'로, 그리고 에큐메니컬 조직들을 '카르텔'로 번역함으로써 어휘 면에서 기여하는 바가 있긴 하다. 그리고 멋진 그림들도 몇 장 담고 있다.

이처럼 미국의 식민지시대 3대 교단들과 신흥교단들의 신도수 증가율 및 구성비율, 성직자들의 종교성, 국교(establishment)적 지위 여부 등의 양적 자료들에 대한 종교시장이론의 해석에 대해 근본적이고 진지한 비판들이 있음에도 불구하고 이 책의 뚜렷한 종교사회학적 메시지는 종교적 규제 완화와 종교조직들의 사회적 긴장관계의 정도에 따라서 공급 측 요소들이 종교시장의 경쟁시스템을 통해 교단(denomination)들의 성장과 쇠퇴에 결정적 요인들로 기능했을지 모른다는 통찰력을 제시한 점에 있다. 게다가 종교적 성장과 쇠퇴에 의한 순환적 변화를 설명하는 기초로서 '교회형' 과 '종파형' 의 두 가지 분명한 이념형들로 종교적 역동성의 본질을 폭넓게 수집된 역사적 자료들로부터 경험적으로 증명하고자 했던 점은 큰 공헌이다.

결국, 미국의 침례교나 감리교는 종파적(sectlike) 유형에서 시작하여 경쟁적 종교시장에서 빠르게 성장한 후 사회적 동질화과정을 겪으면서 교회적 유형으로 변화되었지만 이런 느슨한 구속력에 불만을 가진 일부 사람들이 다시 종파적 유형으로 이탈하는 일련의 순환적 종교변동과정을 예시하는 것이다. 이때 종파–교회–종파로의 순환적 이동은 문화적 · 정치적 · 경제적 위기와 같은 외적 요인에 의한 사회화의 결과가 아니라 효율성을 추구하는 종교시장의 힘에 의해 효율적 구조의 교단만이 승자로 살아남을 수 있는 시장경쟁의 본질적 결과물로 해석된다.

탈국교화(disestablishment) 사회에서 종교서비스의 공급자들은 결국 시장에서의 기업과 같은 위치와 역할을 담당할 수밖에 없다. 자신이 시장에서 판매하고자 하는 상품의 가격과 품질에 의해 시장에서 그 기업의 생존 여부가 결정되는 것이므로 다른 외적 조건이 동일하다면 더 낮은 가격에 더 좋은 품질의 종교적 서비스를 제공하는 종교적 기업이 종교시장의 최종적 승자가 될 것이다. 당연히 많은 경쟁기업들보다 더 싸고 질 좋은 서비스를 생산하기 위해서는 종교기업의 생산구조가 최대한 효율적인 비용–편익구조를 갖고 있어야 한다. 공급자의 효율성이란 바로 시장 전체의 효율로 직결되면서 그것은 최종적으로 시장 전체의 이익이 된다. 비효율적 생산구조를 가진 기업이 장기간 시장을 지배하게 되거나 시장에서 퇴출되지 않는 그런 시장시스템을 갖고 있다면 그것은 사회적으로 큰 손실이 되는 것은 너무나 자명한 것이다. 현재 국내에 존재하는 510여 개의 종교단체들과 미국에 존재하는 대략 1,500여 개의 크고 작은 교단들(denominations) 중에서 경쟁적 시장환경으로부터의 압력에 자유로운 교단들은 찾기 어렵다. 모든 종교공급자들은 시장의 힘에 적어도 현실적으로는 종속되어 있다.

주의 깊은 독자들이라면 이렇게 물을 것이다. 위와 같은 경쟁시스템에는 매우 보수적인 권력담론이 내재해 있는 것이 아닌가? 물론 그렇다. 종교시장은 전체 사회의 하위시스템(subsystem)이다. 그러므로 해방신학과 같이 상위구조인 사회시스템 전체에 계급 갈등과 투쟁의 역동성을 부여하는 종교의 거시적 기능을 종교시장이론으로는 설명하기 어렵다. 그래서 종교시장이론은 본질적으로 사회이론이라기보다 종교이론이라고 해야 한다.

종교공급자들의 조직 내 효율성과 관련한 가장 중요한 쟁점이 종교적 무임승차(religious free-riding)의 문제이다. 인간이 합리적이라면 적게 지불하고 더 많은 이익을 누리고자 하는 태도가 종교서비스를 소비할 때에도 동일하게 고려될 수 있다. 이것은 종교시장에 참여하고 있는 합리적 수요자의 당연한 종교행위전략이다. 무임승차자들의 가장 큰 문제는 종교조직의 인적 네트워크를 통해 부정적 외부성(negative externality)을 일으킴으로써 조직 전체의 평균적 구속력을 감소시킨다는 점이다. 다시 말하면 종교조직 구성원의 충성도는 주변 구성원들의 충성도에 크게 영향을 받기 때문에 낮은 충성도의 구성원은 조직 내의 다양한 인적 관계를 통해서 다른 주변 구성원들의 충성도까지 감소시키게 된다(Iannaccone, 1992; 1994:1188). 예를 들어, [그림 1-1]의 e-church시스템을 갖고 있는 교회에서 모든 교인은 일년간 헌금액이 항목별로 계산되어 교인이면 누구나 시스템에서 조회할 수 있도록 공개된다면 어떻게 될까? 합리적 인간이면 누구나 자신과 비슷한 동료 교인들의 헌금액과 자신의 헌금액을 비교할 것이고 그런 수준에서 헌금액수를 결정하게 될 것이다. 교회봉사나 전도와 같은 시간의 투자도 동일하다. 시간투자를 전혀 하지 않는 사람들이 교회 내에 많으면 많을수록 다른 동료 교인들도 봉사나 전도에 무관심할 것이고, 그 반대의 경우는 봉사나 전도에 할애하는 시간이 전체적으로 더 많아지게 될 것이다.

모든 종교공급자들은 이처럼 수요자들이 합리적이라는 것을 이미 알고 있고 그런 정보의 이해를 기초로 자신들의 공급전략을 선택한다. 왜냐하면, 종교시장에서 교환의 파트너들이 서로를 비합리적 주체로 인식한다고 주장하는 이론이 있다면 그것만큼 비현실적이고 비합리적인 설명도 없을 것이기 때문이다. 수요자와 공급자 모두 자신들이 가진 자원(resources)의 희소성을 깨닫고 있고, 자신의 필요 또는 욕구에 가장 부합하는 방법으로 행동하고자 한다면, 그들은 다른 시장에서와 마찬가지로 종교시장에서도 역시 상호 전략적 교환관계로 만나게 된다. 게임이론(game theory)에서처럼 교환관계의 상대자가 자신의 이익을 극대화하는 방법으로 행동할 만큼의 이성적 존재라는 조건 아래에서 자신의 행위를 가장 유리하게 하는 대안을 선택하는 것이 종교시장에서도 일반적인 것이라고 주장할 수 있다. 물론, 현실의 상황들에서는 이러한 전략적 선택의 상황들이 수없이 다양하고 연속적이며 그 결과를 예측하기 어려운 경우가 더 많을 것이다. 이런 의미에서 종교적 무임승차자들에 대한 종교공급자들의 대응전략을 구체적으로 설명해 보자.

무임승차의 문제는 종교서비스가 기본적으로 집단재(collective goods)이기 때문에 발생하는 현상이다. 상품에 대한 소비를 분리하거나 배제할 수 없는 재화이기 때문에 이런 성격의 재화에서는 항상 무임승차의 문제가 발생한다. 따라서 정당한 가격, 즉 공평한 비용분담 원칙에 의하지 않고 집단재를 소비하고자 하는 욕구가 당연히 존재하기 때문에 집단재를 생산하는 모든 공급자들은 이런 무임승차자의 부담이 다른 소비자에게 전가되지 않도록 고민해야만 한다. 비용전가가 계속되면 결국 생산비용이 너무 높아지게 되고 소비자에게도 수익보다 비용이 더 높아지는 비효율적 소비구조를 야기시켜 그 시장 전체에서 교환관계의 동력이 상실되기 때문이다. 사회적 긴장관계를 높게 유지하는 보수적 교단들의 전략이 바로 이런 위험과 비효율성을 방지하기 위한 것이다. 자유주의적인 교단들보다 신도들에게 더 높은 수준의 엄격한 종교적 요구사항들을 부과함으로써 자연스럽게 종교적 무임승차자(free-rider)들이 그 조직을 떠나도록 유도하는 것이다. 조직의 인적 · 물적 자원을 효율적으로 관리하고 동원할 수 있기 때문에 교단의 성장을 위한 자원과 동력이 풍부해진다. 반대로, 개방적이고 자유주의적인 성향의 교단들은 신도들에게 느슨하고 유연한 종교적 요구를 함으로써 교단 내의 사회적 · 경제적 · 정치적 · 지역적 차이들을 교리적으로 다양하게 포괄하고자 하지만 그에 비례하여 그 조직 내에 무임승차자들을 제거할 방법들은 더욱 줄어들게 되어, 결과적으로 자신의 돈과 시간을 적게 투자하고 다른 신도들이 누리는 종교적 서비스는 동일하게 누리고자 하는 사람들만 늘어난다. 이런 상태가 결국 그 교단의 성장을 저해하는 비효율성이고 그런 교회의 자유주의적 성향에 불만을 가진 엄격한 보수주의자들은 교단을 이탈하게 된다.

이런 상황은 주요한 경제이론모델을 종교시장에 적용함으로써 더 분명하게 이해될 수 있다. 아지지와 에렌버그(Corry Azzi and Ronald G. Ehrenberg)는 일찍이 가정생산모델(household production model)에 기초하여 하나의 가정경제가 세속적 소비와 내세적 소비에 투자될 시간(T)과 재화(X)를 일생 동안 어떻게 배분하는지를 선구적으로 분석하였다(1975). 이 모델은 왜 사람들이 나이가 들면서 종교활동에 더 많은 시간과 재화(또는 돈)를 투자하는지를 설명하면서, 종교활동의 한계생산이 나이의 증가로 감소하지 않는 현상을 연령효과(age effect)라고 불렀다. 그러나 연령효과는 부분적으로 임금상승률의 하락에 의해 상쇄될 것이며, 임금상승률이 낮은 여자나 노인의 경우 좀 더 시간집약적인 방법으로 종교활동에 임하게 된다고 했다.

야나코네(Laurence R. Iannaccone)는 이 모델을 더 발전시켜 인간의 종교적 만족도가 종교활동에 투자되는 시간과 재화의 함수일 뿐만 아니라 그가 과거의 종교활동을 통해 익숙하게 배웠던 교리, 의례, 교인들과의 친밀함과 같은 인적 자본(S)에 크게 영향을 받는다고 주장한다(1992:299;

1998:1481). 경제적 관점에서 종교활동이란 결국 종교적 만족을 생산하기 위한 하나의 과정이므로 종교적 만족을 극대화하기 위해 시간, 재화, 노동, 노력 등의 요소들만 투자되는 것이 아니라 참여자의 기술과 경험이 중요한 결정요소가 된다. 예를 들어, 불교나 성경의 교리에 대한 이해도가 높은 신자들이 그런 내용을 처음 접한 초신자들보다 종교적 만족감이 너 높은 것이고, 성찬식과 법회의 절차를 잘 이해하고 여러 번 경험한 사람이 그렇지 못한 신자들보다 의례의 참여를 통한 종교적 만족감이 더 큰 것이다. 따라서 종교적 보상(R)은 주어진 기간(n)에서 다음과 같은 함수관계로 표시될 수 있다.

$$R_n = R(T_n, X_n, S_n)$$

인적 자본(S)이 포함된 이 함수는 종교적 참여자들이 내세에 대한 단순한 기대보다는 오히려 그 종교에 특수한 기술, 지식, 경험의 축적으로 종교활동에 대한 만족감이 결정된다는 것을 의미한다. 종교적 인적 자본이 크면 클수록 개종이 어려운 것이고, 설령 개종을 한다고 해도 기존의 종교적 성향과 비슷한 교단이나 종파로 이동하게 되며, 종교인들이 종교 내적 결혼(intra-religious marriage)을 선호하는 이유이기도 하고, 종교 간 결혼(inter-religious marriage)에서도 무신론적이고 종교성이 약한 배우자가 종교적 성향이 강한 배우자의 종교에 적응하기 쉬운 것도 바로 가정경제 내에서 상대 배우자의 축적된 인적 자본의 기회비용이 크기 때문에 그렇다고 한다(1998:1481-1482).

이런 가정생산모델을 종교조직들에 확대하면 클럽이론(club theory)이 된다. 즉, 사람들은 자신들이 투자하는 시간, 돈, 자본에 의해서만 종교적 만족감을 생산하는 것이 아니라 주변 사람들이 투자하는 생산요소의 정도에 영향을 받는다. 이것이 앞에서 논의한 종교적 무임승차자 문제를 설명하는 경제모델이다. 집단재로서의 종교재(宗教財)는 필연적으로 외부성을 갖고 있다는 점에서 다른 교인들이 어떻게 행동하는지가 자신의 종교적 만족감에 긍정적 또는 부정적 외부성을 낳을 수 있다.

그림 3-1 | 종교적 무임승차와 클럽의 패턴

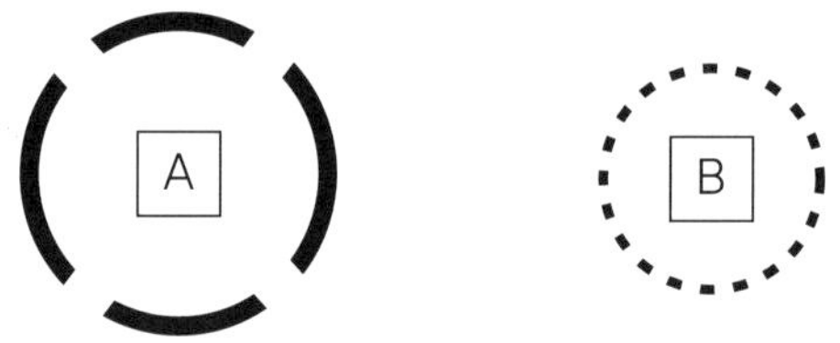

[그림 3-1]은 종교적 무임승차자에 대한 두 가지 서로 다른 클럽의 패턴을 보여준다. 클럽 A는 다소 큰 규모의 조직이지만 그 회원들에 대한 구속력의 정도를 느슨하게 함으로써 무임승차자들이 진입할 수 있는 빈틈이 많은 반면에, 클럽 B의 경우는 다소 작은 규모를 갖고 있지만 훨씬 더 촘촘한 멤버십의 경계를 갖고 있다. A와 같은 상황전략이 교회형 집단이라면 B와 같은 집단은 종파형이다. 종파형 B는 교회형 A처럼 규모의 경제를 누릴 수는 없지만 작은 규모의 조직에 맞게 신도들에 대한 더 면밀한 통제가 가능하다. 이런 밀착된 통제를 가능하게 할 정도의 규모로 조직을 유지하는 것이 종파형에서는 조직 내 자원의 관리와 회원 전체의 만족을 높이는 데 더 효율적이다. 당연히 종교적 통제의 정도가 심한 클럽 B에서 무임승차의 욕구를 가진 사람들은 개종, 배교, 집단이탈과 같은 선택을 하기 쉽다.

실제 사례연구들에서도 종교조직의 크기와 신자 일인당 헌금액의 관계가 부정적으로 나타난다고 한다(Sullivan, 1985; Stonebraker, 1993; Zaleski and Zech, 1995). 특히 미국 개신교와 가톨릭 교회를 비교한 한 연구에 따르면, 소득변수를 통제한 이후에조차 가톨릭 신자들이 개신교 신자들에 비해 2/3 정도의 헌금만을 낸다고 한다(Zaleski and Zech, 1994). 개신교가 클럽 B에 해당한다면 가톨릭은 클럽 A형과 같은 무임승차자 배제전략을 추구하고 있는 것이다. 한국적 상황에서의 사례분석과 관련하여서는 이후에 논하기로 하자.

수요 측 이론

종교시장이론에서 종교경제의 역동성을 결정하는 요소들이 공급 측에 있다는 것은 주지의 사실이고 이제 널리 알려져 있다. 이런 맥락에서 공급 측 이론으로서의 종교시장이론이 매우 극단적이고 편향된 관점에서의 종교이해라고 단정할 수도 있지만 그것은 분명히 잘못된 이해이다. 오히려 종교시장이론의 가장 큰 공헌은 기존의 이론들이 당연시해 왔던 수요자들의 종교성에 대한 기본전제들을 거시적 종교이론의 맥락에서 새롭게 고찰할 수 있도록 해 주었다는 점에 있다.

먼저, 종교경제에서 인간이 종교서비스에 대한 끊임없는 구매욕을 가지고 있는 이유는 모든 인간이 처한 존재론적 한계 때문이다. 생로병사와 희로애락의 존재론적 문제들이 존재하는 한 종교에 대한 인간의 욕구는 시대와 장소를 불문하고 존재하였고 앞으로도 그럴 것이다. 간단히 말하면, 종교적 서비스에 대한 인간의 욕구는 항상적인 것이라고 할 수 있다. 합리적인 방법으로 자신의 존재론적 한계를 이해하고 극복하고자 하는 수요가 바로 종교시장의 기초를 제공한다. 과학이나 주술이 제공하지 못하는 내세에 대한 이해와 행복에 대한 욕구를 충족시키기 위해 종교시장에 참여하게 되는 것이다. 궁극적 삶과 죽음의 문제 및 우주와 자연의 질서에 대한 존재론적 고민들을 종교에서 찾고자 했던 것은 원시인이나 현대인이나 근본적으로 다르지 않을 것이다.

이처럼 안정된 종교적 수요에 대한 가정은 세속화 명제(secularization

thesis)와 같은 기존의 종교사회학적 패러다임들로부터 종교시장이론을 차별화시키는 가장 뚜렷한 차이점이다. 왜냐하면, 앞의 제2장에서 설명한 것처럼 세속화론자들은 사회제도의 기능적 분화(functional differentiation)가 심화되는 정도에 비례해서 종교적 수요 또는 종교에 대한 필요성이 개인적으로나 사회적으로 감소할 수밖에 없다고 믿었기 때문이다(Berger, 1967; Wilson, 1975; Dobbelaere, 1987; Bruce, 1992; Lechner, 1991). 종교적 수요의 감소는 종교적 다원주의의 심화와 과학적 세계관의 지배력 증가를 동시에 경험하고 있는 오늘날 사회현실에서 보자면 자명한 사실인 것처럼 보인다. 따라서 수요의 안정성에 대한 종교시장이론의 가정에 대하여 세속화론자들은 당연히 다음과 같이 반문한다. 중세시대 종교적 수요가 현재와 같다는 것은 역사적 사실과 부합되는가? 이런 질문에 대한 논쟁이 바로 황금시대(the Golden Age) 논쟁을 낳았다.

근대과학의 많은 경험적 발견 이전에 존재했던 중세시대 사람들의 종교성은 오늘날 교회를 가득 채우고 있는 신자들보다 더 진지하고 높은 참여율을 보였을 것이라고 간주되었다. 구패러다임의 지지자들은 이런 생각을 오래된 역사적 기정사실로 믿었다. 이와 같은 관점에서는 종교적 수요의 안정성이란 가정은 근대 이후 세속화된 종교성의 변화를 보이는 유럽사회의 역사를 정면으로 부정하는 것이 된다. 오늘날 교회 공동화 현상이 유럽 대부분의 국가에서 보편적으로 나타나고 있는 것을 고려하면 종교시장이론의 주요한 이론적 기초가 되고 있는 종교적 수요의 안정성 가정은 허구적인 것처럼 보인다. 역사의 긴 흐름을 통해 인간의 종교적 의존은 계속 감소해 왔다고 볼 수 있다.

이에 대하여 종교시장이론의 입장은 분명하다. 중세시대 대중들의 종교성에 대한 종교사가들의 조사에서 중세시대 대중들이 그렇게 종교적이지 않았다는 사실이 드러나고 있다는 것이다. 영국의 역사학자 케이스 토마스(Keith Thomas)는 그의 책 *Religion and the Decline of Magic*에서

다음과 같이 주장한다(1971:161).[1)]

> 중세시대 영국 대중의 구성원들이 모두 어떤 종교를 갖고 있는지 어떤지는 논란이 많다. 많은 사람들은 마지못해 교회를 갔고, 보통 사람들은 종종 강제로 교회에 나타나기도 했다. 그리고 그들은 예배를 마치 미리 계획된 유치한 모방행사인 것처럼 무례하게 굴었다.

또한, 중세시대 교구교회들의 실제 규모는 오늘날 주택의 큰 거실 정도에 불과할 만큼 작은 교회들이 대부분이었다고 하며(Rosalind and Christopher, 1984:116), 실제 1551년 글로체스터 주교가 그의 감독 아래 있는 교구 신부들을 테스트했을 때 전체 311명의 신부들 중에서 171명은 십계명을 암기하지 못했고, 27명은 주기도문의 저자가 누구인지를 몰랐다고 한다.[2)] 중세시대의 종교성에 대한 좀 더 흥미로운 사례는 고려시대와 조선시대의 한국불교경제사에 대한 연구들에서도 어렵지 않게 확인될 수 있다.

예를 들어, 물질적 탐욕과 상업적 이익 추구에 초연하여야 할 사원이나 승려들의 고리대금업과 다양한 상행위들은 한국의 중세불교사에서도 매우 일반적이었던 것처럼 보인다. 이상선 교수는 이렇게 정리하고 있다(1998:227).

> 이와 같은 고리행위가 지배귀족층들에 의해 일반사회에서만 행해진 것은 아니고 사원에서도 양민들을 대상으로 고리행위를 자행하고 있었다. 사원의 고리행위에 대해서 고려 초기의 기록은 없어 자세한 사실은 알 수 없지만 후기에는 몇 가지 구체적 기사가 나타나고 있어 사원에서도 고리행위가 일반적으로 행해지고 있었음을 다음과 같은 사실을 통해서 알 수 있다. "명종 18년 3월에 制(제)하여 말하기를 京人(경인)으로서 鄕邑(향읍)에 농장을 盛(성)하게 벌여 놓고 폐단을 만드는 자는 농장을 破取(파취)하고 법

1) Stark and Iannaccone, 1994, "A Supply-Side Reinterpretation of the Secularization in Europe," *Journal for the Scientific Study of Religion* 33(3), p. 242에서 재인용.
2) 위 논문, p. 242에서 재인용.

에 의해 서울로 돌아가게 할 것이며 道門(도문)의 僧人(승인)들이 여러 곳의 農舍(농사)에서 함부로 貢戶(공호)로 인정하여 양인을 부리고 또 거칠은 紙布(지포)를 강제로 빈민에게 대여해 주고 그 利(이)를 취하니 모두 금지하라고 하였다."

고려시대뿐만 아니라 신라시대의 功德寶(공덕보)나 占察寶(점찰보), 조선시대 승려들의 甲契(갑계)와 사원의 수많은 契(계)는 원금을 모으고 그것으로 대부행위를 하여 사원의 보수 및 유지 비용으로 사용하였다고 한다(이재창, 1993:237). 이런 몇 가지 사례들은 그 자체로서 중요한 종교사적 연구이기도 하지만, 종교적 수요의 안정성과 관련하여 고대, 중세, 근대, 현대의 시대순으로 세속화의 개념을 직선적으로 이해하는 것이 매우 단순한 종교사관임을 분명히 보여준다는 점이 우리에겐 중요하다. 왜냐하면, 오늘날의 관점에서조차 한국 중세시대의 지배종교로서 불교 사원과 승려들의 고리대금업과 각종 상행위들은 세속적인 것일 뿐만 아니라 배교적인 것이기 때문이다. 결국, 종교시장이론에서 본다면, 중세시대의 종교성이 오늘날보다 더 경건하고, 진지하고, 높은 참여율과 강한 구속력을 갖고 있었다고 생각하는 것은 학자들의 상상력이 풍부하게 가미된 것이다(Martin, 1969:30).

그렇다면, 이제 다시 오늘날 유럽의 교회 공동화문제로 논점을 옮겨보자. 왜 유럽 사람들은 교회에 나타나지 않는가? 즉, 그들의 종교적 수요는 어디로 간 것일까? 다음 [그림 3-2]에서 보듯이 사회의 정치경제적 수준과 상관없이 종교적 수요가 일반적으로 안정된 것이라면 경제발전을 기초로 개인주의와 자기표현적 요구가 높으면서 세계에서 가장 세속화된 나라로 평가받는 북유럽 국가들이나 일본은 어떻게 이해되어야 하는가?

1981년부터 2007년까지의 세계가치조사(World Values Survey)와 유럽가치조사(European Values Survey)를 종합적으로 분석한 결과를 [그림 3-3]에서 볼 수 있다.

그림 3-2 | 세계가치조사의 결과로 본 문화지형도

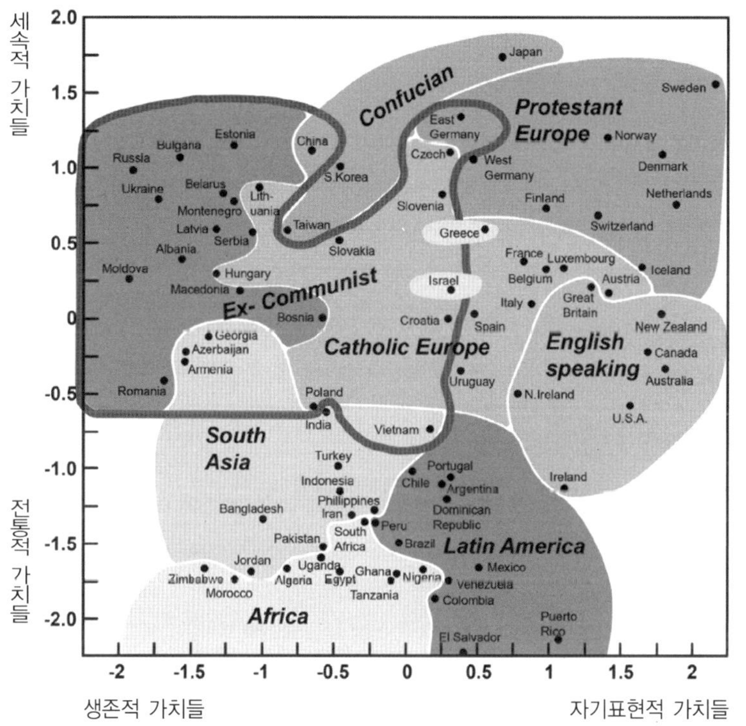

출처: Ronald Inglehart *et al.*, 2010, *Changing Human Beliefs and Values*, 1981-2007, Mexico: Siglo XXI Editores, p.10.

스웨덴, 노르웨이, 덴마크 같은 개신교 유럽 국가들이 가장 세속화된 가치관을 갖고 있고 동양에서는 일본이 가장 세속화된 사회로 조사되었다. 국가들 간 이런 차이에 대해 종교시장이론에서는 공급 측과 수요 측 모두에서 원인을 찾는다. 공급 측 요인인 종교정책의 문제는 제4장 종교정책론에서 논하기로 하고, 여기서는 수요 측 요소 분석인 잠재적 수요의 문제만을 논해 보자.

이 조사결과들로부터 종교성의 기준으로 자주 사용되는 다섯 가지 항목을 〈표 3-1〉에서 정리하고 있다. M2로 표시된 '종교가 자신의 삶에서 매우 중요하다'고 답한 2006년 응답자의 비율을 보면 미국과 캐나다가 56%와 34% 정도인 것에 반해 스웨덴 9%, 노르웨이 11%, 일본은 단 6%에 불과하다(Inglehart *et al.*, 2010:124).

〈표 3-1〉 종교성의 기준들과 국가 간 비교 (단위 : %)

	미국	캐나다	노르웨이	스웨덴	덴마크	일본
M1	매주 한 번 이상 종교행사에 참여하는 사람					
	44	25	4	3	3	3
M2	종교가 인생에서 매우 중요한 사람					
	56	34	11	9	8*	6
M3	자신을 종교적 인간이라고 생각하는 사람					
	78	70	41	33	77*	24
M4*	기도, 명상, 참선 및 그와 유사한 행위를 하는 사람					
	90	82	64**	45	51	40
M5**	인간은 영혼을 갖고 있다고 믿는 사람					
	93	84	54	58	47	75

출처: M1~M3는 2006년, *는 2000년, **는 1990년 조사결과를 사용함.

M1에서 M5까지 종교성의 기준 모두에서 정도의 차이만 있을 뿐 북미 개신교 국가들과 북유럽 개신교 국가들의 차이는 일관되며 일본의 경우도 크게 다르지 않은 패턴을 보인다. 구체적으로 종교성의 기준 항목들 중에서 M1과 M2를 보면 북미 국가들에 비해 북유럽 국가들과 일본은 매우 세속화된 사람들로 가득 차 있다고 할 수 있다. 다시 말하면, 결혼식, 장례식, 세례식 이외의 종교행사에 매주 한 번 이상 참석하는 사람들의 비율을 의미하는 M1의 기준과 자기 인생에서 종교가 매우 중요하다(very important)고 답한 사람들의 비율은 세속화이론을 강하게 지지하는 것처럼 보인다.

그러나 종교성의 기준이 M3, M4 및 M5로 확대되면 다른 해석이 가능할 수 있다. 북유럽과 일본 사람들이 M1 및 M2와 같은 엄격한 기준에서는 종교성을 거의 상실한 사람들인 것처럼 보이지만 M3, M4 및 M5와 같은 유연한 기준에서는 여전히 중요한 비율의 종교성을 보여주고 있다. 응답자의 약 절반 정도가 자신을 종교적이라 생각하고 기도나 명상과 같은 종교의례를 행하고 있고, 영혼의 존재를 믿는 것은 적어도 그들이 종교에 대한 필요성을 여진히 인식하고 있음을 의비한나. 간난히 말하년, M1과 M2의 기준을 제외하면 종교적 수요는 북유럽이나 일본에서도 안정적으로 존재하고 있다는 것이 종교시장이론의 해석이다.

종교성에 관한 대부분의 양적 조사에서 필연적으로 나타나는 양면성이기도 하지만 학문적으로 확립된 종교성의 기준은 없다. M1과 M2는 너무 엄격한 기독교적 기준들인 것은 누구나 알 수 있을 것이고, 사회문화적 맥락의 변수들이 충분히 반영되지 않은 상태에서 종교성을 양적 차원에서 단순히 비교하는 작업들은 조사결과에 대한 이론적 해석의 범위를 유의미하게 좁히지 못하고 있다. 세계가치조사를 지난 30년간 꾸준히 주도해 온 잉글하트는 근대화이론의 거시적 주장은 기본적으로 타당하다고 결론내면서 대부분의 사회들이 경제적 발전과 함께 전통적이고 종교적인 가치관에서 세속적이고 합리적인 가치관에 의존하는 사회로 변해 간다고 하였다(Inglehart, 2010:9-12).

그러나 종교성과 합리성의 관계를 종교시장이론의 관점에서 해석한다면 잉글하트와 벨절이 공통적으로 지적하는 것처럼 포스트모던 사회에서 경제적 · 정치적 · 문화적 변화의 패턴이 개인의 선택(human choice)을 양적 및 질적으로 확장시키고 중요하게 만들고 있다는 것은 세속화가 아니라 탈세속화의 모습이라고 할 수 있다. 이런 양적 조사자료들로부터 근대적 합리화과정에서 종교적 수요의 변화를 해석하는 어려움을 질적 연구로 극복하고자 한 종교시장이론가들의 노력이 있다. 그들은 교회종교(churched religions)와 무교회종교(unchurched religions)를 포괄하는 유형론을 제시하고 종교적 수요의 안정성 가정을 미국, 스웨덴, 일본에서 비교 분석함으로써 그 가정을 검증하고자 했다(Stark, Hamberg, and Miller, 2005). 교회 종교가 일반적인 미국의 경우와 달리, 스웨덴과 일본에서는 종교참여율(M1) 같은 지표들은 매우 낮은 반면에 영성운동(unchurched spirituality)과 비기독교적 민간신앙의 대중적 인기가 높다는 점에 그들은 주목한다. 스웨덴 인구의 33%는 수정요법(healing crystal)을 믿고 있고, 인구의 20%는 점성술을, 10%는 영매들에게 자문을 구하고, 40%는 유령을 믿고 있다는 연구와 더불어 이런 초자연적 믿음(the supernatural belief)을 기준으로 종교성을 판단할 때 스웨덴의 젊은이들 중 78%가 종교적이라고 주장하는 지역 연구 결과들이 있다(Stark , Hamberg, and Miller, 2005:16). 일본의 지역연구조사는 더 흥미롭다. 〈표 3-2〉를 보자.

〈표 3-2〉 일본의 무교회적 영성에 대한 믿음 (단위 : %)

	그렇다	그렇지 않다	모름 (불확실)
당신은 일 년에 최소 몇 번은 정기적으로 가족묘를 방문하는가?	75	25	
죽은 뒤에 인간의 영혼은 가족과 함께 머무는가?	58	26	16
도움이 필요한 경우에 기도하는가?	64	36	
행운의 부적을 갖고 다니는가?	63	37	
강산에 영이 있다고 느끼는가?	59	41	
수상이 믿을 만하다고 생각하는가?	53	47	
삶과 죽음의 때가 이미 예정되어 있다고 생각하는가?	73	19	8
기성종교들과 상관없이 영적 믿음을 가지는 것이 중요하다고 생각하는가?	72	14	14

출처: Yoshiyuki Sakamoto, *A Study of the Japanese National Character: The Tenth Nationwide Survey*, Tokyo: Institute of Satitistical Mathematics, 2000(Stark, Hamberg, and Miller 2005, p.19에서 재인용).

신도와 불교를 다른 종교라고 생각하지 않는 보통 일본인들의 88%는 집안에 죽은 조상의 위패를 안치한 불교식 사당을 갖고 있다고 한다(Miller, 1992). 단적으로 〈표 3-2〉는 이와 같은 일본식 종교성의 구조를 잘 보여주는 설문조사이다. 〈표 3-1〉의 M1 및 M2 기준으로 3%와 6%밖에 드러나지 않았던 종교성이 〈표 3-2〉와 같은 설문조사에서는 각 설문의 내용을 인용할 필요도 없이 응답자의 대다수가 매우 종교적인 사람들로 보고되고 있다. 실제로 어떤 연구는 일본인의 거의 모두가 종교인구라고 주장하기도 한다(류성민, 2007:51-53).

물론, 설문조사의 제한적 내용들로 전체 국민의 종교성을 정확하게 판단할 수 있는 개연성을 인정할 수는 없지만, 현대사회에서 종교적 수요의 본질에 대한 기계적이고 피상적인 이해의 위험을 종교시장이론은 진지하게 경고하고 있다. 결론적으로 종교시장이론에서 가장 핵심적 가정인 종교적 수요의 변화는 양적으로 감소하거나 증가하는 불안정한 요소가 아니라, 단지 질적 변화의 가능성만 인정되는 안정된 시장요소이다. 제도종교에 대한 수요가 영성에 대한 수요로 이동하거나, 전통적 민간신앙으로 변할 수는 있지만 전체 종교적 수요는 크게 달라지지 않는다는 것이다. 제도종교에서는 사라진 신자들의 종교적 수요는 바로 잠재적 수요들로서 가시적으로 보이지 않을 뿐 다른 형태의 종교성으로 사회 내에 항상 잠재되어 있다.

잠재적 수요의 대표적인 예가 동유럽 공산권 국가들에서 조사된 종교성 조사들이다. 지난 70여 년간 유물론자들의 철저한 무신론 교육에도 불구하고 러시아 인구의 70%, 라트비아의 80%, 리투아니아의 87%, 벨라루스의 83%, 알바니아의 92%, 루마니아의 96%, 헝가리의 68%, 슬로바키아의 인구 83%는 여전히 유신론자이다(WVS, F050, 2000). 구패러다임에서 주장하는 것처럼 정치 이데올로기나 교육제도와 같은 시장 외적 조건들이 수요 측에 변화를 야기시킨다 하더라도 그것은 잠재적 수요를 근본적으로 없앨 수는 없다. 다른 사회적 조건의 변화가 없다면 전체적으로 종교적 수요자들의 욕구는 항상적으로 존재하는 것이기 때문에 공급자들이 제공하는 보상이 수요자들의 욕구를 어떻게 만족시키는지가 공급 측 종교사회학의 관점이다. 다시 말하면, 잠재적 수요자들의 종교적 욕구는 없어지는 것이 아니라 그들에게 호소력 있는 종교적 기업들의 서비스를 늘 기다리고 있는 것이다(Hamilton, 2009:120).

수요 측 이론에서 종교적 수요의 안정성 다음으로 중요한 가정이 있다. 그것은 모든 사회에서 인간의 종교적 선호가 다양하다는 것이다(Stark and Finke, 2000:196-198; Stark, 2006:52). 종교적 선호(religious preference)는 안정된 종교적 수요를 기초로 한 종교시장 내의 다양한 기호들이다. 어떤 사람들은 높은 구속력을 요구하는 종교를 좋아할 것이고, 어떤 사람들은 매우 자유롭고 개방적인 종교를 좋아하고, 또 어떤 사람들은 종교에 무관심할 것이다.

그림 3-3 | 틈새수요의 유형화

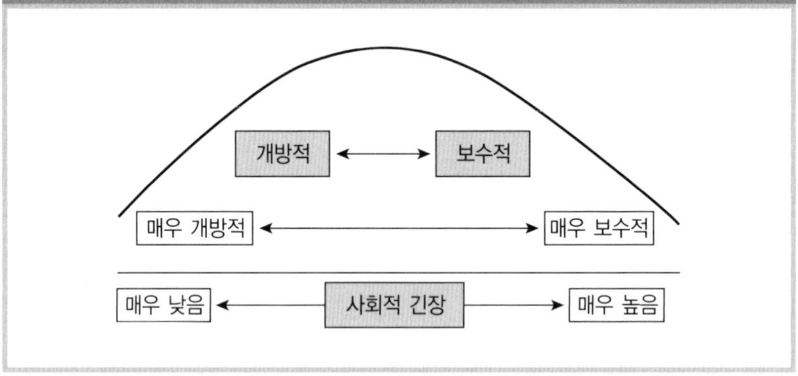

출처: Stark and Finke, 2000:197.

이런 다양한 선호들이 종교적 수요 내에 존재한다. 이런 선호의 다양성이 막스 베버(Max Weber)에게는 개인의 종교적 능력이나 카리스마의 차이로 이해되었던 것이다([1922]1993:162). 종교적 수요가 총량적으로는 안정적이지만 종교적 선호는 다양하기 때문에 이런 선호의 다양성에 기초한 틈새수요(niche)들이 항상 존재할 수밖에 없다. [그림 3-3]에서 보는 것처럼 틈새수요를 사회적 긴장관계의 정도에 따라서 나누어보면 종교적으로 매우 개방적인 수요의 극단에서 매우 보수적인 수요의 다른 극단까지로 구분될 수 있다(Stark and Finke, 2000:197). 이때 대부분의 사람들은 사회와의 긴장관계를 높이지 않는 방법으로 종교적 보상을 얻고자 할 것이기 때문에 틈새수요의 전체적 분포를 예상한다면 중간영역이 볼록한 종탑모양을 그릴 것이다.

종교적 선호의 다양한 분포를 [그림 3-3]에서와 같이 매우 단순화시켜서 유형화해 보면 한 가지 분명한 사실이 있다. 매우 개방적(Ultra-Liberal)인 종교적 선호를 가진 사람들과 매우 보수적인(Ultra-Conservative) 종교적 선호를 가진 사람들을 동시에 만족시킬 수 있는 종교적 공급자는 존재할 수 없다는 것이다. 즉, 사회적 긴장관계의 정도가 보통인 수준에서 대부분의 사람들은 개방적이거나 보수적인 종교적 선호를 가질 것이기 때문에 모든 틈새수요를 광범위하게 만족시킬 수 있는 공급자는 실제로 불가능한 것이다. 종교시장이론의 관점에서 다양한 종교적 선호에 기초한 틈새수요를 채울 수 있는 서로 다른 공급자들이 존재해야 하는 종교시장경제의 당위성이 바로 여기에 있다.

다른 외적 조건이 동일하다면, 사람들의 종교적 선호는 각각의 틈새시장(niche market)에서 자신들의 수요를 가장 잘 충족시켜 주는 공급자들이 존재하여야만 종교적 만족을 누릴 수 있는 것이다. 공급자들의 경쟁이 종교시장에서 중요한 이유는 단순히 시장의 힘을 빌어 약육강식의 논리를 실현한다는 차원이 아니라 수요자들의 다양한 종교적 선호를 공급자들이 효과적으로 충족시킬 수 있어야만 그 틈새시장의 참여자 모두가 교환의 이익을 누릴 수 있기 때문이다. 종교시장에서 경쟁이 없다면 수요자들의 다양한 선호는 결코 만족되기 어려운 것이며, 이런 면에서 종교시장에 단 하나의 종교공급자만 존재했던 동서양의 수많은 역사적 시기들은 수요자들의 종교적 만족도를 매우 낮은 상태로 유지시키고 있었다고 예측할 수 있다. 종교시장이론가들이 오늘날의 종교적 상황과 비교하여 중세 유럽을 '신앙의 황금시대' 라고 부르지 않는 이유가 여기에 있는 것이다. 정말 그렇다면, 오늘날의 기독교인들이 중세인들보다 더 진지하고 열성적으로 자신들의 종교를 믿고 있는지도 모를 일이다.

게다가, 다른 사회적 조건이 동일하다면, 즉 전쟁이나 천재지변 또는 경제적 파산, 가족의 해체와 같은 종교 외적 조건들이 일정하다면 그들의 종교적 선호는 상대적으로 안정되어 있을 것이라고 가정할 수 있다. 보수적 교회에 속한 수요자가 갑자기 개방적 교회로 이동한다든지 극단적 보수주의자가 보수적인 선호로 변하는 그런 형태의 변화들은 자주 일어나지 않는다는 것을 의미한다. 이때 종교적 선호가 안정되어 있다는 것은 종교적 수요의 안정성과는 다른 맥락의 개념이다. 이 둘은 미시적 개념과 거시적 개념의 차이만큼이나 다른 것이면서도 매우 밀접히 상호 연관되어 있다.

실제로 김성건 교수는 최근 한국 오순절 교회들 간의 종교적 이동을 설명하면서 여의도 순복음교회에서 사랑의 교회로 적지 않은 중산층 젊은이들이 교단 간 이동(interdenominational switching)을 하였다고 주장하였다(2006:246). 나아가 최현종 교수는 한국 내 가톨릭 인구의 성장과 개신교 인구의 감소를 영성의 추구로 이해하고 개신교인들의 상당수가 가톨릭으로 빠져나감으로써 종교 간 이동(interreligious switching)을 한 것으로 추측하였다(2012:146). 이런 연구들에서 분석된 한국 내 종교적 이동(religious switching)의 사례들에 대해 종교시장이론은 좀 더 근본적인 질문을 묻는다. 왜 여의도 순복음교회의 중산층 젊은이들은 다른 교단에 소속된 '네오펜티코스탈' 적 성향의 교회로 이동했을까? 보수적인 측면에서 유사한 장로교나 감리교로 가지 않은 이유는 무엇인가? 또한 종교 간 이동을 택한 개신교인들은 왜 불교나 이슬람교를 택하지 않고 같은 기독교 전통의 가톨릭을 택한 것일까? 불교나 이슬람적 전통에서 영성의 추구는 그들에게 왜 대안이 될 수 없었는가?

이런 질문들에 대한 대답이 종교적 선호의 안정성에 있다. 오순절 복음을 선호하는 사람들은 교단 간 이동을 선택할 때에 전통적이고 엄격한 교리해석을 선호하는 교단보다는 자신의 선호에 가장 유사한 교단으로 이동하는 것이 합리적 선택인 것이다. 종교 간 선택도 그렇고, 교회 간 이동도 역시 자신의 선호와 가장 유사한 종교나 교회 또는 절을 선택한다는 것은 종교적 선택의 합리성에 대한 평범한 사례들에 불과하다. 이 전에 설명했던 종교적 자본(religious capital)을 효과적으로 유지시키는 이익도 있음은 말할 나위도 없다. 경제적으로 단순화시킨다면, 소득수준이 변하지 않을 때 사치재의 소비자는 사치재에 대한 선호를 갑자기 포기하지는 않을 것이고, 종교와 같은 구원재에 대한 선호 역시 다른 조건이 변하지 않는다면 일생 동안 크게 변하지 않을 것이다.

그러나 종교적 선택에서 선호의 문제를 기계적으로 이해하는 것은 큰 오해이며 왜곡이다. 가장 흔한 비판이 선호의 체계를 A>B>C로 가정할 때, A>C의 선호가 종교적 선택에서도 반드시 지켜지는가라고 반문하는 것이다. 물론, 종교시장이론을 지지하는 어떤 학자들도 개신교>가톨릭 그리고 가톨릭>불교의 선호체계가 반드시 개신교>불교의 선호로 귀결된다는 선호의 기계적 일관성을 가정하지는 않는다. 선호의 일관성은 선호의 안정성과는 다른 문제이고 양자 간에 어떤 관계성이 있다고 하더라도 종교적 선호에서 이런 일관성을 경험적으로 발견하고 증명하기는 매우 어려운 일이다. 경제학의 이론들과 일정한 범위에서 이론적 통찰력을 공유하고 있음에도 불구하고 종교시장이론은 기본적으로 경제이론이 아니고 종교이론이다. 이론은 복잡한 현실을 매우 단순화시켜 질서 없이 뒤엉킨 실타래와 같은 현실을 한 가닥 한 가닥 체계적으로 정리해 가는 작업이란 것을 인정한다면 종교시장이론이 처음부터 주장하지도 않은 내용으로 비판을 가하는 것 자체가 심한 논리적 비약과 상상에 기초하고 있는 것이다.

정리하면 공급자들의 자유로운 경쟁과 수요자들의 안정되고 다양한 선호를 기반으로 하는 종교조직들의 탄생, 성장, 발전, 쇠퇴의 과정들은 전체 사회 내에 존재하는 하나의 하위시스템, 즉 종교경제로 개념화될 수 있다. 종교적 믿음과 행위를 결정하는 과정이 합리성에 기초하고 있고, 종교시장에서 공급자와 수요자가 각각의 합리적 판단에 근거하여 공급과 수요의 수준을 결정한다고 할 때 시장의 원리에 맞게 종교경제를 운영하는 것이 시장 전체 구성원들의 이익을 극대화시키는 것이다. 시장의 원리란 결국 완전경쟁을 통한 공급과 수요의 법칙을 말한다. 일반적 재화에 대한 인간의 수요가 안정적인 것처럼 종교에 대한 수요 역시 안정적인 것으로 가정되는 것이 상식적이고 타당한 것이다. 생로병사와 희로애락을 겪어야 하는 모든 시대 모든 인간에게는 내가 누구인지, 왜 살고 죽는지, 왜 고통이 존재하는지와 같은 존재론적 질문들에 대한 해답이 추구되지 않을 수 없고, 이러한 물음과 해답들이 추구되는 한 종교에 대한 필요성은 시대와 장소를 불문하고 상존하는 것이므로 종교적 수요는 안정적으로 유지되는 것이다.

사회적 합리화과정과 종교의 부정적 상관성을 맹신하는 계몽주의적 사고의 계승자로서 세속화이론이 근대화모델에 기초하여 사회의 종교적 진화를 설명하고자 한다면, 합리적 선택이론은 도시화, 산업화, 개인주의, 그리고 다원주의를 포괄하는 현대사회의 특수성과 종교 간의 '선택적 친화력'을 확신하고 있는 공리주의적 사고의 계승자로서 사회와 종교의 관계를 설명하고자 한다. 그것은 합리화된 현대사회의 다양한 특징들이 오히려 종교를 더 절실히 필요로 하는 잠재적 수요자들로 하여금 자신들의 종교적 선호를 스스로 인식하고 그 선호를 충족시켜 주는 종교적 공급자들을 찾게 해 줄 수 있다고 믿는다. 종교적 선호와 종교적 수요가 안정되어 있다는 것은 결국 사회의 종교적 변화를 결정짓는 주된 요인은 공급 측에 있다는 의미가 된다. 인간사회의 과학적 발전단계가 원시사회에 있건 현대사회에 있건 간에 종교적 수요가 늘 상존하고 있다면, 드러나지 않는 잠재된 종교적 수요자들로 하여금 개종(conversion), 배교(apostasy), 교단변경(reaffiliation)과 같은 종교적 이동(religious switching)을 경험하게 하는 것은 공급자들의 역할이라는 것이다. 이런 맥락에서 보면, 어떤 사람들이 개신교에서 가톨릭으로 종교를 변경했을 때 그들의 종교적 신호가 왜 갑자기 변했는지를 묻기보다는 가톨릭 교회의 어떤 요소들이 그들에게 더 호소력이 있었는지를 먼저 물어야 하는 것이다(Stark and Finke, 2000:86).

제 4 장

종교정책론

근대적 합리화과정에서 종교의 영향력 감소를 주장하는 구패러다임의 관점에서는 대부분의 사회들에서 유럽적인 모습으로 종교의 미래가 귀결될 것이라는 기본적 믿음과 동시에 미국이나 캐나다와 같은 북아메리카 사회에서 종교와 정치 및 경제발전의 병행은 매우 예외적인 현상으로 간주될 수밖에 없다. 그러나 종교시장이론에서는 종교와 다른 사회제도들의 발전적 공존이 정상적인 것이며, 오히려 종교적 참여가 비정상적으로 낮아진 유럽은 그 사회 내의 특수한 조건들에 의한 결과로 이해할 수 있다. 이런 차이가 일명 '아메리카 예외주의(American Exceptionalism)' 와 '유럽 예외주의(European Exceptionalism)' 의 논쟁으로 발전했고, 각 나라별로 종교 관련 입법이나 행정적 및 사법적 규제에 대한 종교사회학적 비교연구를 새롭게 자극하고 있다.

엄밀히 말하면, 종교의 중요성이 감소되고 있는 현실을 자연적이고 당연한 사회변화로 이해하고 있는 구패러다임에서는 종교정책이란 것을 굳이 고려할 필요성이 없다. 모든 공공정책의 정당성은 공공의 이익 증대에 있으므로 합리적이고 과학적인 세계관의 발전에 장애가 되는 종교성의 자연적 감소는 주요한 정책적 고려대상이 될 수 없는 것이다. 이러한 관점에서 종교정책은 정교분리, 종교교육 및 문화정책의 일부분으로서 사회통합이나 사회적 갈등의 통제 및 관리의 차원에서 이해하고자 하는 적지 않은 연구들이 있다(강돈구, 2006; 류성민, 2007; 고병철, 2011; 김정수, 2013). 게다가 박물관화(museumization)되어 가는 종교적 유산들, 즉 무형문화재나 전통사찰, 성지, 건축물들을 보전, 복원, 선전하는 문화관광정책들이 마치 종교정책인 양 주장되고 있다(박명수, 2010; 백종구, 2010; 정수진, 2012). 특히, 개별적 종교 관련 실정법 및 판례와 관련한 수많은 논의들도 거의 모두 종교정책을 논하고 있고(소성규, 2012; 정상우, 2012), 역사적 관점에서 미군정이나 과거 정권들의 정치적 종교차별과 위정자 개인의 종교적 편향성을 종교정책적 담론으로 다루고 있기도 하다(강돈구, 1993; 박종주, 1994; 박승길, 1998; 강인철, 2006; 2007; 김순석, 2008).

'종교정책'에 대한 기존의 연구들은 주로 연구자 개인의 관심분야별 접근방식에 기초하여 법적, 사회적, 정치적 및 행정제도 차원의 연구에 강조점이 있었다. 이처럼 '종교정책'이란 단어가 다양한 분야에서 서로 다른 방법으로 사용되고 원용됨으로써 그 용어의 실제 개념은 '종교와 관련한 입법, 사법, 행정의 모든 작용'으로 오히려 광범위하게 추상화되고 해체되는 역설적 상황이 되어 있다. 그럼에도 기존 연구들을 관통하는 하나의 큰 흐름은 종교정책의 주체, 즉 종교시장의 공급 측 요소들에 대한 연구에만 몰두해 왔다는 점이다. 더 중요한 문제는 종교정치, 종무행정, 종교법과 판례, 종교제도와 종교조직들과 같은 종교시장의 공급 측에 관련된 기존의 논의들이 종교시장의 수요 측 요소들에 대한 이론적 설명을 완전히 결여한 채 전개되고 있다는 점이다. 이와 같은 거시이론적 균형감각의 결여는 그 연구들 스스로가 구패러다임의 세속화 명제를 의식적이든 무의식적이든 이미 당연한 것으로 전제하고 있다는 것을 의미한다고 볼 수 있다.

다시 말하면, 구패러다임의 체계에서 종교적 수요의 감소는 기정사실화되어 있고, 그럼으로써 이미 당위적 판단이 내재되어 있다. 사회의 합리적 재건이라는 근대화정책의 궁극적 목표에서 보면 종교적 이슈들이 사회문제나 정치문제화되지 않도록 종교제도를 오로지 관리하고 통제해야 할 필요성에만 정책적 당위성이 있는 것이다. 종교가 단순히 사회적 일탈의 문제로 이해될 수 없는 이유를 우리는 앞에서 충분히 설명한 바 있으므로 이런 정책적 당위성의 불합리성에 더 이상 부연설명을 하지 않을 것이다.

실제로 한국 종교정책의 대표적 집행기구로 기능하는 종무실의 예산을 예시해 보는 것으로 현행 종교정책의 문제점을 구체화해 보자. 문화체육관광부 내의 종무실에서 2012년과 2013년 집행하는 예산의 항목별 지출 내용을 〈표 4-1〉에서 보여주고 있다. 이 현황을 기준으로 전체 예산집행의 특성을 다음 몇 가지로 요약할 수 있다.

〈표 3-2〉 종무실 예산 현황(2012~2013년)[1]

(단위 : 백만원)

사 업 명	2013 예산	2012 예산
■ 종교화합과 교류지원	**6,583**	**5,450**
• 선(포)교사 활용 한국문화 홍보프로그램 운영	400	400
• 국제종교교류 협력	737	737
• 이웃 종교 이해 및 종교연합 활동 지원	2,139	2,139
• 종교의 사회통합기능 강화	500	500
• 공직자 종교차별 시책 추진	357	374
• 2013 WCC 제10차 총회 개최 준비 지원	2,000	300
• 2012 WFB(세계불교도우의회) 한국대회 개최 지원		1,000
• 종교 간 화합을 위한 세계순례대회 개최 지원	150	
• 2014 WEA 총회 개최 준비 지원	300	
■ 종교문화활동 지원	**7,317**	**6,117**
• 불교문화행사 지원	360	360
• 도덕성회복운동 지원	538	488
• 성균관 유교문화 활성화 지원	589	639
• 부산불교문화축전	500	500
• 민족종교 전승 교육프로그램 운영	200	200
• 국제학술대회 및 천태문화축제	1,000	1,000
• 김수환 추기경 기념사업	500	500
• 종교문화 연구용역	80	80
• 퇴옹당 성철스님 기념사업	300	500
• 한국선비문화수련원 체험연수 운영 지원	800	800
• 향교 · 서원의 제례 및 음식연구 지원		100
• 산사문화예술제 지원	500	500
• 서산대사 제향사업 지원		150
• 형형색색 달구벌 관등놀이	300	300
• 청소년 인성교육 활성화 지원	1,100	
• 탄허대종사 탄신 100주년 기념사업	400	
• 겨레얼살리기 10주년 기념 한민족대회	150	
■ 전통종교문화유산 보존	**26,462**	**23,042**
• 전통사찰 보수 정비	10,542	10,042

• 전통사찰 방재시스템 구축 지원	11,000	10,000
• 불교기록문화유산 아카이브 구축	2,000	1,000
• 한국유경 정본화 DB 및 활용 시스템 구축	500	500
• 연등회 지원	700	700
• 실크로드를 통한 한국불교문화 해외전파 조사 및 DB 구축	500	500
• 한국교회사 아카이브 구축 지원		200
• 가산불교대사림 편찬	500	100
• 호국불교 의승군 연구 및 서산대사 제향	300	
• 근대 한국불교 대표 문헌 영역 출판	120	
• 유학자 소백사 유산록과 시문조사 및 책자발간	200	
• 불교전통문화 사진 디지털 아카이브 구축	100	
■ **종교문화시설 건립**	**20,430**	**17,750**
• 산청 선비문화연구원 건립	2,030	2,800
• 한마음 체험센터 건립		1,100
• 원불교 국제마음훈련원 건립	5,400	5,400
• 오죽헌 선비문화 체험관 건립	1,750	1,000
• 김수환 추기경 '사랑과 나눔' 공원 조성	1,100	300
• 천호성지 종교문화시설 건립		650
• 배티 세계순례성지 조성 사업	250	1,500
• 천태종 전통 명상수련센터		2,000
• 안동 종교타운 건립	700	1,000
• 진각문화 국제체험관 건립	1,000	1,000
• 겨레얼살리기 연수회관 조성	1,000	1,000
• 도산서원 선비문화수련원 제2원사 건립	300	
• 천안유도연수원 완공 지원	4,000	
• 한국근대불교문화기념관 건립	2,900	

출처: 문화체육관광부, '2013년도 종무실 예산 현황'(http://www.mcst.go.kr/web/s_data/budget/) 2014년 2월 9일 접속.

첫째, 2013년 예산의 약 77%, 2012년 예산의 약 78%는 전통종교문화유산 보존과 종교문화시설 건립에 집중되었다. 전자의 경우에는 전통사찰의 보수와 방재시스템 구축에 각 연도의 81.4%와 86.9%를 지출하였고, 후자의 경우는 불교종파들과 지역별 유교기관들, 가톨릭, 원불교의 시설 건립에 대부분을 사용하고 있다. 간단히 요약하면, 전통적이거나 현대적인 종교문화시설이나 구조물의 건설 및 유지와 보수에 예산의 대부분을 사용하고 있으며, 나머지 예산으로 시설 이외의 무형적 자산을 자료화하고 정리하는 작업은 상대적으로 역사가 오래된 불교와 유교에 집중되어 있다.

한국의 종교정책을 집행하기 위한 전체 예산의 대부분이 문화시설에 대한 투자라는 것은 앞에서 지적한 종교정책 관련 연구들에서 종교정책을 문화재 보존과 개발 정책의 하나로 취급하는 경향성과 일치하는 것이다. 기본적으로 이런 관점의 전근대성은 종교를 박물관 안에서나 의미 있는 것으로 생각하는 구패러다임의 종교관에서 크게 벗어나 있지 않다. 물론 거시적 종교정책론에서 본다면 종교문화시설 관련 예산집행에 내포된 종교 간 불균형의 위헌성 여부는 다소 부차적인 문제이고 사실 그렇게 중요한 이슈가 아니다. 동시대 사회에서 보다 더 중요한 종교정책적 논점은 발전된 과학기술과 함께 역동적으로 변화함으로써 전체 사회구성원들의 일상적 삶에 깊숙이 침투해 있는 종교적 자원들을 어떻게 전체 사회구성원들의 이익에 기여할 수 있도록 할 것인지에 대한 정책적 대안을 수립하는 것이다. 종교시장이론의 맥락에서 문화재 보존과 개발 정책은 그것이 정치적으로 중요한 것임을 인정한다 하더라도 결코 사회 전체의 이익에 지대한 영향을 미치는 종교정책의 핵심은 아닌 것이다.

둘째, 전체 예산지출의 약 10% 정도를 종교화합과 종교문화 활동 지원에 각각 배정하고 있다. 세부적으로 보면 종교화합과 교류지원 총예산의 30%를 2013년 WCC(세계교회협의회) 개최 지원금으로, 2012년에는 20%를 WFB(세계불교도우의회) 개최 지원금으로 사용하였다. 또한 선(포)교사 활용 문화홍보나 종교 간 연합활동, 종교 간 사회통합, 세계순례대회 등에 배정하였다. 종교문화활동 지원에서는 대부분 지역별로 진행되는 유교나 불교 단체의 문화행사나 축제에 대한 예산배정으로 이루어져 있다. 이런 예산지출의 개별적 필요성을 부정하는 것도 아니고, 종교화합과 종교활동의 지원을 통한 사회통합의 긍정적 측면을 부정하는 것도 아니다.

다만, 종교시장이론의 관점에서 이런 국제적 및 국내적 종교행사에 대한 정부지원의 가장 큰 문제는 전적으로 종교공급자들에 대한 지원이라는 점이다. 앞서 종교정책 관련 연구들의 공급자 편향성을 지적한 것처럼 종무실의 예산집행도 극단적으로 종교공급자들에 대한 예산의 분배에만 몰두해 있다. 이런 예산집행에서 소수의 거대종단에 대한 과도한 지원으로 무종교인들이나 신종교인들, 민속종교인들에 대한 종교 간 차별의 문제(정상우, 2012)는 여기서는 논외로 하더라도 종교시장을 구성하는 공급자와 수요자 간에 심각한 불균형은 적지 않은 사회적 비용을 초래한다. 공급 측 요소들과 수요 측 요소들 간의 정부예산의 이러한 차별적 편성과 집행은 거시적 종교정책론에 대한 인식의 부재에 기인하는 것이라고 나는 생각한다. 다시 말하면, 종교 다원주의적 사회를 하나의 종교시장 또는 종교경제로 보지 못하기 때문이다.

종교가 있든 없든 전체 사회구성원의 이익을 위해 세금으로 조성된 정부재원을 '종교정책'이라는 이름으로 집행하고자 한다면 종교 공급자와 수요자 모두에 대한 균형 잡힌 정책적 고려가 선행되어야 한다. 우리 사회에서 종교공급자에 대한 정치적 지원과 관리는 오래된 역사를 갖고 있고 오늘날에도 여전히 중요한 자리를 지키고 있다. 대표적으로 "전통사찰의 보존 및 지원에 관한 법률"은 일제 강점기의 "사찰령"에서 시작하여 이승만 정권과 군사정권의 정치자원으로, 지금은 전통사찰에 일정한 특혜를 부여하는 특별법으로 기능하고 있다. 전통사찰로 지정됨으로써 손실보다 이익이 많은 시대가 된 것에는 앞서 논의한 종무실의 예산지원이 중요한 역할을 했음은 쉽게 예상할 수 있다.

공급 측에 대한 과도한 정부지원의 대표적 사례가 제3장에서 논의되었던 북유럽 복지국가들이라는 것에 대해 종교시장이론가들은 대체로 일치한다(Hamberg and Petterson, 1994; Stark and Iannaccone, 1994:237-238; Stark and Finke, 2000:229; Stark, Hamberg, and Miller, 2005:14-16). 덴마크, 노르웨이, 스웨덴과 같은 북유럽 국가들에서 루터교회가 국가교회(state church)로서의 지위를 향유하는 것은 종교가 대중의 복지에 가장 중요한 요소 가운데 하나라는 것에 정치적 합의가 있었기 때문이다. 스웨덴에서 1930년대 사회민주당이 정권을 장악했을 때조차 이런 기준은 변하지 않았다. 결과적으로 루터교회와 그 성직자들은 국가에서 월급을 받는 공무원과 같은 신분으로 종교시장에 참여하는 것이다. 세계가치조사(WVS)에서 확인한 것처럼 이런 나라들의 종교참여도가 전 세계적으로 가장 낮은 이유는 성직자나 국가교회들의 시장경쟁력 상실에 있는 것이다.

다원화된 종교시장에서의 공급자들을 하나의 종교기업으로 상정할 수 있다면 정부가 나서서 기업에게 독점적 시장을 제공해 주고 과도한 보조금을 지급하여 시장 전체의 효율성이 심각하게 훼손되는 것과 같은 것이다. 모든 시장의 힘은 경쟁에서 나온다. 기업들이 경쟁에서 생존할 수 있는 효율성과 동기를 갖지 못한다면, 그것은 저급한 품질을 비싼 가격으로 구매해야 하는 수요자들의 부담으로 전가될 것이다. 종교시장도 이와 같다.

이와 관련한 흥미로운 미국의 사례연구를 길(Anthony Gill) 교수가 보고하고 있다. 그가 논문에서 검증했던 핵심적 가설은 다음의 두 가지다(2004:6).

> 5a: 복지기금이 국가로부터 나오고 자발적으로 교구신도들로부터 나오지 않는 정도에 비례하여 성직자는 사람들에게 더 많은 종교적 참여를 장려할 유인이 없게 된다. 성직자는 자신들의 생계를 위해 국가관료들의 자애로움에 더 많이 의존하게 될 것이다.

> 5b: 복지 수혜자들이 종교(church)가 국가 세금수입으로부터 복지혜택을 제공하고 있다는 것과 종교로부터 받는 복지혜택이 종교참석 여부에

있지 않다는 것을 지각하면 할수록 종교재(religious goods)에 대해 높은 가격탄력성을 가진 사람들은 종교에 참여하지 않으려고 할 것이다.

종교정책의 궁극적 목표가 제한된 자원으로 공공의 행복을 극대화하기 위한 것이라고 할 때, 공급 측에 대한 정부재원의 직접적이고 과도한 투입은 길 교수의 논문이 검증한 것처럼 공익을 증진시키기보다 감소시키게 된다. 이런 면에서 본다면, 소수 거대종단들의 교회, 사찰, 성직자, 그리고 그들의 종교 축제나 행사에 종무실의 예산을 모두 쏟아붓는 것은 종교적 참여의 증대효과를 오히려 파괴하는 방법으로 매년 수백 억의 예산집행을 반복하고 있는 것이다. 종교시장의 현재적 또는 잠재적 수요자들의 종교참여를 이끌어 내지 못한다는 것은 예산집행의 목표가 되고 있는 종교 간 이해와 화합, 종교문화활동의 증대를 통한 사회통합과 갈등해소의 목적달성에 실패했다는 것을 의미한다.

1930년대 북유럽 정치가들이 주장했던 것처럼 종교가 인간이 행복에 궁극적 필요조건이라는 것을 모든 종교시장이론가들도 동의하고 있는 이유는 물질적 측면뿐만 아니라 종교적인 면에서도 행복한 인간들로 구성된 사회가 더 건강하고 바람직한 이상사회라는 믿음 때문이다. 바로 이런 사회를 만들기 위해 종교정책이 존재하는 것이다. 그럼에도 그 종교적 행복을 증진시키는 정책적 방법론이 전혀 달랐다. 종교시장이론은 종교시장에서 공급 측의 중요성을 처음으로 강조한 선구적 종교사회학이론이다. 그러나 공급 측의 중요성은 공급 측 요소들에 대한 국가의 과도한 개입과 재정지원을 의미하는 것이 결코 아니다. 오히려 그와 정반대이다. 종교시장의 활력을 불어넣는 결정요소가 공급 측 요소들이라는 의미는 종교시장에서 공급자들이 자유롭고 공정하게 경쟁하는 환경을 만들어 주어야 한다는 의미이다. 따라서 시장의 공급자에 대한 국가의 직접적 보조금, 과도한 면세 혜택 및 소수 거대종단들의 기득권 보호를 전체 납세자의 세금으로 제도화하는 종교정책은 시장의 경쟁시스템을 국가 스스로 파괴하는 것이다.

만약 일반적 상품시장에서 정부의 경제정책이 상품을 공급하는 기업에 대한 재정지원들로만 가득하고, 상품을 수요하는 소비자의 선택권을 제도적으로 제한하는 경제시스템을 갖고 있다면 어떻게 되겠는가? 공급자에 대한 재정지원만으로 수요자의 편익을 창출하도록 하는 배급경제시스템은 이미 구시대의 유물로 전락한 지 오래되었음은 누구나 알고 있다. 종교시장에서의 공급자들에 대한 규제와 재정지원을 병행하여 사회통합을 증대시킬 수 있다는 발상은 당근과 채찍으로 사회제도들을 통제하기 위한 구시대적 통치수단일 뿐이며, 경쟁을 통한 종교시장과 사회의 조화로운 발전을 포기한 것이다. 정치원리가 아니라 경제원리로 종교시장에 접근할 때 종교시장은 더 효율적이고 건강한 시스템이 되는 것이고 그것이 결국 수요자와 공급자 모두에게 이익이 된다는 것이 종교시장이론의 기본적 정책론이다.

종교시장이론에서 보면 종교시장의 구조를 경쟁적으로 만드는 일이 사실 종교정책의 가장 중요한 부분이고 핵심적 목표가 되어야 한다. 잠재된 수요자들이 자신들의 종교적 선호에 가장 적합한 공급자들을 최소의 비용으로 찾을 수 있도록 하는 효율적 시장을 건설하기 위해서는 공급자들 간의 경쟁을 자유롭고 공정하게 유지시킬 수 있도록 하는 종교 관련 법제들이 마련되어야 한다. 일제 강점기부터 다양한 분야에서 서로 다른 이유로 제정된 종교 관련 규제들을 한국사회는 갖고 있었지만, 대부분은 종교인구를 정치적 자원으로 이용하거나, 사회의 갈등세력들로 통제하고자 하는 측면이 강했다. 전통사찰과 향교의 재산에 대한 관리 및 감독권을 부여하는 "전통사찰의 보존 및 지원에 관한 법률"과 "향교재산법"과 같은 근대특별법의 역사를 1911년 "사찰령"과 1918년 "서당규칙"으로 보면 이미 100년이 넘었고, 민법이나 각종 세법에서 종교법인들에게 부여하는 법인의 지위나 면세혜택들도 공익의 증진이란 차원에서 대부분 건국과 동시에 채택된 조항들이다.

여기서 중요한 것은 이런 법들과 부속 법령들이 국교분리의 헌법적 기본원리와 조세평등의 법원칙의 예외로 인정될 수 있는지 아닌지에 대한 논쟁이 아니다. 종교시장이론에서의 논점은 위와 같은 다양한 종교 관련 법규들이 종교공급자들의 경쟁구조에 어떤 영향을 미쳤는지에 있다. 기독교 재산을 통제하는 법은 없고 불교와 유교 조직들의 재산에 대한 과도한 감독과 통제가 종교시장의 경쟁에서 기독교에 속한 종교공급자들이 사용할 수 있는 성장전략 및 전략적 자원의 범위를 불교나 유교 측 공급자들보다 더 넓고 다양하게 만들어 주었다는 점이 중요하다.

제도종교들 간의 경쟁뿐만 아니라 제도종교들과 비제도종교들 간의 경쟁에서도 종교적 규제는 상당한 왜곡을 낳았다. 즉, 기독교, 불교, 유교와 같은 제도종교들이 누리는 법적 지위들을 신종교들과 무속인들은 쉽게 취득하기 어려웠다. 오히려 그들은 1990년대 이후 급속한 세계화로 인해 문화적 정체성 확립에 대한 수요가 절실히 요청되기 전까지는 이승만 정권과 군사정권들의 주요한 종교적 탄압대상이 되곤 하였다. 종교규제의 정도와 범위는 사회마다 다르고 또 다를 수밖에 없다. 그러나 한 가지 분명한 것은 순수하게 종교시장의 효율성만 고려한다면 모든 종교적 규제는 필연적으로 공급자와 수요자의 합리적 선택을 교란시킨다.

종교적 규제의 완화를 종교적 방종이나 사회적 무질서와 혼동해서는 안 된다. 그것은 반사회적이거나 반도덕적인 종교공급자들을 종교시장에서 자유롭게 방치해야 한다는 의미가 아니다. 종교의 사회적 일탈과 타락을 규제하는 것은 전혀 다른 차원의 문제이다. 종교적 규제가 공급자의 자유로운 경쟁을 넘어서 공정한 경쟁이 되도록 하는 것이 공익을 위한 종교정책의 기본이념이다. '공정거래위원회'와 같은 정부기구가 왜 종교시장에는 필요가 없겠는가? 한국의 종교정책을 대변하는 종무실이 위정자들의 정치적 성향에 따라 거대종단들에게 납세자들의 예산을 정치적으로 배분하는 회계사무실로 전락하기보다는 종교시장의 독점적 지배를 추구하는 공급자를 견제하고 감독하는 법률사무소가 되어야 한다. 다시 강조하면,

종무실 예산의 대부분이 소수 기성종교들의 시설의 건립, 유지 및 보수에 쓰여야 할 것이 아니라 한국 종교시장의 구조가 하나의 종교기업에 의해 독점화되거나 소수 거대기업들의 과점구조로 전락하지 않도록 하는 데 더 집중적으로 쓰여야 한다고 생각한다. 종교적 경쟁의 기본적 원칙을 바로 세우고 보호하는 것이 국교분리의 원칙을 현실에서 정책적으로 구현할 수 있는 최선의 방법이고 종교적 소비자들의 선택의 자유를 실질적으로 보장하는 유일한 길이다.

종교적 과점이나 독점기업이 부패하고 타락하는 것은 수요자들의 종교성이 비합리적인 것이거나 수요자들의 종교성이 세속화되어서가 아니다. 황금시대 논쟁을 통해 설명하였듯이 종교를 하나의 상품으로 간주하는 것은 현대인만의 특성도 아니고, 현대인이 더 많이 타락해서 그런 것도 아니다. 정확히 말한다면, 자본주의가 현대인의 종교성을 상품화시킨 것이 아니라 자본주의를 통해 종교의 상품성을 현대인들은 어느 때보다 더 분명하게 발견할 수 있게 된 것일 뿐이다. 다양한 대안들 중에서 자신이 스스로 선택할 수 있는 하나의 인적 자원으로서 종교를 택한 사람들이 억지로 종교를 강요받은 사람들보다 덜 종교적이라고 단언하는 것은 완전한 넌센스다. 종교시장이론에서 본다면, 오히려 능동적으로 자신의 종교적 정체성을 건설해 가는 현대인들만큼 종교적인 시대도 없을 것이다.

시장의 수요자들이 그런 독점시장의 비효율성을 알면서도 다른 종교적 대안이 부족할 때 독점시장의 생명이 연장되는 것이다. 바로 이것이 사회적 비효율이고 사회 전체의 종교적 행복지수가 추락하는 원인이 아니겠는가? 기존의 종교정책이 두세 개의 특정 종교를 지원하고 공인화하는 느슨한 국교분리 원칙에 입각하여 실제로는 종교 간 갈등을 야기할 위험을 스스로 키워가고 있다는 것도 역시 무시할 수 없는 문제이다(정상우, 2012: 389). 한국은 겪어보지 못했던 유럽에서의 종교전쟁이나 미국의 독립전쟁은 여러 가지 다른 정치사회적 이유와 조건들에서 발생한 것이지만, 종교시장의 관점에서 지적될 수 있는 한 가지 공통점은 종교적 독점기업에 대한 수요자들의 집단적 저항의 결과였다는 것이다. 19세기의 비교종교학자 막스 뮐러(Max Müller)가 전해준 낡은 경구가 21세기 종교사회학의 새로운 패러다임에서도 여전히 유효한 정책적 이념이 되어야 할 것 같다. 하나의 종교만 아는 사람은 어떤 종교도 모르는 것이다.

종교시장을 수요자 중심으로 만들어야 하는 이유는 선택의 다양성이 유발하는 사회 전체적 이익의 증대에 있다. 소득수준, 교육수준, 직업, 정치이념, 가족환경, 지역적 성향, 인격적 및 신체적 특성 등 종교적 선호에 영향을 미치는 셀 수 없이 많은 변수들이 있다. 전문화되고 세분화된 선호를 가진 수요자들에게 단 두세 개의 종교만 아는 것으로 충분하다고 생각하는 종교정책을 입안하고 집행한다면, 그것이 수요자들의 종교적 만족감을 질적 및 양적으로 감소시킬 것이고 점점 더 종교에서 벌어지게 할 것임은 분명하다. 사회 전체적으로 종교적 참여도가 높다는 것이 반드시 사회적 이익의 증대라는 주장이 아니다. 종교적 공급자들이 공정한 경쟁시스템에서 종교서비스를 공급하도록 유도하고 장려하는 것이 다양한 선호를 가진 종교수요자들에게 종교적 선택의 범위와 질을 높임으로써 사회 전체의 효율성을 높인다는 것이다.

정책은 행정이나 정치로 간단히 환원될 수 없고, 환원되어서도 안 된다. 이념적 지향성과 공익의 증대를 추구하지 않는 위정자들의 종교정치를 행정적으로 정당화하는 것은 헌법에 보장된 국교분리의 정신과 무관한 것이거나 오히려 반하는 것이다. 이미 제도화된 종교공급자들의 부패와 비효율은 사회적으로 큰 비용과 대가를 요하는 것이고 사회 전체 구성원들의 부담을 가중시키는 것이다. 우리의 종교정책은 이런 사회적 비용을 줄이기 위한 장기적이고 체계적인 방안과 목표를 제시하는 관점에서부터 새롭게 건설되어야 한다.

Part Ⅱ
사례연구

제5장
한국 기성종교와 과점시장

제6장
신종교의 성장전략

제7장
한국 점술문화의 성장요인 분석

제8장
종교와 행복

결 론
한계와 향후 과제들

제 5 장

한국 기성종교와 과점시장

앞 장들의 이론적 논의에서 우리는 시장의 원리로 보면 공정한 경쟁의 보장만이 종교시장의 효율성을 제고할 수 있으며 종교적 다양성을 제한하는 모든 규제들은 수요자들의 선택의 범위를 제한함으로써 시장의 법칙을 결국 왜곡시킨다는 주장을 했다. 다시 말하면, 종교시장이론의 일관된 정책적 메시지는 종교적 경쟁의 공정성과 종교적 다양성을 해치는 종교 입법과 정책들의 편향성은 그 의도와 상관없이 종교시장에서 공급자와 수요자의 합리적 선택을 교란시키는 것이므로 결국 종교시장으로부터 전체 사회가 얻을 수 있는 편익을 필연적으로 감소시킨다는 점이다. 이제 이런 주장들에 대한 실제사례들 중의 하나로서 한국의 종교시장을 분석해 보자.

해방 이후 70년 동안 한국 종교시장의 역사적 변화에 대한 뚜렷한 특징으로 종교인구의 급격한 또는 점진적 증가, 특히 개신교, 불교, 가톨릭 인구의 시기별 증가를 지적하는 데 종교사회학자들 간에 큰 이견이 없는 듯하다(김병서, 1995:15; 노길명, 2005:265-271; 김철수, 2013:314-325). 그 요인에 대한 서로 다르거나 때론 상호 모순적인 설명들에도 불구하고 한국 종교시장의 성장은 유교의 급격한 쇠퇴를 제외하면 불교, 개신교, 천주교의 3대 기성종교의 확장에 기인한 것이다. 불교와 유교의 종교적 자기확인법(religious identification)이 기독교의 그것과 크게 다른 것을 인정한다 하더라도 해방 이후 3대 기성종교의 종교적 영향력과 사회정치적 역할은 다른 종교들과 비교되기 힘들 정도로 중요한 것이었음은 여기서 특별히 논할 가치가 없다.

인구센서스에 종교항목이 추가되기 시작한 1985년 이후의 한국 종교인구의 비율을 〈표 5-1〉은 정리해서 보여주고 있다. 한국의 인구센서스에서 사용되는 종교적 자기확인법이 매우 기독교적인 방식임을 고려한다면, 인구센서스의 데이터만으로 비기독교인들의 종교성 구조를 포괄적으로 설명할 수 있는 통계적 증거로 삼는 것이 매우 위험한 것임을 우리는 이미 알고 있다.

〈표 5-1〉 한국의 종교유형별 인구 추이

(단위 : 천명[1], %)

	1985		1995		2005	
	인구	구성비	인구	구성비	인구	구성비
총 인 구	40,419	100.0	44,551	100.0	47,040	100.0
종교 있음	17,203	42.6	22,598	50.7	24,970	53.1
불 교	8,059	19.9	10,321	23.2	10,726	22.8
개신교	6,489	16.0	8,760	19.7	8,616	18.3
천주교	1,865	4.6	2,951	6.6	5,146	10.9
유 교	483	1.2	211	0.5	105	0.2
원불교	92	0.2	87	0.2	130	0.3
대종교	11	0.02	7	0.01	3	-
천도교	29	0.07	28	0.06	46	0.09
기 타	175	0.4	268	0.6	247	0.5
종교 없음	23,216	57.4	21,953	49.3	22,070	46.9

주 : 1) 인구수 표기에서 백 단위 이하는 반올림 처리하였으며 '종교 없음' 에는 종교 미상도 포함.

출처 : 문화체육관광부 종교인구 통계 현황(2006.10.27.)

종교시장의 수요자들에 해당하는 종교인구와 비종교인구 전체에 대한 체계적이고 전문적인 1차 조사자료가 없는 한국적 상황에서 인구센서스의 데이터는 사실 한국 종교시장의 시대적 변화에 대한 자료들로서 매우 제한적인 조건 아래에서만 이용되는 것이 바람직하다고 생각한다. 인구센서스란 본질적으로 종교현상에 대한 사회조사 자료를 생산하기 위한 것이 아니기 때문이다.

종교시장이론의 관점에서 〈표 5-1〉로부터 해석되어야 할 중요한 논점이 있다. 그것은 불교, 개신교, 천주교, 유교의 4대 기성종교의 시장점유율은 1985년 98.1%, 1995년 98.2%, 그리고 2005년 98.4%로 매우 안정적이라는 것이다. 제3장 종교경제론의 수요 측 이론에서 가정한 것처럼 종교시장에 참여하고 있는 수요자의 종교적 선호가 한국사회에서도 매우 안정적임을 의미하는 것으로 해석할 수 있겠지만, 그보다 더 중요한 것은 시장의 공급 측 구조가 과점화되어 있다는 것이다.

이처럼 종교시장이 소수의 기성종교들에 의해 안정적으로 과점화된 상태는 종교시장이론에서 중요한 정책적 함의를 내포하고 있다(Yoo, 2012b). 통상적으로 다른 사회문화적 조건이 동일하다면 경쟁의 정도가 높은 사회에서 종교적 다양성(religious diversity)의 정도도 높아질 것이기 때문에 경쟁과 종교적 다양성은 다원주의(pluralism)의 두 가지 모습으로 나타난다. 현실적으로 종교연구자들은 '다원주의' 라는 용어를 매우 광범위하고 구분없이 혼용하고 있지만 다원화(pluralization)나 다원성(plurality)보다는 좀 더 일반적으로 사용하고 있다고 한다(김종서, 2005:159). 구체적으로 구분해 보면 다양성과 다원성 개념은 현상이 존재하는 그대로의 상태를 의미하는 반면에, 다원주의(pluralism)는 사회현실을 경험적으로 표현하기보다 다양성이나 다원성을 추구하는 어떤 이념을 강조한다는 점에서 매우 다른 것이다(Berger, 2010:21). 버거는 서로 다른 인간집단이 사회적으로 평화롭게, 서로 원만한 관계를 맺으며 살고 있는 상태를 다원성이라 하고, 그런 상태를 가져오는 과정을 다원화(pluralization)라고 정의한다 (2010:20). 이런 개념정의들로부터 분명한 것은 다원주의는 세속주의와 마찬가지로 개인적 및 사회적 태도를 내포하고 있는 것이고, 다원성과 세속성은 통계조사나 사회조사 자료들에 의해 확인 가능하거나 반증 가능한 사회현실을 의미한다.

어쨌거나 근대성은 인종적, 도덕적, 종교적, 정치적 차원과 같은 다원성을 낳았고, 이런 다원성에 근거한 사회적 현실들은 우리가 부정하거나 거부할 수 있는 것이 아니다. 종교사회학에서 중요한 것은 바로 그 종교적 다원성이란 현실이 종교에 대한 개인적 태도나 성향—이러한 개인적 태도나 성향을 종교시장이론에서 종교적 선호(religious preference)라고 부른다는 것을 앞에서 이미 설명하였다—을 변경시켰다는 점이다. 종교적 다양성이 제도적으로 보장되고 종교적 다원성이 존재하는 종교시장에서 개인은 종교적 다원주의, 세속주의, 또는 근본주의와 같은 서로 다른 개인적 선호를 추구할 수 있는 관계성을 유지할 수 있는 것이다.

여기서 구분해야 할 것은 종교적 다원성의 존재가 항상 경쟁을 수반하는 것은 아니라는 점이다. 예를 들어, 노예, 농민, 귀족과 군주가 신분별로 서로 다른 종교를 믿는 신분제 사회가 있다면 이것은 종교적 다원성이 존재하는 사회이지만 경쟁은 없는 시장이고 현대사회가 품고 있는 종교적 다원성의 동학(dynamics)을 찾아보기는 어려울 것이다. 이런 경우를 제외하면 경쟁과 종교적 다양성이 오늘날 종교다원성에 기초한 사회의 일반적인 특징이라고 할 수 있다. 종교시장이론의 주요한 결론을 다원주의 명제(pluralism thesis)로 부르는 이유는 종교다원주의의 제도적 보장에 대한 주장들을 명확히 드러내고 있고, 다원주의가 종교시장의 활력을 이해하는 데 결정적으로 중요한 외적 조건으로 간주되기 때문이다.

이런 점에서 한국종교시장을 다원주의 명제의 관점에서 이해하고자 할 때 되묻게 되는 가장 큰 특징은 〈표 5-1〉에서 제시된 20년간 한국 종교시장의 종교적 다양성이 바로 소수의 종교적 기업들에 의해 과점적 구조로 유지되어 왔다는 점이다. 이런 과점적 시장지배(oligopoly)를 시장집중도 계수인 허핀달지수(Herfindahl-Hirshman Index, 이하 HHI)로 측정해 볼 수 있다. 이 지수는 미국 법무부나 연방준비제도이사회가 기업의 인수합병을 심사할 때 기초자료로 사용한다고 해서 일반적으로 기업의 시장집중도를 측정하는 데 자주 사용된다고 한다.

[그림 5-1]에서 1971년부터 2005년까지의 HHI지수는 2500에서 4000에 근접하고 있다.

그림 5-1 | 한국 종교시장의 집중도(1971~2005년)[1]

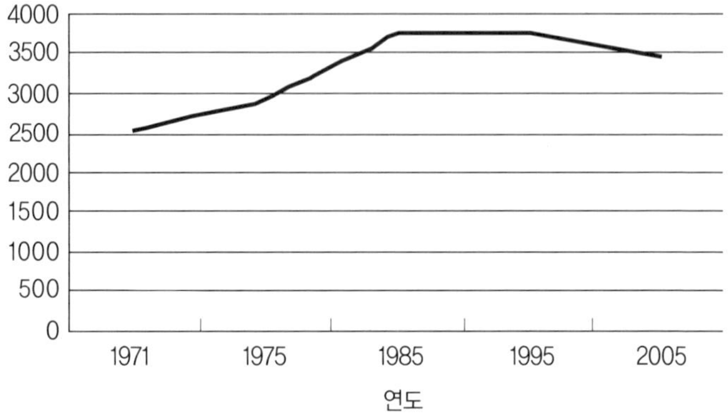

출처 : Yoo, 2012a, p.81.

HHI지수에 기초하면 한국 종교시장은 분명히 과점적 시장이고, 이것은 미국, 캐나다, 호주, 뉴질랜드와 같은 매우 낮은 HHI지수를 가진 나라들과 큰 차이가 있다. 종교시장이론가들은 북미 개신교 국가들과 유럽 개신교 국가들 간의 시장집중도와 교회참석률의 관계를 계량화한 분석결과를 제시하고 스웨덴, 덴마크, 핀란드, 노르웨이 같은 국가들의 HHI 백분율 지수가 거의 90% 전후인 반면에 미국과 캐나다는 10% 이하인 것으로 측정하였다(Iannaccone, Finke, and Stark, 1997:352).

종교시장이론의 관점에서 종교적 기업들, 즉 종교공급자들의 시장집중도가 높은 것은 종교참여율을 떨어뜨리는 데 중요한 역할을 한다는 것이 여기서의 논점이다. 시장집중도가 극단적으로 높은 북유럽 국가들에서 종

1) 1971년과 1975년은 종교단체의 자체보고를 측정자료로 사용한 것이지만 HHI지수 자체가 시장점유율을 상대적으로 계산하는 것이므로 소속 신자수의 종교별 과장보고는 전체적으로는 지수에 큰 영향이 없다. 다만, 1985년, 1995년, 2005년의 인구센서스 자료만으로 지수를 구성하면 시장의 집중도가 3000에서부터 증가하고 있다. HHI지수는 100~1,000은 '집중도가 거의 없는 시장', 1,000~1,800은 '경쟁적인 시장', 1,800~4,000은 '과점적 시장', 4,000 이상은 '독점적 시장'을 나타낸다.

교참여율이 극단적으로 낮은 반면에, 북미에서는 그와 정반대의 현상을 보인다. 종교시장이 국가교회에 의해 독점화된 것은 종교시장의 공급자들이 비효율적인 생산을 한다는 의미이고, 그것은 수요자들의 다양성에 대한 욕구가 시장에서 구조적으로 억제된다는 것을 말한다. 한국의 종교과점시장 역시 바로 이런 시장집중도에 큰 영향을 받고 있다고 해석하는 것이 종교시장이론의 해석이다. 4대 기성종교의 시장점유율이 98%이면 다른 종교들의 성장이 구조적으로 제한받고 있는 것이고, 이런 구조를 만드는 데 주요하게 기여한 것이 바로 과거 정권들과 그들에 의해 제정된 종교법령들이다.

한국의 종교와 정치의 관계를 분석한 대부분의 연구들은 해방 이후 개신교, 불교, 가톨릭의 거대종교들이 어떻게 정치적 자원으로 동원되고 정권들로부터 그들의 종교적 기득권을 인정받음으로써 일종의 '종교권력'을 형성했는지를 설명하고 있다(김병서, 1995:222-226; 박승길, 1995; 강인철, 2006; 2008; 노길명, 2003, 2005:233-261; 정태식, 2013:170-175). 그러나 종교시장에서 이런 유착관계의 형성이 갈등적이거나 협력적인 정치-종교적 헤게모니구조를 낳는 것보다 더 중요한 사실은 종교경제의 실패를 야기시킨다는 점이다. 정치권력과 종교권력의 이익이 한국 종교시장의 과점적 시장구조를 장기간 고착화시켜 온 것은 종교와 사회의 거시적 관계성의 패턴이 유럽적 모델에 가까운지 아니면 미국식 모델에 가까운지의 문제만은 아니다. 종교적 자유가 헌법으로 명시된 오늘날 세계 대부분의 나라에서조차 종교권력은 항상적으로 존재하고 있고 정치 · 경제 · 사회 · 문화적 하위제도들과 갈등과 긴장, 타협과 협력의 사회관계를 건설하고 있다. 종교와 정치의 유착관계는 제정일치의 단군시대부터 21세기 한국사회까지 그리고 유럽과 미국에서도 각자의 방식으로 변화하고 발전했다.

한국 종교시장의 과점적 구조는 북유럽적 국가교회 시스템의 독점시장과 미국적 완전경쟁시장의 양 극단을 기준으로 중간지점 어딘가에 있을 것이다. 해방 이후 1980년대까지 매년 폭발적인 교인수의 증가를 경험한 개신교와 가톨릭은 물론이고 불교의 지속적 성장원인을 근대성과 종교성의 관계변화에서만 찾아서는 안 된다. 왜냐하면, 3대 세계종교가 종교적 헤게모니를 장악한 것은 종교시장에 경쟁하는 다른 공급자들의 시장진입과 종교적 창의성을 필연적으로 왜곡시키기 때문에 전체 시장참여자들의 선택의 폭을 좁히는 것이고 시장의 효율성을 감소시킨다는 사실이 더욱 중요하기 때문이다.

구체적으로 이승만 정권과 군사정권들의 근대화 이데올로기가 기성종교의 과점적 구조를 정당화하면서 한편으로는 '전근대적인' 종교성의 확산을 막기 위해 행정적, 법적, 제도적 규제들로 종교시장에 개입한 것은 중대한 왜곡을 낳았다. 그런 정권의 강제적 시장개입은 인간의 본성에서 우러나오는 종교적 수요를 전체적으로 감소시키는 것이 아니라 오히려 강제적 규제의 영역을 벗어난 종교적 지하경제(religious black market)를 확대재생산하고 있었다. 종교시장에 대한 물리적, 심리적, 행정적 규제의 극단을 자신의 일생 동안 철저히 체험한 국가 만신 김금화의 다음과 같은 회고가 실제적 이해에 도움이 될 것 같다(2007:290-291).

> 일제시대에는 일본군이 나서서 굿과 무당을 배척했다. 외할머니는 걸핏하면 주재소에 불려 다녔다. 무당이라는 까닭 때문이었다. 굿을 내놓고 할 수 없어 강변에 있는 굴에 숨어들어가 굿판을 벌였다. 동네사람들은 바닷가에 고기 잡으러 가는 척 일부러 허름한 옷을 입고 굿하는 곳으로 모였다. 외할머니는 밤이 되어서야 살그머니 다시 굴에 들어가 무구를 꺼내오곤 했다. 그래도 주재소 순사는 무당들을 잡아다 무구를 내놓으라고 닦달구리를 쳤다.
>
> 한국전쟁 시기에는 '무당은 인민의 정신을 좀먹는 반동분자' 라고 해서 축출대상이었다. 가뜩이나 물자가 귀할 때 아까운 음식을 해놓고 허무맹랑한 소리를 지껄인다고 걸핏하면 목에 총을 들이댔다. 근대화 물결이 밀어닥친 1960년대에는 한층 더 심했다. 새마을운동은 우리네 무속에 가장 큰

> 아픔을 남겼다. 굿은 곧 '미신'이라는 생각을 하게 했던 것이다. 동네에 있던 마을 굿당들을 다 없애고 일반 가정에서도 굿을 일절 못하게 만들었다. 어쩌다 굿이 났다 하면 어떻게 알았는지 경찰이 들이닥쳤다. 그러고는 무당을 짐짝처럼 끌어내고 구둣발로 신성한 무구를 짓이겼다. 도둑질을 하다 잡힌 것도 아니건만 마구잡이 반말로 사람을 몰아쳤다. "야, 옷 벗어. 그렇게 무당옷 입고 경찰서까지 갈기야? 옷 벗으란 소리 안들려?" … 시대적인 어려움만큼이나 힘들었던 또 다른 하나는 타 종교와의 갈등이었다. 무속에서는 다른 종교를 인정하는 것에 그리 박하지 않다. 세상만물에 신이 있듯이 하늘에도 신이 있다고 믿기 때문이다. 그러나 교회에서는 지금도 무속을 인정하는 것이 아무래도 어려운 모양이다.

식민지주의자든 군사독재주의자든 아니면 공산주의자든 그들의 정치적 근대화 이데올로기의 문화적 공통점은 인간의 종교성에 대한 무자비한 폭력성에 있다. 이처럼 특수한 정치 이데올로기가 보편적 종교성을 감소시키고 궁극적으로 대체하고자 하는 많은 역사적 및 지적 노력들이 과거에도 있었고 앞으로도 존재할 것이다. 이런 의미에서 구패러다임의 시도는 종교성과 근대성의 관계보다는 더 오래된 지적 전통을 갖고 있는 것처럼 보인다. 그러나 인간의 종교적 신념들이 시대적 상황에서 탄생한 특수한 정치제도나 정치철학보다 훨씬 더 근원적이고 본능적인 것이라면, 종교적 수요를 정치적으로 통제하고 관리하기 위한 방법이 극단적일수록 종교적 지하경제의 범위는 확대될 것이고 그럴수록 종교경제는 실패한 시스템이 된다.

종교적 헤게모니를 장악한 소수종교들로 종교시장이 구조화되는 것은 막대한 사회적 비용을 요한다. 시장의 실패는 불필요한 비용의 증가를 결코 피할 수 없다. 앞에서 예를 든 무속의 경우처럼 '종교'를 정의하는 권력이 소수에게 집중될수록 그 소수종교와 다른 신념체계와 행위들이 '비합리적 종교', '유사종교', '미신', '사이비', '사기' 행위로 범주화되기가 더 쉬울 것이기 때문이다. 예를 들면, 약 100년 전 조선총독부가 발포한 「포교규칙(조선총독부령 第83호, 1915년 8월)」의 제1조는 "종교라 부르는 것은 神道(신도), 佛道(불도) 및 基督敎(기독교)를 말한다."고 규정하고 그 외의 모든 종교를 유사종교 또는 종교유사단체라고 불렀다(제15조). 이처럼 주변화된 종교행위들에 내재해 있는 종교적 수요는 일상적인 종교경제의 시장에서 사라지고 감추어진 종교적 공급자와 수요자로 구성된 지하경제를 형성할 것이다.

종교적 지하경제의 결과적 특징을 나열하면 다음과 같다. 먼저, 지하경제로 인해 정상적 종교경제의 규모가 줄어들수록 공급자들이 규모의 경제를 실현하기가 점점 더 어려워진다. 둘째, 과점시장의 카르텔은 경쟁을 피하고 선택의 범위를 제한함으로써 경쟁가격보다 비싼 가격에 종교재를 판매하게 된다. 즉, 공급자들의 효율성은 감소하고 감소된 효율성만큼 그들이 생산하는 종교재의 가격이 비싸지는 것이다. 셋째, 지하경제의 수요자들은 정상적 종교시장에서의 경쟁가격보다 훨씬 더 높은 가격에 자신들의 종교재를 소비하게 된다. 김금화 만신의 회고에서처럼 무속시장의 참여자들에게 물리적 박해나 생명을 담보로 종교재를 생산하고 소비하게 하는 것은 경쟁시장에서는 상상할 수 없는 비싼 댓가를 유발시킨다. 넷째, 지하경제의 규모가 커질수록 뒤르켐주의자들이 주장하는 종교의 사회통합적 기능이 급격히 상실된다. 왜냐하면 비싼 종교재를 생산하고 소비해야 하는 지하경제의 참여자들에게 강제적 종교규제를 정당화하는 정치사회제도는 불합리한 시스템이 되고 긴장과 불만의 정도는 높아질 것이기 때문이다. 다섯째, 소수종교가 헤게모니를 장악하고 있는 과점적 지배구조는 종교 외적 위기에 취약하다. 예를 들면, IMF 경제위기나 전국적 규모의 민주화운동처럼 사회가 총제적인 체제위기를 맞았을 때 수요자들은 기성제도를 정당화하는 지배적 종교를 불신하고 종교시장을 대거 이탈할 수 있다. 따라서 전체 종교경제가 구조적으로 나약한 체질을 갖게 된다.

결국, 과점적 카르텔구조는 종교적 경쟁을 법적 · 제도적 · 행정적으로 제한함으로써 종교적 창의성을 억제하고, 종교재의 시장가격을 경쟁적 수준보다 높은 수준에서 결정되도록 함으로써 종교경제의 건강한 발전과 사회의 종교적 행복 증진을 저해하는 결과를 초래한다. 동시대 한국사회의 수많은 사회적 문제에 대해 종교적 해법을 찾는 것이 불가능한 이유는 사회적 문제를 유발하는 당사자들에게 종교가 더 이상 매개체적 역할을 하지 못하기 때문이다. 궁극적으로 실업, 자살, 이혼, 빈곤, 다문화적 갈등, 부의 편중, 정체성 상실과 같은 수많은 사회적 일탈과 불균형에 대해 종교적 해답이 부족한 것은 사회의 종교적 행복감을 증진시켜 줄 수 있는 종교경제의 유연성과 활력이 부족하기 때문이다. 무당의 인도로 치성을 드리건 신부의 인도로 미사를 드리건 자살충동을 억제할 만큼의 서로 다른 종교적 행복과 이유를 그런 의례참여과정에서 수요자들이 발견할 수 있다면 굿이나 미사는 자살의 사회적 비용을 감소시킨다는 면에서는 동등하게 유익한 것이고 합리적인 종교행위이다. 다시 말하면, 가톨릭 신자들과 무당을 믿고 따르는 사람들의 종교성은 합리성의 관점에서는 기본적으로 동질적인 것이다.

〈표 5-1〉에서와 같은 인구센서스의 결과를 해석할 때 종교시장이론은 천주교 인구비율이 20년간 140% 폭증하고 유교인구가 83%만큼 급감한 이유가 종교시장에서 수요가 갑자기 증대하거나 감소한 것으로 설명하지 않는다. 종교 간 이동에 관한 조사자료들이 없어 정확히 추측할 수는 없지만 불교, 개신교, 천주교, 유교의 종교인구 내 비중이 98% 정도로 안정적인 것을 고려하면, 가톨릭의 성장은 잠재적 수요자들의 새로운 유입보다는 지배적 기성종교 내에서의 이동에 기인한 측면이 큰 것 같다. 1985년 대비 2005년 종교인구의 비율이 10.5% 증가한 사실은 넓은 의미에서 종교적 정체성(religious identity)을 가진 사람들이 증가하고 있다는 의미로 해석될 수도 있겠지만, 전체 종교인구에서 3대 기성종교의 신자비율도 1985년 40.5%, 1995년 49.3%, 2005년 52%로 증가하여 20년간 약 10% 이상 증가했다. 즉, 종교인구가 증가할수록 3대종교의 지배력이 더 심화되어 가는

것을 보여준다. 이와 같은 종교시장의 과점적 성장은 미국이나 유럽과는 다른 방식으로 변화되고 있는 한국적 종교시장의 가장 뚜렷한 특징이다.

한국 종교시장의 과점적 지배를 구패러다임의 관점에서 설명한다면 역시 종교와 정치의 유착은 질적인 측면에서 세속화의 한 단면으로 보일 수 있다. 해방 이후 전체 종교인구의 양적 성장에도 불구하고 의식의 세속화가 빠르게 진행됨으로써 종교가 정치적 자원의 하나로 이용되고, 반대로 정치적 기득권은 종교권력을 정당화해 주는 사회제도들 간의 기능적 유착관계가 존재한다고 볼 수 있을 것이다. 종교시장이론은 이런 형태의 사회제도들 간 기능적 분화(institutional differentiation)가 세속화(desacralization)의 과정이란 것을 부정하지 않는다(Stark and Finke, 2000:200). 다만, 거시적 형태의 세속화를 미시적 차원으로 확대시켜 해석하는 세속화(secularization) 개념을 반대한다. 즉, 개인의 종교성이 세속화과정을 통해 감소할 것이라는 주장에는 동의하지 않는 것이다.

개인의 종교성과 관련하여 한국의 종교 관련 설문에서 가장 큰 비중을 차지하는 항목이 '종교 없음'이라는 것은 이제 놀라운 일도 아니다. 〈표 5-1〉에서처럼 2005년 인구센서스에서 한국인의 46.9%가 '종교 없음'에 체크하였다. 전체 개신교인의 2.5배, 가톨릭 인구의 4.7배, 불교 인구의 2배 이상이 종교적 소속(religious affiliation)을 갖고 있지 않다고 답한 사실은 세속화된 사회의 단면을 강하게 반영하는 것이라고 할 수도 있다. 그러나 앞서도 언급한 것처럼 이런 결과만으로 한국 사람들이 종교적이지 않다고 단정하기 힘든 가장 큰 이유는 센서스나 사회조사의 '종교' 개념이 응답자들의 '종교성'을 포괄할 수 없다는 점 때문이다.

'종교 없음(no religion)'이라고 표시한 사람들을 곧바로 비종교적(irreligious) 또는 반종교적(anti-religious)인 인구라고 단정하는 것은 일정한 논리의 비약을 전제한다는 많은 연구결과들이 이미 미국에서도 인정되고 있다(Vernon, 1968; Bainbridge, 2009:320). 예를 들어, 한국갤럽의 조사를 인용해 보면 종교가 없다고 답한 사람들의 51.3%가 이름이 운명에 영향을 준다고 믿고 있고, 30.4%는 궁합이 나쁜 사람과는 결혼해서는 안 된다고 생각하고 있고, 56.8%는 풍수사상을 믿고 있다고 응답했다(한국갤럽, 2004 : 253-255). 미국의 사례에서도 비슷한 보고가 있다. 총사회조사(GSS)에서 종교가 없다고 답한 사람들의 39%는 일주일에 한 번 이상 기도를 하고 있고, 51%는 신을 믿고 있다고 했고, 53%는 점성술을 믿고 있으며, 35%는 일 년에 한 번 이상 교회에 나간다고 했다(Stark, Hamberg, and Miller, 2005:13).

그레이스 데이비(Grace Davie)가 영국 대중의 종교성을 "소속 없는 믿음의 소유자(believing without belonging)"들로 표현한 것의 진정한 의미는 겉으로는 세속화된 것처럼 보이는 종교적 현실이 실제로는 새로운 형태의 종교적 정체성을 추구하는 종교성의 위상막에 지나지 않는다는 것을 뜻한다. 조직화되고 관료화된 종교를 거부하는 것이 초월적 존재나 신비적 존재에 대한 믿음을 거부하는 것과 혼동되어서는 안 된다(Roof and McKinney, 1987:99). 종교적 소속이 있는 사람들 만큼이나 '종교 없음' 의 인구들도 다양한 종교적 태도나 성향을 보여주기 때문이다. 한국 종교시장의 과점적 공급자들에게서 종교적 행복(religious well-being)을 느낄 수 없는 전체 인구의 절반은 종교시장이론의 관점에서 보면 종교성의 감소가 아니라 새로운 종교성을 추구하는 잠재적 수요자들일 뿐이다. 이런 주장은 종교성의 질적 변화는 존재할지언정 양적 변화는 존재할 수 없다는 결론과 같은 것이다.

게다가, 리차드 도킨스와 같은 대중적 과학자들이 믿는 극단적 무신론(atheism)의 지지자들은 미국의 총사회조사(GSS)에서 단지 2.5%, 공산주의 사회이념을 여전히 추구하고 있는 중국에서도 15% 미만에 불과하다(Bainbridge, 2007:154, 166). 극단적인 주장은 늘 흥미로운 것이지만, 현실적인 것은 아니다. 또한 현실에서 동떨어진 생각이 항상 틀린 것도 아니지만 대부분은 단명하는 데 그친다. 이처럼 센서스나 사회조사에서 '종교 없음' 이란 박스에 체크하는 사람들의 극히 일부만이 무신론자로서의 정체성을 보이는 이유는 종교에 무관심한 사람, 자신의 종교성을 의식하지 못하는 사람, 자신의 종교성을 공적으로 드러내고 싶지 않은 사람, 자신만의 특수한 종교 개념을 가진 사람, 불가지론자들, 그리고 이미 세상에서 떠나버린 신을 믿고 있는 이신론자(Deist)들이 그 박스의 대부분을 채우고 있기 때문이다.

한국적 상황을 고려해 보면 '불교' 에 체크하고 일 년에 한 번도 절에 가지 않는 사람도 불교도이고, 무속인들의 대다수는 '불교' 에 체크하는 경향이 높고, 같은 '기독교' 에 체크하면서도 여호와의 증인들, 몰몬교도, 통일교도 및 주류 개신교도들은 서로를 다른 기독교인이라 생각할 뿐만 아니라 풍수, 역술, 관상, 수상 등의 운명론을 믿는 사람들은 체크할 항목조차 없는 실정이다. 또한 가톨릭이면서 정기적으로 점집을 가고 무당이나 역술인과 개인적 상담을 받는 사람들은 '가톨릭' 에 체크해야 하는지 아니면 '종교 없음' 또는 '기타' 에 체크해야 하는지도 불분명하다. 무속인이면서 '불교' 에 체크한 사람들은 어떤가? 2005년 인구센서스에서 0.2%밖에 안 되는 한국의 유교인구비율에 대한 해석은 문제가 더 복잡하다. 인구센서스의 자기표현적 방법(self-identification)을 탈피하여 간접적으로 응답자의 인식과 생활방식 등을 조사한 연구에 의하면 조사대상자 400명 중 97.1%가 유교적 태도를 갖고 있었다고 한다(윤이흠 외, 1985).

종교 내 무신론자들에 관한 연구는 더욱 흥미롭다. 종래의 연구자들은 과학자들이 세속화의 효과로 인해 종교에 무관심할 것이라고 주장한 반면에(Leuba, 1934; Smith, 2003), 에크룬드와 리(Ecklund and Lee)는 과학자들이 비록 일반대중에 비해 좀 더 분명한 무신론적 또는 불가지론적 정체성을 갖고 있기는 하지만 매우 복잡한 종교적 태도를 갖고 있다고 주장한다(2011:728). 그들의 조사대상자는 신을 믿지 않는다고 확신한 무신론자들과 신이 있는지 없는지 모르고 설령 있다고 해도 알 수 있는 방법이 없다고 답한 불가지론자들로 구성된 자연과학자들과 사회과학자들이었다. 그런데 이 그룹의 무신론자들 중 24%와 불가지론자들 중 45%는 종교적 선호를 갖고 있었고(Ecklund and Lee, 2011:734), 배우자의 종교성에 영향을 받고 있었으며, 부모로서 자식의 교육을 위해 종교 공동체 참여를 선호하는 다양한 정체성의 내적 타협을 추구하고 있었다고 한다(2011:741).

정리해 보면, 무신론자나 불가지론자로서의 개인적 정체성이 확고한 사람들조차 배우자로서나 부모로서의 정체성과 함께 자기 삶의 사회적 정체성을 고려할 때는 종교적 참여의 비용-편익분석이 달라질 수 있다는 것이다. 그것은 개인의 범위를 넘어선 가족과 사회적 정체성의 정립에 있어서는 주변환경과 인간관계를 고려하여 개인적 종교성과는 다른 종교적 선택을 하는 것이 합리적일 수 있다는 의미이다.

한편, '종교 없음(no religion)'의 선호를 가진 사람들을 세속적인 사람들과 임계적(liminal)인 사람들로 양분하고 그들의 종교적 선호가 매우 안정적이라고 주장한 연구도 있다(Lim, MacGregor, and Putnam, 2010). 이 연구결과는 '종교 없음'의 선호를 가진 사람들이 종교적 정체성이 분명한 사람들보다 종교성이 높지 않았다는 점에서 세속화 명제를 부분적으로 지지하고 있지만, 동시에 임계적 선호가 매우 안정적이어서 종교성의 쇠퇴나 소멸이 일어나지 않았다는 면에서는 종교시장이론을 지지하기도 한다.

무신론자나 불가지론자의 종교성이 정확히 어느 쪽에 가깝든 통제할 수 없는 종교 외적 조건들이 선택에 관련된 비용-편익의 구조를 교란시킬 때 그들의 종교성은 영향을 받는다. 한국의 과점적 종교시장에 가장 큰 영향을 준 외적 조건은 사회적 갈등과 위기상황의 존재이다. 과학자들만이 무임승차를 추구하는 것이 아니라 일반 대중의 무임승차가 전쟁이나 절대적 빈곤, IMF 사태와 같은 경제시스템의 붕괴상황에서는 더 중요하고 보편적인 종교행위가 될 수 있다. 이런 외적 조건이 고려될 때 개인의 종교적 선호와는 다른 종교적 선택이 이루어지고, 종교에 의지하는 것이 아니라 종교를 이용만 하고 믿지 않는 다수의 사람들이 종교시장에 유입된다. 물론, 현실에서는 종교를 믿으면서 이용하는 사람들과 이용만 하고 믿지 않는 사람들을 구분하기도 어렵고 굳이 구분할 필요도 없다. 종교시장이론은 모든 사람들이 종교적 무임승차의 욕구를 갖고 있다고 전제하기 때문에 양자를 인위적으로 구분하는 엄격한 기준들은 이론적으로 무의미한 것이다.

개인적 관점에서 보면 한국 종교시장의 과점적 지배는 종교시장의 자생적 환경이 아니라 외적 조건에 의해 부과된 것이다. 유럽과 같은 수많은 종교전쟁이나 미국과 같은 대규모의 종교적 집단이주의 역사를 갖지 않은 한국에서는 안타깝지만 종교시장의 자생적 환경이 탄생할 수 있는 역사적 기회가 거의 없었다. 일제강점, 미군정, 독재정권들의 종교 통제와 관리, 전쟁과 빈곤, 공산주의와 자유주의의 극한적 이데올로기의 대립은 한국 종교시장의 자생적 역동성을 파괴한 중요한 외적 조건들이었다. 문화적 조건들로서 한국의 재래종교와 신앙형태에 기초한 새로운 양식의 한국적 개신교를 주장한 근대화과정에서의 토착화 논쟁은 이런 자생적 종교시장에 대한 기독교적 고민을 보여준다(유동식, 1965).

유럽적 또는 미국적 예외주의 논쟁의 시작도 사실은 종교적 이민자들로 출발한 미국적 종교들의 토착화 현상에 대한 해석의 차이에서 기인한다. 뉴욕의 루터교회들이 베를린의 루터교회들보다 더 많은 신자를 가진 이유는 각 교회들이 처한 문화 · 생태적 환경에 따라서 큰 영향을 받기 때문이며, 서울의 장로교회들이 뉴욕의 장로교회들보다 신도가 더 많은 것도 역시 미국이나 유럽과는 다른 한국적 시장의 특수성이 있기 때문이다. 종교시장이론이 문화적 특수성을 무시한 자유주의 경제학의 제국주의적 산물이라는 소박한 비판들은 종교적 사고 내에서 인간의 경제적 욕망을 가장 체계적으로 이해했던 토마스 아퀴나스(St. Thomas Aquinas)의 『신학대전』에 포함된 중세교부들의 종교-경제적 고민들로부터 그들의 비판을 다시 검토해야 할 것 같다. 아퀴나스가 인간의 경제적 욕구들을 무차별적 또는 맹목적으로 정죄하고 비난한 것이 아니라 특수한 조건과 상황을 반영하여 교환상품에 합당한 공정가격(just price)의 범위와 고리대금업(usury)의 제한적 정당성을 기독교 교리 내에서 어떻게 인정하고 있는지를 이해한다면 그의 경제적 사고가 경제적 결정론의 단순한 부산물이 아님을 깨닫게 될지도 모르겠다(Viner, 1978:81-99). 이것도 너무 먼 나라의 이야기라면 신라, 고려, 조선 시대의 사원경제사를 다시 읽어보는 것은 어떨까?

중세든 고대든, 서양이든 동양이든, 기독교이든 불교이든 인간과 사회는 각자의 특수성을 반영하여 경제적 필요와 종교적 필요의 양자를 모두 충족시키는 방법들을 고민해 왔고, 그럼으로써 양자의 관계를 하나의 세계관이나 가치관으로 통합하고자 노력했다. 종교적 믿음과 행위는 비용-편익분석에 기초한 경제학이 탄생된 이후에야 비로소 경제적이었던 것이 아니라 본질적으로 경제적 합리성에 기초한 행위의 결과들이기 때문에 현대 경제학으로 더 정확히 이해 가능한 것이다. 종교의 토착화 현상은 바로 이러한 합리적 종교행위의 한 가지 사례에 지나지 않는다.

개신교, 천주교, 불교의 3대 종교들이 과점적으로 한국 종교시장을 지배하게 된 것이 종교시장의 내적 요인, 즉 시장에서의 자유롭고 공정한 경쟁에 의해서가 아니라 외적 요인에 의한 것이었다면 그 주요한 외적 요인들은 어떤 것일까?

종교시장이론에서 제일 중요한 외적 요인이 규제의 문제라는 것은 주지의 사실이다. 그중에서도 탈국교화(disestablishment) 이념을 명시한 근대적 헌법들이 시장의 공급자들에 대한 국가의 중립성을 최고의 통치규범으로 만들었다. 그러나 국교분리와 같은 이념은 하나의 규범적 지향점일 뿐이며 실제적으로는 종교 관련 법령들의 입법, 사법, 행정적 해석이 중립성에 관한 논란에서 반드시 자유로운 것은 아니다. 1990년대 이후 "종교법인법" 제정을 둘러싸고 국내에서 뜨거운 논쟁이 있었던 이유는 바로 그런 특별법에서 국가의 중립성을 보호하기 위한 방법론적 차이들 때문이었다. 이런 의견대립들에도 불구하고 과점시장에서 중요한 것은 현재 존재하는 전체 종교법인 704개 중에서 4대 종교에 속한 법인의 수가 673개로 95.6%를 차지한다는 것이다.[2] 종교법인의 설립에 주무관청인 문화체육관광부의 실질적 허가를 얻어야 하는 불편함이 있지만, 종교법인들이 누리는 다양한 면세혜택과 더불어 종교단체가 행정적으로 공적 신뢰를 부여받는 하나의 수단으로서 활용된다는 점에서 4대 기성종교들은 특별한 법적 지위를 누리고 있는 것이다.

〈표 5-2〉와 〈표 5-3〉은 좀 더 특별한 사회제도들의 종교적 분포를 보여주고 있다. 유치원, 초·중·고등학교만을 합한 종립학교의 80%, 종립의료기관의 92.5%, 그리고 종립사회복지법인의 94.8%가 3대 종교에 의존하고 있다. 3대 종교인구가 전체 종교인구의 비율로 약 98%에 가까운 것을 고려하면 이러한 여타 사회제도들의 3대 종교 집중도가 놀라운 것은 아니다. 그러나 종교시장이론에서의 논점은 종교법인에 대한 면세나 감세 혜택을 금액으로 추산하기는 어렵지만 3대 종교에 집중된 국가재정의 간접적 지원이라는 것이고, 전국 지역별 교육청 재정수입의 94%(2011년 예산기준으로 대략 41조원)가 국가지원금(교부금+보조금)과 지자체의 지원금으로 구성된다는 점에서 3대 종교에 집중된 종립학교들에 대한 중앙 및 지방 정부지원금을 모두 합한다면 약 2조원 이상이 지원되는 것으로 추산된다.[3]

또한 종립의료기관의 주요 수입원은 건강의료보험제도하에서 국가부담 부분의 진료비 지급액이다. 이것은 전 국민을 대상으로 하는 공공의료보험제도가 없는 미국에서의 종립의료기관들의 상황과는 전혀 다른 문제이고, 환자가 부담하는 진료비나 보험수수료가 없는 국가의료보험제도를

2) 문화체육관광부, 『한국의 종교현황』, 2011, p.54.
3) 교육과학기술부, 「2011년 교육비 특별회계 세입예산」과 한국교육개발원, 「교육통계연보(http://cesi.kedi.re.kr/index.jsp)」 및 문화체육관광부의 『한국의 종교현황(2011년)』을 기초로 계산한 것임.

〈표 5-2〉 한국의 종립학교 현황

	천주교	개신교	불교	기타	계
유치원	211	285	133	27	656
초등학교	6	22	1	8	37
중학교	28	90	15	88	221
고등학교	38	126	16	117	297
계	283	523	165	240	1211

출처 : 문화체육관광부, 『한국의 종교현황』, 2011, p.116; 2008, p.120

〈표 5-3〉 한국의 종립의료기관과 사회복지법인

	천주교	개신교	불교	원불교	기타	계
의료기관	146	84	42	20	2	294
사회복지법인	105	251	125	16	10	507

출처 : 문화체육관광부, 『한국의 종교현황』, 2011, pp.124-139.

가진 캐나다의 종립의료기관들과도 다른 것이다. 종립사회복지기관들에 대한 정부의 재정보조금과 지원제도 역시 이와 비슷한 종교적 비중립성의 위험에 빠져 있다.

종립기관들에 대한 정부의 직·간접적 재정지원이 서로 다른 사회제도적 이념과 목적을 추구하는 것이지만 국가의 예산규모가 매년 꾸준히 커지고 있는 추세를 반영할 때, 그 본래 취지와는 상관없이 과점적 종교시장구조를 계속적으로 유지시키는 사회의 하위시스템들임은 부인할 수 없는 사실이다. 그러나 이론적으로 더 중요한 것은 앞 장에서 종무실의 예산과 관련하여 논했던 것처럼 전적으로 종교공급자 중심의 재정지원이라는 점이 지적되어야 한다.

제 6 장

신종교의 성장전략

구패러다임의 실패를 가장 분명히 제시하고 있는 동시대 종교시장에서의 경험적 증거들이 신종교들(new religious movements)의 성장과정에서도 어렵지 않게 확인된다. 개신교와 이슬람의 근본주의적 교단들이나 오순절 운동의 영향을 받은 남미 가톨릭 종파들(charismatic Catholicism)과 복음주의적 개신교 교단들(evangelical denominations)의 확장은 비교적 많은 연구들이 있음에도 불구하고 몰몬교, 여호와의 증인들, 창가학회(Soka Gakkai International)와 같은 주요한 신종교들의 세계화 및 지역적 적응력의 원인과 결과들에 대한 이론적 연구들은 여전히 찾기가 어렵다. 1988년 이탈리아에서 설립된 CESNUR(Center for Studies on New Religions)가 주도하는 신종교분야 국제회의가 1993년에 처음 개최된 것을 감안하면 신종교와 관련한 학문적 접근법의 복잡성과 모호성이 그렇게 개탄할 만한 일은 아닌 것 같다.

신종교와 관련한 종교사회학적 쟁점들의 대부분은 그것의 성장요인과 유형론 및 정책론에 관한 연구들에서 두드러진다. 제2장에서 논의했던 세뇌이론이나 박탈보상이론 및 일탈이론에 근거한 이해들은 신종교들과 관련한 그런 쟁점들을 구패러다임적 전제에서 접근한 대표적 연구들에 속한다. 또한 막스 베버가 교회-종파 유형론(church-sect typology)을 만든 이후로 교단(denomination), 신종교(cult), 기성종파(established sect)[1]와 같은 다양한 유형의 개념화가 서로 다른 기준으로 계속 만들어지고 있는 것은 탄생, 성장, 소멸을 반복하고 있는 지구상의 수많은 신종교들을 체계적으로 이해하기 위한 기초작업들이었다. 유형론에 대한 이런 필요성에도 불

1) 국내에서도 이런 유형론의 기본개념들이 여전히 통일되거나 정리되지 않고 학자마다 다른 이유로 다르게 사용되고 있다. 예를 들어, 'sect'는 교파(김종서, 『종교사회학』, 2005)와 종파(이원규, 『종교사회학의 이해』, 2001; 오경환, 『종교사회학』, 1990)로 쓰이고 있고, 'denomination'은 종파(김종서, 같은 책), 교파(이원규, 같은 책), 교단(오경환, 같은 책)으로, 'cult'는 신종교(김종서, 같은 책), 제의(이원규, 같은 책), 제의운동(오경환, 같은 책), 제의집단(노길명, 『한국신흥종교연구』, 2003), 비밀제의, 소종파(小宗派) 등으로 매우 다양하게 번역되어 사용된다.

구하고 난무하는 유형화 개념들이 실제로는 복잡한 종교현상들을 체계화하기보다는 오히려 더 복잡하고 혼란스럽게 만드는 면이 있기 때문에 제3장에서 논한 것처럼 단일한 기준의 유형론이 신종교들의 이론적 체계화에 더 유용하다고 주장하는 학자들도 있다(Stark, 1985; Dawson, 2009).

종교시장이론을 미시적으로 체계화시킨 경제학자 아나코네(Laurence R. Iannaccone)는 막스 베버가 만들었던 교회-종파 유형론이 종교현상에 대한 이론적 예측보다는 현상 그 자체의 분류에 강조점을 둔 이론적 한계성을 지적하고 경제학적으로 예측 가능한 교회형 또는 종파형의 종교성 유형론을 전개한 바 있다. 그의 형식적 교회-종파 유형론에서 보면 종파적 현상들, 즉 낮은 소득수준, 사회적 약자로서의 지위, 높은 종교행사 참여율, 엄격한 종교적 행위규율 등은 종파적 종교성의 원인이 아니라 사실은 그 결과들이라고 주장한다(Iannaccone, 1988:263). 다시 말하면, 위와 같이 신종교의 가입 동기 및 배경과 조직적 특성으로 알려진 사실들은 구패러다임에서 전제하는 것처럼 행위자들의 비자발성과 수동성에 의존한 것이 아니라 종파적 성향을 가진 행위자들이 자신들의 수요에 맞는 종교조직들을 능동적으로 선택한 결과들이라는 것이다.

신종교 가입자들의 자발성에 대한 주장은 신종교들이 사회 내에서 어떻게 성장하고 쇠퇴하는지를 종교시장이론이 설명할 때 매우 중요한 행위론적 가정이 된다. 즉, 종교시장에 참여하는 모든 소비자들은 공급자와 마찬가지로 이성에 기초한 합리적 계산능력을 소유한 주체들이다. 따라서 맹목적으로 종교재를 소비하거나 포기하지 않는다. 신종교 연구자들이 가장 흔하게 듣는 질문이 다음과 같은 것이다. 가정을 버리고, 자신의 전 재산을 헌납하고, 특별한 옷을 입고, 이상한 주문을 외고, 안식일을 지키기 위해 안정된 직장을 포기하고, 수혈을 거부하고, 집총을 거부하고, 모든 전쟁을 반대하고, 애국가 제창과 국기경례를 거부하고, 금주·금연을 종교적 의무로 여기고, 영화 보고, 오락하고, 게임하는 것조차 죄악시하는 종교교리를 사람들은 왜 스스로 따르는가? 그리고 이러한 신종교들의 지지자들은 왜 여전히 국제적으로 증가하고 있는가?

제3장에서 논한 것처럼 이런 문제를 이해하기 위해 스타크와 핑키는 주변사회와 긴장의 정도에 의거하여 교회형(churchlike)과 종파형(sectlike) 조직으로 단순화하고, 보수적 종파들이 개방적 종파들에 비해 더 빨리 성장했던 이유를 무임승차자의 제거, 자원이동의 용이성, 소규모 조직의 효과적 통제와 같은 공급 측 요인들에 강조점을 두어 설명했다. 이런 유형론적 인식을 기초로 상대적으로 사회적 긴장관계가 높은 종파형(sectlike) 조직들에 수요자들이 가입하는 동기와 결과를 그 외적 조건과 관련해서 구체적 사례로 설명해 보자.

먼저, 여호와의 증인들(Jehovah's Witnesses)의 성장요인 분석은 높은 종교적 구속력을 가진 신종교가 어떻게 경쟁적 종교시장에서 성공적일 수 있는지를 보여주는 대표적 사례로 유명하다. 『2013년 여호와의 증인들 연감』에 따르면 전 세계 전도인(publisher) 최고수가 1962년 약 100만 명에서 2012년 7,782,346명으로 대략 8배 증가했다(2013:179). 예수그리스도 후기성도교회(이하 몰몬교 또는 LDS)나 제칠일안식일예수재림교(이하 안식교 또는 SDA)와 함께 미국에서 탄생한 개신교 계열 신종교 중에서 가장 빨리 세계종교로 성장한 경우에 해당하지만, 몰몬교와 달리 안식교와 여호와의 증인들은 미국 내의 신자수보다는 미국 밖에서 더 많은 신자를 갖고 있고 더 빠른 성장률을 보이고 있다는 점이 특징이다. 이러한 여호와의 증인들의 성장의 원인을 사회학적 관점에서 4년간의 직접적 참여조사를 통해 처음으로 분석한 제임스 벡포드(James A. Beckford)는 영국 내 여호와의 증인들이 보상-박탈감이나 사회적 고립이나 세계관의 혼란 때문에 가입하고 그곳에 남아 있는 것이 아니라 개인들의 전략적 선택의 한 과정으로서 여호와의 증인이 되었음을 밝혔다(1975:187).

1874, 1878, 1910, 1914, 1918, 1920 그리고 1975년에 이르기까지

세속적 종말의 시기에 대한 다수의 예언실패가 많은 사람들을 이탈자로 만들었음에도 여호와의 증인들이 성장할 수 있었던 이유는 더 흥미로운 논쟁거리이다. 제임스 펜튼(James M. Penton)은 자신이 4세대 신자로서 오래도록 경험한 조직 내부의 권위적 운영원리와 모순을 이탈자의 관점에서 역사적으로 서술한 다수 자서전적인 저서 *Apocalypse Delayed: A Story of Jehovah's Witnesses*(1985)에서 예언의 구체적 실패사례들을 잘 묘사하고 있다. 실제로 매번의 실패 때마다 적지 않은 이탈자가 있었던 것으로 추측되지만 마지막 1975년의 실패 이후에는 미국 내 여호와의 증인들의 성장률이 연평균 5%에서 1%(1976), −2.6%(1977), −3.1%(1978)로 급격히 감소했다(Stark and Iannaccone, 1997:143).

게다가 그들의 성장에 가장 부정적인 요인은 대국가적 교리였다. 세속국가들의 이익에 기초한 전쟁에 개입하지 않는다는 극단적 평화주의와 국기경례, 애국가 제창, 공직취임, 투표 및 징집 거부와 같은 반국가주의적 태도로 인해 1차 및 2차 세계대전 동안은 물론 냉전시대와 현재까지도 여러 국가들에서 여호와의 증인들을 어렵게 하고 있다. 파시스트, 공산주의, 민주주의 등 정치체제를 불문하고 여호와의 증인들은 공공의 적으로 간주되어 높은 정치적, 행정적, 사법적 박해를 겪고 있다(Besier and Besier, 2001; Wah, 2001:586, 2002). 『2013년 여호와의 증인들 연감』은 한국적 상황을 이렇게 묘사하고 있다(2013:40).

> 한국에서는 젊은 형제들이 그리스도인의 중립 때문에 계속 투옥되고 있습니다. 매달 약 45명의 젊은 형제들이 유죄판결을 받고 1년 반 동안 교도소에 수감됩니다. 그 결과 현재 한국에서는 약 750명의 형제들이 수감생활을 하고 있는데, 세계 어디에도 자신의 신앙 때문에 이처럼 많은 여호와의 증인이 투옥되어 있는 나라는 없습니다. 1950년부터 약 1만 7천명의 여호와의 증인에게 선고된 형기는 모두 합해서 3만 2000년이 넘습니다.

종말예언의 빈번한 실패와 높은 사회적 및 국가적 긴장관계가 여호와의 증인들을 언젠가는 소멸시킬지 모른다거나 또는 사회를 혼란에 빠뜨릴 위험이 있다고 주장하는 종교학자도 있다(강돈구, 2006:66; 윤용복, 2007:312).

〈표 6-1〉 미국의 교단별 인구학적 요소 비교 (단위 : %)

	LDS	JW	PCU	SDA	UMC
4년제 대학 이상 학위자	28.4	7.9	47.1	20.3	35.4
기혼자	70.7	52.7	61.5	47.4	61.9
연 4만 달러 이하의 가족소득을 가진 사람	33	45.5	21.9	54.4	28.1
백인	90.1	59	92.6	53.9	94.3
시골지역 거주자	18.5	16.2	18.4	17.3	27

출처 : The Association of Religion Data Archives(ARDA)의 자료를 기초로 재편집함(http://www.thearda.com/denoms/families/members.asp, 2014년 2월 10일).

그럼에도 종교사회학적으로 여호와의 증인들이 여전히 중요한 이유는 그들의 사회적 태도의 변화가 몰몬교(LDS)나 안식교(SDA)와 매우 대조적으로 발전했다는 점이다. LDS는 1890년 공식적으로 일부다처제를 포기하고 1896년 연방정부와 타협하여 유타주의 신정정치체제를 포기함으로써 주류사회로 편입되고자 노력했다. 그리고 여호와의 증인들과 함께 밀러주의 운동(Millerism)에서 탄생한 안식교는 베트남 전쟁을 계기로 집총거부를 포기하고 병역의무의 이행을 개인의 선택에 맡기기로 결정했다(Lawson, 1995:359). 현재는 LDS가 미국 내 존재하는 400여 개의 주요 교단들 중에서 4번째로 큰 주류교단이 되었고, SDA는 전 세계적으로 약 1600만 명의 신자수를 보고하고 있는 세계적 교단으로 성장했다.[2] 〈표 6-1〉은 미국 내

2) 2010년 미국 NCC(National Council of Churches) 연감; 2010년 ASTR(Office of Archives, Statistics, and Research) 통계(http://www.adventiststatistics.org/, 2014년 2월2일).

주류적 교단인 PCU(Presbyterian Church USA)와 UMC(United Methodist Church) 그리고 신종교들의 인구학적 특성을 비교하고 있다. LDS는 JW와 SDA에 비해 교육수준, 기혼자비율, 소득수준, 백인비율에 있어서 모두 월등히 안정된 모습을 보여주고 있으며, PCU와 UMC에 근접하고 있다.

대체적으로 LDS와 SDA의 성장과정은 종교사회학적 유형론의 전통적 설명 틀에서 크게 벗어나지 않는다. 신자들의 사회적 지위, 경제적 계급, 가족적 배경 및 종교적 성향의 범위가 넓어지자 주변 사회와의 긴장관계를 낮추는 방법으로 교리의 해석이 느슨해진다. 몰몬교와 안식교의 이런 성장 패턴이 전통적으로 종파(sect)에서 교회(church) 또는 교단(denomination)으로 전환되는 과정이라는 점에는 이론이 없는 듯하다(Hampshire and Beckford, 1983; Lawson, 1995).

이와는 대조적으로 여호와의 증인들(JW)은 그들의 교리적 순수성을 그대로 유지하고 주변 사회와의 긴장관계를 높은 수준에서 고수하는 길을 채택했다. 이런 면에서 JW는 전통적인 교회-종파 유형론으로는 설명되기 어려운 성장과정과 요인을 보여주고 있다.

〈표 6-2〉의 내용을 보면 JW는 인공유산과 동성애에 대해서 PCU와 UMC 같은 주류 교단들은 물론이고 LDS와 SDA와 같은 신종교들보다도 강경한 입장을 고수한다. 국가의 역할에 대한 응답에서도 세속적 권력에 대한 그들의 배타적 태도를 여전히 유지하고 있다. 더욱 흥미로운 것은 종교경험과 관련해서 JW는 종교적 행복감을 누리는 측면에서는 매우 높은 비율을 보이지만 신유(神癒)나 방언과 같은 행위들에 대해서는 다른 모든 교단들에 비해서 부정적이고 낮은 비율을 보인다. 이것은 JW가 성경의 교리를 감성보다는 이성에 의존해서 이해하려는 경향과 일치한다.

〈표 6-2〉 도덕적 태도와 종교체험에 대한 교단별 비교 (단위 : %)

도덕적 태도	LDS	JW	PCU	SDA	UMC
1. 인공유산은 어떠한 경우에도 불법이다	9	52.3	5.7	27.2	6.4
2. 동성애는 사회가 저지해야 하는 삶의 태도이다	68.8	76.4	38.5	67.1	39
3. 옮고 그름에 대한 분명하고 절대적인 기준이 있다는 점에 대체로 또는 전적으로 동의한다	88.9	83.7	74	83.5	78.9
4. 사회의 도덕을 지키기 위해 정부가 더 많은 일을 해야 한다	55.4	38.3	33.1	47.6	36.2
5. 할리우드나 오락산업에 의해 도덕적 가치가 위협받고 있다	68.1	53.3	46.1	46.5	46.3
종교체험	**LDS**	**JW**	**PCU**	**SDA**	**UMC**
1. 방언으로 기도하거나 말하는 사람	10.8	7.9	11.9	17	12.6
2. 상처나 질병의 신성한 치유를 경험하거나 목격한 사람	69.3	7.4	28.7	54.9	29.8
3. 일주일에 한번 이상 깊은 영적 평화로움과 행복의 감정을 느끼는 사람	70.6	77.2	54.1	73	50.7

출처 : The Association of Religion Data Archives(ARDA)의 자료를 기초로 재편집함 (http://www.thearda.com/denoms/families/members.asp, 2014년 2월 14일).

벡포드와 같은 초기 연구자들은 여호와의 증인들이 요구하는 종교적 구속력의 정도가 실제로 조사된 영국에서 신자들의 높은 이탈률을 야기시키고 있으며, 새로운 신자들이 가입하는 것을 어렵게 만들 것으로 예측했었다(1975:61). 이런 주장은 경험적으로는 옳았지만, 이론적으로는 틀린 예측이었음이 이제 밝혀졌다. JW에서 종교적 이탈률이 높은 것은 미국적 사례들에서도 충분히 확인된다. 첫째, 1994년 미국 내 전도인 최고수가 연평균 전도인 수보다 46,697명이 많은 것으로 보고되었다. 둘째, 1990년에서 1994년까지 미국의 세례자수가 1,250,434명 증가한 반면에, 전도인수의 증가는 848,800명이었다(Stark and Iannaccone, 1997:147). 이처럼 여호와의 증인들에 잠시 머물다 가는 신자들의 수가 매년 적지 않음을 알 수 있다.

하지만 종교시장이론은 이런 높은 이탈률이 결과적으로 종교적 성장에 긍정적으로 기여할 수 있다는 점을 강조한다. 왜냐하면 그것은 무임승차자들(free-rider)을 제거하는 전략이기 때문이다. 〈표 6-2〉는 1972년부터 1994년까지 미국의 총사회조사에서 자신을 여호와의 증인이라고 응답한 202명을 대상으로 일주일에 3번 이상 교회모임에 참석하고 최소 4시간 이상 야외전도를 하는 사람들을 전도인(publisher)으로, 그리고 나머지를 냉담자 증인들로 분류한 것이다. 미국 내 교단들 중에서 공식적인 통계보다 신자수를 더 적게 보고하는 곳이 JW임을 고려한다면, 사회조사에서 자신을 여호와의 증인이라고 표시했다고 하더라도 그들이 속한 교회 내에서는 여전히 전도인(publisher)으로 인정받지 못하는 사람들이 많다는 것을 의미한다.

〈표 6-2〉에서 분명하게 확인할 수 있는 것은 전도인과 냉담자들을 함께 종합해서 종교성을 측정하면 전도자들만을 측정했을 때와 큰 차이가 있다는 것을 쉽게 알 수 있다. 미국 인구 전체와 비교해도 전도인(publisher)만을 의미하는 여호와의 증인들의 종교성은 매우 높고, 흡연율 및 유흥가 출입 등은 뚜렷하게 낮다. 명목적으로 자신의 종교를 JW라고 표시한다고 해서 다른 증인들이 그를 전도인으로 인정해 주는 것이 아니라는 것은 조직의 운영원리로서 무임승차자를 처음부터 배제하려는 의도이며, 종교적 구속력이 높은 전도인들만이 유용한 성장의 자원들이라는 것을 증인들 스스로가 인식하고 있기 때문이다.

〈표 6-3〉 전도인과 냉담자 증인들, 총사회조사(1972~1994년) (단위 : %)

	전도인 (105명)	냉담자 (97명)	종합 (202명)	미국 인구 전체
'강한' 자기 확인	93	27	61	39
매일 기도함	100	59	83	56
배우자도 증인	80	21	61	
흡연자	0	48	24	35
음주자	76	85	81	71
일 년 한 번 이상 술집 출입	14	49	30	49

출처 : Stark and Iannaccone, "Why the Jehovah's witnesses grow so rapidly: A theoretical application," *Journal of Contemporary Religion* 12(2), 1997, p.145.

반대로 냉담자에게는 여호와의 증인들이 요구하는 전도인의 자격은 너무 비싼 비용을 요하는 종교재이고, 그들은 결국 이탈을 선택하게 된다. 이런 형태의 이탈은 조직의 종교적 구속력을 엄격하게 적용함으로써 가능한 것이지만, 그렇다고 무작정 구속력을 높이기만 하면 종교가 성장한다는 단정론으로 귀결되지는 않는다. 왜냐하면 당연한 이치이지만 종교조직이 요구하는 구속력의 수준이 지나치게 높아질수록 그런 높은 비용을 상쇄하고 남을 만큼의 이익을 찾기가 어려워질 것이기 때문이다. 따라서 전도인들에게 적당한 수준의 구속력으로 결속시킬 수 있는 무임승차자 배제전략이 종교적 성장에 결정적으로 중요하다. 〈표 6-3〉에서 보는 것처럼 여호와의 증인들이 금연에는 엄격하지만 음주에는 상대적으로 개방적인 것은 이런 형태의 극단적 구속력의 높은 비용을 완화시켜 주는 효과가 있을 것이다.

〈표 6-4〉 종교적 믿음과 행위의 비교

종교적 믿음	LDS	JW	PCU	SDA	UMC
1. 비인격적 힘(force)으로서의 신을 믿는다	6.4	11	22.1	15.1	23.3
2. 신 또는 보편적 영성(spirit)을 믿는다	99.6	97.9	98.4	98.1	98.8
3. 지옥을 믿는다	59.5	8.8	57	47	62.5
4. 천국을 믿는다	95.7	45.7	81	86.2	83.6
5. 천사와 악마들이 세상에서 활동하고 있다는 것에 동의한다	88.6	95.5	62.8	97.6	69.7
6. 사후세계를 믿는다	97.8	42.3	82.9	70.9	82.3
7. 종교가 삶에서 매우 중요한 부분이다	83.5	86.2	62.9	86.2	58.5
8. 교회나 교단이 전통적인 믿음과 관행을 지켜야 한다고 믿는다	69.2	61.1	40.4	65.2	37.2
9. 종교가 사회문제를 해소하기보다 더 많은 문제를 일으킨다는 것에 대체로 또는 전적으로 동의한다	13.5	51.3	27.7	17.8	26.6
10. 경건한 종교인의 삶과 현대사회에서 사는 것 사이에 당연한 갈등이 존재한다	36.2	59.2	29.3	50.3	34.2
11. 고대에서와 마찬가지로 오늘날에도 기적은 여전히 일어난다는 것에 대체로 또는 전적으로 동의한다	95.8	29.4	80.6	90.8	86
12. 많은 종교들이 영생으로 이끌 수 있다는 것을 믿는다	38	15.7	79.9	64.6	85.1
종교적 행위	**LDS**	**JW**	**PCU**	**SDA**	**UMC**
1. 일주일에 한 번 이상 예배에 참석하는 사람	76.1	81.8	55.3	63.8	42.7
2. 2천 명 이상의 교회 예배에 참석하는 사람	9.1	6.1	7.4	4.3	4.7
3. 매일 한 번 이상 기도하는사람	82.6	89.4	64.4	86.2	59.4
4. 일주일에 한 번 이상 명상하는 사람	56.3	71.7	42.6	59.8	37.3
5. 자녀들과 함께 성경을 읽거나 기도하는 사람	91.6	87.3	70	87.1	65.9

6. 일주일에 한 번 이상 교회 밖에서 성경을 읽는 사람	75.9	82.6	33.5	78.3	32.6
7. 성가대나 교회의 다른 음악 활동에 참여하는 사람	49.2	49.7	30.7	36.7	27.1
8. 교회를 통한 공동체 자원봉사를 하는 사람	88.7	75.3	77	75.1	72.1
9. 일주일에 한 번 이상 비신자들 또는 다른 종교인들과 자신의 신앙을 공유하는 사람	23.2	76.1	14.6	43.1	15.9
10. 자녀들을 주일학교나 다른 종교 교육 활동에 보내는 사람	90.2	35.4	83.1	85.5	72.4
11. 자녀들을 홈스쿨 또는 종립학교에 보내는 사람	5.8	13.5	8.5	35.3	8.5

출처 : The Association of Religion Data Archives(ARDA)의 자료를 기초로 재편집함 (http://www.thearda.com/denoms/families/members.asp, 2014년 2월 17일).

〈표 6-4〉의 내용들은 종교적 구속력의 기준들이 아니라 그 내용이 질적으로 어떻게 다른지를 잘 보여준다. 먼저, JW의 신자들이 종교적 믿음의 3, 4, 6, 11번 질문들에 대한 응답에서 지옥, 천국, 사후세계, 기적과 같은 매우 단순한 종교적 또는 기독교적 관념들에 대한 믿음이 일관적으로 다른 교단들에 비해 매우 낮다는 점을 이해할 필요가 있다. 그들의 높은 구속력이 그런 단편적인 믿음들에 근거한 것이 아니라는 것이다. 종교가 그들의 삶에서 매우 중요하다고 답하면서도(7번) 그런 종교적 삶이 현대사회와 늘 갈등하는 면이 있고(10번), 오히려 수많은 종교들이 사회를 더 혼란스럽게 하는 면이 있다고 느끼는 것이다(9번). 즉, JW의 삶에서 종교가 중요한 이유는 천국을 가고 기적을 바라고 사후의 심판이 있어서가 아니라 혼란한 현대사회에서 자신들의 믿음이 사회적으로 그리고 종교적으로 올바른 기준이라는 확신이 있기 때문이다.

이런 성향은 종교적 행위에 대한 응답결과에서 더욱 분명하게 나타난다. 교회참석, 기도, 명상, 자녀들과의 종교적 교감, 자원봉사, 전도활동, 성가대 참여 등 11개의 항목 모두에서 JW와 LDS는 가장 높은 비율을 차지하고 있고, 전체적으로도 JW, LDS, SDA와 같은 신종교들은 주류교단들보다 높은 비율을 보인다. 이런 높은 종교적 참여와 강한 믿음은 〈표 6-2〉의 종교체험과 비교할 때면 더욱 중요해진다. 〈표 6-2〉의 종교체험에 관한 질문 3에서 JW는 가장 높은 행복과 평화로움을 느끼고 있고, 신종교들이 주류교단들보다 압도적으로 높은 종교적 행복지수를 누리고 있다.

이제 이런 종교적 행복의 결과를 [그림 6-1]에서 종교 간 성장률의 비교로 확인해 보자. 지난 50년간 JW와 SDA는 같은 재림파 운동(Adventist movement)에서 출발한 교단들이면서 지속적인 신도수의 성장을 보여주고 있다. 미국에서 가장 권위 있고 보편적으로 인용되는 ARDA 자료들이

그림 6-1 | 미국 내 교단 간 성장률 비교

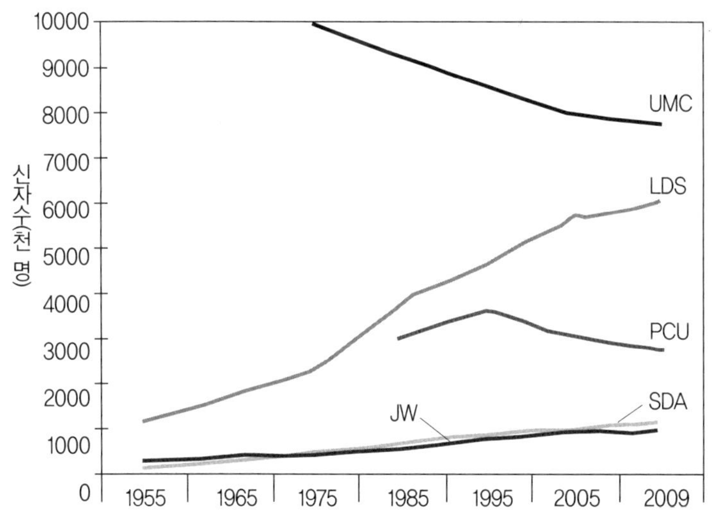

출처 : The Association of Religion Data Archives(ARDA)의 자료를 기초로 재편집함 (http://www.thearda.com/denoms/families/members.asp, 2014년 2월 18일).

기존에 수행되었던 서로 다른 종교 및 인구센서스, 사회조사, 자체 조사 등을 토대로 한 것임을 감안하고 JW나 LDS가 내부적으로 가장 보수적인 신자수 통계를 제공하는 것을 고려하면 [그림 6-1]에서 보여주는 것처럼 상대적으로 느슨한 멤버십을 인정하는 주류교단들(PCU와 UMC)과의 대조적인 신종교들의 성장률 추세는 실제로 더 커질 수도 있다.

특히 앞에서도 설명한 것처럼 JW와 SDA는 미국 내의 성장률 비교에서는 나타나지 않지만 국제적 성장률이 LDS보다 더 높은 것을 고려하면 전체적 성장률 곡선이 더 가파른 기울기의 상승곡선을 보일 것이다. 정리해 보면, 엄격한 종교적 생활 및 신앙 규범에 대한 교리를 믿고 실제로 따르는 사람들이 더 만족스러운 종교적 행복을 누리고 그 결과 그런 사람들로 붐비는 교단들이 성장하는 현상을 확인할 수 있다. 이런 성장전략이 PCU나 UMC와 같은 주류교단들과 다른 JW, LDS, SDA의 공통된 특징이었고 앞으로의 종교적 변화를 이해하기 위한 이론적 출발점이다.

무임승차자 배제전략은 클럽재(club good)의 특성을 갖고 있는 종교재의 본질을 보여주는 것이고, 경험하지 않고는 그 가치를 알 수 없는 경험재로서의 특성과 현재와 미래에 대한 자원배분을 고려해야 하는 위험재로서의 특성을 종합적으로 포함하는 종교재의 특수성과 밀접하게 관련되어 있다. 조직의 멤버십을 엄격하게 만들면 모든 종교들이 언제나 성장할 수 있다는 주장을 종교시장이론으로 오해하는 학자들을 자주 본다. 그러나 이것은 분명히 잘못된 이해이다. 온건하게든 강경하게든 종교시장이론을 지지하는 어떤 학자도 그런 단순한 일반화를 시도하지는 않는다. 이와 관련하여 야나코네는 그의 유명한 논문에서 다음과 같이 부연한다(1994:1205).

> 이런 가정은 확실히 이성적인 것처럼 보이며 교회성장에 관한 경험적 연구들에 의해 지지되고 있다(Iannaccone *et al.*, 1993). 그러나 그것이 충분조건인지 필요조건인지는 확실하지 않다. 상업시장에서도 가장 강한 기업들이 반드시 가장 빨리 성장하지는 않는다. 고수익을 내는 기업들도

> 때로는 현재의 규모를 유지하면서 증대된 시장점유율을 포기하기도 한다. 에이미쉬(The Amish)가 종교시장에서 비슷한 전략을 추구했다. 정적인 버전의 엄격한 교회모델은 이런 구분을 적절히 설명하지 못한다. 동적 버전의 모델이 성장과 엄격함의 관계를 분명히 하기 위해 필요하다.

야나코네가 말하고자 하는 엄격한 교회모델의 핵심적 메시지는 돈, 시간, 열정을 자신의 신앙을 위해 모두 투자하는 사람들의 종교성은 피상적으로 보면 비합리적인 행동처럼 보이지만 결국 자신들의 이익을 증대시키기 위해 선택한 행동들이라는 것이다. 현재의 가용한 자원을 현재와 미래의 평균적 이익을 높이기 위해 분산하여 배분하는 것은 주식시장에서만 합리적인 것이 아니라 종교시장에서도 당연한 의사결정이라는 것이다.

다시 말하면, 여호와의 증인들에 속한 전도인들이 가가호호 방문전도를 하면서 욕설, 폭행, 찬물세례, 심지어 고소를 당하는 힘든 경험들을 이겨낼 수 있는 것은 그들이 미치광이 광신자여서가 아니라 그런 비용을 감수하더라도 더 큰 종교적 만족감을 얻을 수 있다는 무형적 편익을 확신하고 있기 때문이다. 강한 교회들의 이런 편익이 종파적 종교성의 진정한 힘이다. 클럽재의 전략적 목표는 멤버십의 장벽을 높임으로써 클럽 내 회원의 편익을 증대시키는 데 있다. 즉, 클럽의 엄격한 멤버십은 공급자의 이익을 위한 것이 아니라 처음부터 사용자들의 이익을 증대시키기 위한 전략이다.

물론, 이런 엄격한 교회의 무임승차 배제전략이 신종교들뿐만 아니라 기성교회들의 성장에서도 중요한 역할을 한다. 대표적으로 전 세계에서 가장 많은 신도수를 보유한 여의도순복음교회(YFGC)를 빼놓을 수가 없다. 이 교회의 성장요인들에 대해 다양한 관점에서 논의할 수 있겠지만 우리의 논점과 관련하여서는 단 한 가지 요인만을 강조하는 것으로 충분할 것 같다. 약 100만 명[3]에 이르는 신자들의 무임승차욕구를 어떻게 통제할 수 있

3) 문화관광체육부의 『한국의 종교현황』(2011)에 따르면 회원수가 1,016,036명으로 보고되고 있고, 현재의 담임목사는 2009년 재적성도가 78만 명이라고 하고(이영훈, 2009:209),

을까? 그들의 전략은 그 교회를 지탱하는 수많은 소규모 셀조직 또는 구역모임에 있다(조병수, 2000; 코미스키, 2008). 셀조직 연구로 유명한 조엘 코미스키(Joel Comiskey)는 YFGC가 셀조직의 엄격한 피라미드식 관리와 여성 리더들의 활용 및 셀 성격의 다양화를 통해 교회 성장을 가능하게 만들었다고 주장한다(2008:392-395). 실제로 조용기 목사의 셀조직 관리는 국내외적으로 다른 교회의 성장모델로 기능했으며 성별, 연령별, 지역별, 가족별 구역모임으로 보편화되었다. 최근의 한 연구는 이러한 교회 내 소그룹 조직의 그물망을 양적 성장이 아니라 질적 성장의 차원에서도 긍정적으로 기여하는 것으로 분석하기도 한다(신호균, 외 2011).

결론적으로 대형교회들도 소그룹으로 관리되는 하부조직을 이용하여 무임승차자를 퇴출시키고 기존 신자들의 종교적 충성도를 충분히 높일 수 있도록 유지하는 데에 전력을 다하고 있음을 알 수 있다. 이러한 소그룹적 차원의 통제와 감시는 사실 내부자의 결속력과 충성도를 높이는 것이 기본 목적이며 외부자를 충원하는 것은 부차적인 것이다.

그렇다면 한국 종교시장에서 여호와의 증인들과 같은 신종교들은 어떻게 위치하고 있을까? 인구센서스를 기준으로 할 때 앞 장에서 잠시 설명한 것처럼 한국의 신종교들은 전체적으로 2% 정도의 시장점유율을 일정하게 유지해 오고 있다. 물론, 이 숫자에는 인구센서스에 표시된 '개신교' 나 '불교' 에 체크한 다양한 신종교들을 배제한 것임에도 불구하고 신종교의 성장은 상대적으로 한국종교시장에서 미미한 편이다. 예를 들면, 한국 내 LDS는 교직자수가 2002년 194명에서 2011년 136명으로 감소했고, 가장 보수적으로 신자수를 보고하는 JW는 2002년 88,071명에서 2011년 99,103명으로 10년간 약 1% 정도 증가하는 데 그쳤다.[4] 이는 전 세계적

언론에서는 출석신도 기준으로 약 46만 명이라고도 한다(경향신문, 2011.4.11.).

4) 문화체육관광부의 『한국의 종교현황』 2002년과 2011년을 비교한 수치이며, 종교단체의 자기보고(self-reporting)에 기초한 자료임을 고려할 때 안식교(SDA)의 수치는 163,987(2002년)에서 2,201,868(2011년)로 약 13배 증가하여 그대로 사용하기 어렵다.

으로 연평균 전도인 성장률이 약 5%에 이른다는 점과 10년간 국내 인구성장률을 고려하면 오히려 실질적으로 감소한 것이다.

한국 종교시장에서 LDS와 JW의 성장이 상대적으로 어려운 이유는 앞서 지적했던 기성종교들의 과점적 지배구조 이외에도 더 중요한 환경적 요소가 있다. LDS와 JW 같은 개신교 전통의 신종교들이 채택한 엄격한 멤버십 전략은 유연하고 포괄적인 종교문화의 전통과 소통하기 어렵다. 범신론에 가까운 무속신앙과 민간신앙의 전통은 물론이고 불교와 유교의 맥락에서는 종교적 멤버십 개념 자체가 처음부터 없었다. 기독교적 전통을 가진 미국과 유럽에서 빠르게 확장하고 있는 그런 신종교들은 기성종교들이 채우지 못하는 틈새시장(niche market)을 빠르게 장악하고 있지만, 한국처럼 기성종교인들조차 전통적 형태의 기복적, 무속적, 민간신앙적 전통을 함께 소유하고 있는 상황에서는 틈새시장이 발전할 개연성이 크게 줄어들 것이기 때문이다.

다시 말하면, 한국에서 엄격한 멤버십을 요구하는 종교에 소속되는 것은 미국과 유럽에서의 엄격한 멤버십 비용보다 훨씬 더 비싼 것이다. 한국인들이 오랜 기간 축적해 온 일종의 문화적 자본(cultural capital)을 완전히 포기해야 하는 정도가 크면 클수록 LDS나 JW가 제공하는 엄격한 멤버십의 편익이 비례적으로 더 커져야 한다. 이와 같은 문화적 환경들에서 파생되는 선택의 제약에 대해서는 종교시장이론에서도 매우 중요하게 취급된다(Ellison and Sherkat, 1995; Sherkat and Wilson, 1995; Stark and Iannaccone, 1997).

이런 문화적 제약들을 종교시장의 변수로 포함하면, 한국에서 기독교계열의 신종교들보다 불교전통이나 유교 또는 민간신앙으로부터 종교적 아이디어를 더 많이 빌려온 신종교들이 왜 성공적인지를 종교시장이론에서도 설명할 수 있다. 신도수를 기준으로 4대종교에 오른 원불교나 2000년대 이후 급속히 팽창되고 있는 창가학회의 경우는 불교적 전통의 종교적 또는 문화적 자본을 상실하지 않고서도 신종교들이 제공하는 새로운 편익들을 향유할 수 있는 장점이 있다. 특히 창가학회는 현재 전국에 365개의 문화회관과 1,575명의 교직자[5]와 400여 개의 지부로 구성된 단체로서 빠르게 성장했다. 크게 보면 창가학회의 사제불이(師弟不二) 개념, 조직화된 소그룹 모임과 종교규범의 일상화를 통해 무임승차자 배제전략을 적극적으로 추구하는 것은 평신도 사제제도에 기초한 LDS나 JW의 조직적 운영원리와 유사한 것이지만 종교시장에서의 결과는 서로 달랐다.

창가학회의 이런 문화적 적응전략이 서양사회에서 어떻게 성공할 수 있었는지를 분석한 많은 연구들이 있다(Metraux, 1988, 1994, 1996; Hurst, 1992; Wilson and Dobbelaere, 1994; Hammond and Machacek, 1999). 이 중에서 도슨(Lorne L. Dawson)은 서양사회가 후기산업사회에 접어들면서 금욕과 절제에 기초한 프로테스탄트 윤리를 대신할 선택과 소비주의를 정당화시켜 줄 새로운 에토스(ethos)를 창가학회가 제공하였으며 이것이 막스 베버적 개념의 선택적 친화력이라고 주장하였다(2001:339). 물론, 이런 주장은 서구사회의 문화적 필요성에서 창가학회의 성공을 설명한다는 점에서 종교시장이론의 맥락과는 다르긴 하지만 신종교들의 성장에서 문화적 유연성의 중요성을 강조한 부분에서는 의견이 일치하고 있다.

정리해 보면, 무임승차자 배제전략의 성패는 외적 조건으로서 종교적 규제, 시장구조, 문화적 환경의 문제와 깊이 연관되어 있다. 그러나 어떠한 요인도 일방적으로 종교의 성장과 실패를 결정하지는 못하며, 사회적

---

5) 문화체육관광부, 『한국의 종교현황』, 2011, p.51. 자체 보고한 신자수가 약 155만 명이라고 하는 것은 불교전통의 신종교들과 JW나 LDS가 자신의 신자로 간주하는 기준이 극명하게 다르다는 것을 보여준다. 앞에서도 언급한 것처럼 종교적 멤버십(religious membership)과 종교적 자기확인법(religious identification)은 문화적 전통에 따라 중요한 개념적 차이가 있다. 전자가 기독교적 전통에서 공급 측의 종교성 기준에 근거한 것이라면, 후자는 동양적 전통에서 수요 측의 종교성 기준에 의존한 것이다. 인구센서스라는 통계정책이 근본적으로 서양의 것이기 때문에 이것을 한국 종교전통에 그대로 적용한 것은 종교적 사실들을 조사한 양적 통계기법들의 필연적 위험성을 잘 보여주는 것이다.

제약조건들에 따라서 성장과 실패에 실제 기여하는 정도와 방법이 다를 수 있다. 과점적 시장구조에서 종교적 규제법들이 기성종교의 성장에 기여하는 반면에 완전경쟁적 시장에서는 오히려 종교들의 성장을 제약하는 요소로 기능할 수 있다. 이런 몇 가지 변수들을 공급자들의 전략적 도구로 단순화하여 종교별 전략적 비중을 상대적으로 평가하면 [그림 6-2]와 같을 것이다.

그림 6-2 | 종교공급자들의 전략적 비중

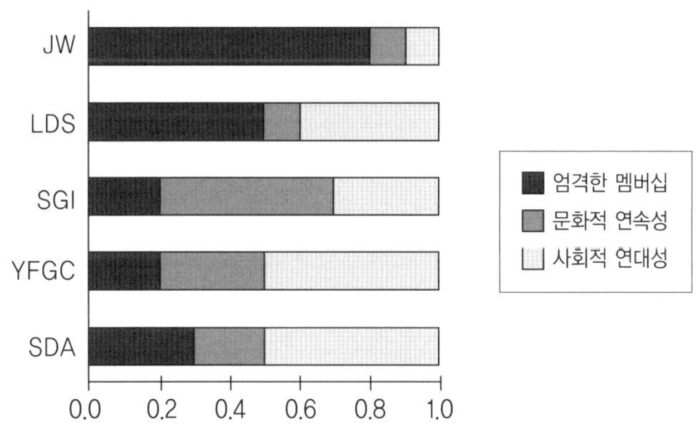

기독교 전통의 서양사회와 범신론적 사상이 지배적인 동양에서의 종교시장은 서로 다른 문화적 환경을 하나의 변수로서 고려해야 할 만큼 본질적으로 다른 시장상황을 신종교들에게 강제하고 있다. 서양사회에서 창가학회의 성공은 전통문화와 이질적인 신종교들이 문화적 자본의 상실을 최소화할 수 있는 문화적 적응전략들을 무임승차자 배제전략과 함께 병행할 때 효과적일 수 있음을 예시하고 있으며, 한국 종교시장에서 LDS와 JW의 실패는 전통문화와는 이질적인 엄격한 멤버십전략만을 추구하는 것이 오히려 그들의 성장에 부정적으로 기여할 수 있음을 보여준다.

결국, 이런 종교시장이론의 설명들은 종교의 성장을 지도자의 카리스마, 종교체험 및 새로운 교리해석의 등장처럼 개인적 차원에서만 설명하던 한계를 넘어 집단적 및 사회적 차원에서 종교별 특성들을 일반화시켜 해석할 수 있는 이론적 틀을 건설하는 데 기여할 수 있을 것이다.

제 7 장

한국 점술문화의 성장요인 분석 :

종교경제모델의 관점에서[1)]

1. 공급 측 측면

제도종교들의 예언적 기능들이 쇠퇴하고 있는 것과 대조적으로 비제도적 점술문화가 폭발적으로 성장하고 있는 이유가 이 장의 논점이므로 비교종교연구의 관점에서 공급 측 요소들이 설명될 필요가 있다. 종교시장이론의 경제적 합리성 기준에서조차 전통적 점술가들은 틈새시장으로서의 점술시장에서 제도종교들보다 더 효과적인 서비스를 제공하고 있다. 점술가들에 대한 참여관찰과 심층 인터뷰와 같은 경험적 증거들에 기초하여 전통적 점술가들을 다른 제도종교의 성직자들보다 더 효율적으로 만든 네 가지 요소들이 이 장에서 분석될 것이다. 그것은 시장전략, 무임승차자의 배제, 낮은 진입비용, 직업윤리이다.

1) 시장전략

한국의 무속인들과 역술가들은 그들의 종교서비스를 광고하는 데 다양하고 새로운 정보통신기술을 적극적으로 활용한 최초의 종교전문인들에 속한다. 일간신문 및 잡지 광고에서부터 온라인상의 일대일 채팅에 이르기까지 그들의 시장전략의 주요한 방법들이 정보통신기술의 발전과 병행하고 있다. 한 신문의 조사에 따르면(국민일보, 2002.2.18.), 2002년 기준으로 1,000여 개의 온라인 운세기업들과 약 200여 개의 전화통신 서비스가 있다고 한다. 대표적 운세사이트 산수도인(www.fortune8282.co.kr)은 백만 명 이상의 회원을 보유하고 있으며(매일경제, 2003.1.30.), 대표적 포털 사이트 다음과 네이버는 사용자들에게 일대일 운세 상담서비스를 궁합, 사주, 꿈해몽, 타로 및 점성술 등으로 세분하여 24시간 제공하고 있다.

1) 이 장은 2012년 University of Ottawa에서 취득한 저자의 박사학위 논문 "Applicability of Religious Economy Model(REM) to the Growth of Fortunetelling in Contemporary Korea"의 제6장과 제7장을 번역한 것입니다.

이것은 점술과 미디어 산업의 새로운 관계성을 보여주고 있다. 개인적 접촉을 통한 마케팅은 시공간의 제약을 극복하기 어렵지만, 매스 미디어에 의한 시공간의 압축은 폭넓게 분포하는 잠재적 수요자들에게 공급자들이 언제든 접근할 수 있다. 즉, 대중매체는 점술가들에게 고객들과 소통할 수 있는 값싸고 효과적인 수단을 제공함으로써 그들은 정보통신기술의 발전에 훨씬 더 민감하게 되었다. 비록 점술의 내용이 종교적 동기와 예언으로 가득 차 있음에도 불구하고 마케팅의 관점에서는 하나의 경제적 서비스로 취급될 뿐이다.

특히, 대중매체와 점술의 이런 친밀성은 예배, 미사, 법회 등과도 매우 다르다. 불교, 기독교, 천주교는 비록 그들 자신의 방송국, 신문, 잡지, 웹사이트 등을 소유하고 있음에도 불구하고 점술가들처럼 자신들의 종교서비스를 직접적으로 매체를 통해 광고하지는 않는다. 교회나 절과 같은 기성종교들이 전적으로 상업적인 마케팅에 참여하지 않는 이유는 그들이 여전히 종교와 경제적 서비스의 개념적 이분법에 집착하고 있기 때문이다.

이와는 반대로, 무속인들과 역술가들 모두에게 성과 속 또는 종교적인 것과 경제적인 것 사이의 이분법적 구분이 명확하지 않다. 오히려 그들의 세계관은 두 영역의 조화와 통일에 의존한다. 정보통신기술은 점술가들의 종교적 믿음과 확신을 표현하는 것뿐만 아니라 그들 스스로를 경제적 사회의 한 구성원으로 동일시하는 데 중요한 역할을 하고 있다. 어떤 의미에서 사회적 영역들 간의 이런 모호한 경계는 포스트모던적 전환 과정의 산물이다. 조직화된 종교들이 여전히 자기 정체성의 기초로서 전통적인 경계를 활용하는 반면에, 한국의 역술가들과 무속인들은 그런 경계를 허무는 데 적극적이었다.

그러나 대중매체들 특히 신문광고는 점술인들에게 배타적인 개신교 단체들로부터 심한 반대를 야기시켰다. 그들은 조직적으로 점술광고의 홍수를 신문윤리위원회에 항의하고 빈번히 그런 광고의 중단을 이끌어냈다.

예를 들어, 신문윤리위원회는 다음과 같은 광고에 대해 동아일보에 경고 조치를 부과했다.

> 나는 어떤 점술가의 충고대로 식당을 열었다.…(중략) 시간이 지나면서 이제 그 식당은 정말 성공적 사업이 되었다. (2004년 3월 16일)
>
> 두 달 전 나는 한 역술인의 지시에 따라 사업을 시작했고, 지금 너무 많은 손님들이 와서 정말 행복하다.…(중략) 유명한 정치인들과 명사들이 왜 여기를 찾아오겠는가? (2004년 4월 2일)

신문윤리위원회가 인용하는 신문광고윤리규정은 다음과 같다. "신문광고는 공공의 안전과 미풍양속을 해하거나 신문의 명예를 손상시켜서는 안 된다." 위원회는 위의 광고들이 비과학적 미신을 조장하기 때문에 미풍양속을 해하는 것으로 간주했다. 이런 해석은 한국기독교언론인협회와 같은 개신교 단체들이 주장하는 내용과 정확히 일치한다. 이처럼 그들은 지속적으로 신문사들이 점술광고를 거부하도록 압력을 행사했고 부분적으로 성공적이었다. 오늘날 스포츠나 오락 신문을 제외한 대부분의 일간신문들은 점술가들에게 자신들의 광고지면을 할애하는 데 매우 신중하다.

제도종교들의 진지한 견제에도 불구하고 점술가들의 창의적 마케팅은 그들의 서비스를 더 경쟁적이고 효과적으로 만들어 왔다. 전화, 웹페이지, SNS(social network service) 등을 통한 마케팅 전략은 젊은 계층뿐만 아니라 익명성을 추구하는 고객들이 조직화된 종교에 소속되지 않으려고 한다는 점에서 매우 큰 호소력이 있다. 그러나 '종교 없음'이라고 응답한 사람들의 비율이 인구센서스에서 여전히 절반 가까운 비중을 차지하고 있는 것은 미국이나 캐나다에 비해 매우 낮은 수준의 종교성을 보여주는 것처럼 보인다(Iannaccone, 1995; 1998; Stark and Finke, 2000; Iannaccone,

Finke, and Stark, 1997).

그러나 앞서 강조한 것처럼 한국인들이 인구통계학에서 제시된 간단한 설문보다 훨씬 더 복잡한 방법으로 자신들의 종교적 정체성을 유지하고 있다는 점이 지적될 필요가 있다. 야나코네가 적절히 언급했듯이(1995) 종교적 정체성 문제는 매우 서구적이고, 유대-기독교 전통에 입각한 것이며, 집단적 종교들에 친숙한 것이다. 흥미롭게도 한국 점술가들의 마케팅 전략들은 종교적 멤버십이나 종교적 정체성을 특정하는 데 익숙하지 않은 한국적 종교성에 더 호소하는 경향이 있다. 기독교가 제도적으로 그리고 교리적으로 멤버와 비멤버를 분명히 구분하는 반면에, 점술가와 고객의 관계에서 종교적 멤버십의 문제는 그리 중요한 사항이 아니다. 점술가들은 고객들에게 신을 믿어야 한다거나 어떤 신념체계를 가질 것을 요구하지 않는다. 그들은 일상의 실제 문제들에 대해 가치판단을 가능한 삼가고 고객들과 대화를 나누며 감정을 공유하고자 노력한다. 이런 유형의 커뮤니케이션이 그들 시장전략의 궁극적 기초이다. '소속 없이 종교적'인 사람들의 종교성을 종교시장에서 드러나도록 하는 과정에서 점술 공급자들의 전략은 더 많은 호소력을 갖고 있다.

시장전략은 기본적으로 잠재적 소비자를 유인하는 심리적 기법들을 포함하고 있다. 본 연구의 설문조사에 참여한 모든 점술가들은 자신들을 일종의 카운슬러(상담사)로, 정확히 하자면 인생상담사(life counselor)로 묘사했다. 55세의 한 여성 점술가는 다음과 같이 말한다.

> 고객들 대부분은 심리적 불안이나 갈등 때문에 나를 찾는다. 그들 모두는 실직, 배우자 외도, 사업실패, 이혼, 우울증 등과 같은 다양한 어려움들을 극복해야만 하는 상황에 처해 있다.… 꾸준히 나와 대화를 하면서 그들은 마음의 평화를 느끼고 안정을 되찾는다. 나의 점에 의존하여 그런 어려움들의 좀 더 긍정적인 측면을 보라고 나는 말한다. 비록 내가 그들의 운명이 매우 나쁘다는 것을 알고 있다고 해도 가장 부드러운 방법으로 그것을 알려주어야 한다. (2010년 1월 30일 인터뷰)

그녀는 점술을 심리치료의 한 방법으로 간주하는 경향이 있다. 이것은 그녀가 20년 동안 간호사로 근무했기 때문만이 아니라 심리치료의 이미지가 종교적 소비자들에게 훨씬 더 호소력이 있음을 그녀 스스로가 깨닫고 있기 때문이다. 실제로 점술가들은 자신들을 냉혹하고 기계적인 종교재판관으로 광고하기보다 오히려 인정 많고 자비로운 구도자로서 광고하고자 한다. 그들은 운명 그 자체나 운명에 대한 믿음을 팔고자 하지 않는다. 왜냐하면 주어진 운명이란 초월적 존재에 대한 믿음으로 변경되는 것이 아니고 오로지 순응해야 하는 것이기 때문이다.

대신에 그들은 고객들에게 자신들의 운명이 무엇인지 그리고 어떻게 그것에 순응해야 하는지를 설명한다. 그래서 고객과 점술가들 사이에 어떤 인간적 감정이입이 존재한다고 한다. 부산에 사는 한 유명한 무속인의 사례를 들어보자.

> 아침에 마루를 닦으면서 나는 갑자기 다리가 마비되고 감각이 없어지는 것을 느꼈다. 청소가 끝날 때쯤, 손님 한 분이 다리를 질질 끌면서 들어왔다.… 어느 날 갑자기 코피가 쏟아졌다. 점사를 봐주면서도 코피가 그치지 않아 그 손님이 찾아오기만을 기다려야만 했다. 얼마 후 피투성이가 된 환자 한 사람이 들어왔다. (2010년 2월 25일 인터뷰)

이런 형태의 감정이입은 다른 어떤 사람보다 점술가들이 고객들의 개인적 문제를 잘 이해할 것이라는 심리적 기대감을 주는 경향이 있다. 점술의 경우에 고객들은 절대적 진리나 어떤 신 관념에 직접적으로 연결되어 있지 않다. 왜냐하면 점술은 고객과 점술가들 간의 소통에 중점을 두기 때문이다. 실제로 대부분의 점술 광고들은 "고민해결"이라는 문구를 포함하고 있고, 이런 심리적 마케팅 전략은 점술의 종교적 측면을 희석시키고 객관적 상담사로서 점술가들을 묘사하는 데 매우 효과적인 것처럼 보인다.

역사적으로 보면, 한국의 점술가들은 다른 어떤 종교전문인들보다 경쟁적 메커니즘에 친숙했다. 왜냐하면 그들의 경제적 생존이 예언적 능력에 대한 시장에서의 평가에 절대적으로 의존했기 때문이다. 특히, 내적 경쟁의 문제는 점술시장에서 보다 더 중요하다. 시장의 진입과 탈퇴에 있어서 적어도 내부적으로는 제한이 없다는 점에서 점술 공급자들이 자유로운 경쟁에 직면해 있었다. 부산에 거주하는 한 오래된 역술가가 했던 불평을 귀담아 들을 필요가 있다.

> 점술가로서 나는 20년간 여기서 일했다. 나의 예언이 틀리다면 사람들은 더 이상 여기로 오지 않을 것이고 나는 단골들이 없을 것이다. 내가 살고 있는 이 동네 근방에만 약 100여 곳의 점집들이 있다. 그래서 나의 예언은 더 정확해야 하고 또 그렇지 않으면 생존하지 못할 것이다. (2010년 3월 20일 인터뷰)

극단적 내적 경쟁은 시장의 참여자들로 하여금 끊임없이 시장전략들에 대해 고민하게 만든다. 점술가들의 창조적 마케팅은 분명히 종교시장에서 그들의 시장경쟁력을 상승시킨다. 반면에, 조직화된 종교들은 조직 스스로가 가진 형식화, 관료주의, 집단주의 등으로 인해 개인주의적이고 실질적인 예언에 대한 종교적 수요를 효과적으로 관리하는 데 자주 실패하고 있다. 조직화된 종교들의 이런 실패는 종교시장 이론가들이 종교성장의 측면에서 중요하게 간주하는 무임승차의 문제에서 더 명쾌하고 포괄적으로 설명될 수 있다.

2) 무임승차

스타크와 핑키가 낮은 구속력을 가진 회중집단이 무임승차의 희생양이 된다고 설명할 때(2000:148), 이는 종교가 집단재(collective goods)의 중요한 특성들을 포함하고 있다는 것을 의미한다(Douglas, 1986; Stark and

Finke, 2000). 집단재 중에서도 클럽재(club goods)로서 종교의 개념은 조직종교 내의 무임승차 문제에 초점을 맞춘다. 종교조직들은 무임승차자를 배제함으로써 집단재의 효용을 증가시켜야만 하기 때문이다. 이런 의미에서 야나코네(Laurence R. Iannaccone)는 모두에게 높은 비용을 요구함으로써 무임승차를 예방할 수 있으며, 궁극적으로 잠재적 가입자들은 완전히 조직에 참여할지 아니면 전혀 참여하지 않을지를 양자택일할 수밖에 없다고 결론지었다(1992; 1994:1188). 그러면 무임승차의 문제는 한국 점술가들의 성장에 어떻게 관련되어 있는가? 이 문제에 대답하기 위해 우리는 공식적 및 비공식적 종교 양쪽 모두를 좀 더 넓은 맥락에서 고려할 필요가 있다. 따라서 이 장은 점술시장의 관점에서 한국적 무임승차자들의 역할을 구분하고자 한다.

먼저, 무임승차가 종교성장에 영향을 미치는 방법이 일관적이지 않다. 한국의 천주교는 조선시대에 진지한 박해를 경험한 이후 다른 종교들과 전통문화에 훨씬 더 유연해졌다(Kim, 2002:31). 장로교, 감리교 및 여의도 순복음교회와 같은 한국의 보수교단들은 신도들에게 지속적으로 높은 수준의 구속력과 경건성을 보여주도록 요구해 왔다. 한국적 문화 전통 속에서 근절하기 힘든 신앙의 적으로 점술을 죄악시해 온 그들은 항상 신도들에게서 무속적이거나 역술적인 종교성을 없애기 위해 노력했다. 특히, 해방이후 한국의 친미정권들이 자신들의 정치권력을 정당화하기 위해 개신교의 발전적이고 선진적인 이미지를 필사적으로 투사하고 싶어했기 때문에 전통종교들을 죄악시하는 경향이 있었다(노길명, 2005:233-261).

클럽 회원들만으로 클럽재를 배타적으로 소비하게 하는 것이 클럽 회원의 규모를 성장시킬 수 있는 것처럼(Olson, 1965), 보수적 개신교가 종교적 멤버십과 자격요건을 다른 종교적 조건들보다 중요하게 여긴다는 점에서 그것의 종교적 멤버십 개념은 종교재를 소비할 때 회원과 비회원을 엄격히 차별화한다. 회원에 속하는 것은 종교시장에서 유일한 최선의 선택 또는 적어도 차선의 대안임을 의미하며, 그럼으로써 비용-편익분석의 측면에서 다른 대안들을 포기해야만 한다.

근대화 기간 동안 한국의 보수적 장로교회들이 자신들의 인적 · 물적 자원들을 외적 성장을 위해 집중적으로 이동시킴으로써 신도수의 성장에서 감리교회들을 압도해 왔다(노치준, 1986:85-98). 보수적인 장로교 합동 교단의 신도수가 1970년 530,600명에서 1979년 1,090,309명으로 증가한 반면, 자유주의적인 개신교 장로교단의 신도수는 1970년 194,794명에서 1979년 212,044명으로 증가했을 뿐이다(한기원, 1982:147-149).

그러나 1980년대 이후 전통적 종교문화가 새롭게 해석되고 그 수요가 증가하면서 주요한 종교들은 점술적 또는 샤머니즘적 요소들로 가득한 전통 종교문화들과 자신들의 관계를 다시 정립해야 할 필요가 있었다. 개신교가 다른 민속종교들과의 무임승차를 엄격히 통제하고 있었기 때문에 성장 중심적 패러다임의 종말이 도래한 종교시장에서는 기존의 신도들과 잠재적 신도들 모두에게 그것은 상대적으로 높은 비용을 요구하는 종교적 대안이 된 것이다.

점술을 믿는 것은 멤버십이나 소속의 표시를 요구하지 않기 때문에 개종(conversion)의 문제를 야기시키지 않는다. 개신교인들이 점술이나 무속을 믿어서는 안 되는 반면에 점술 신앙자들은 어떤 종교적 멤버십이든 자유롭게 그리고 동시적으로 여러 개를 가질 수 있다. 그들은 개종이나 파문의 위험이 없이 점술을 믿을 수 있기 때문에 불교도이거나 천주교도가 되는 경향이 있다. 다원주의적이고 다문화적인 상호작용의 지속적 증가로 인해 종교들 간의 경계조차 흐릿해지고 있는 포스트모던적 사회에서 개신교의 엄격한 멤버십을 유지하고 또 그것에 소속되어 있는 것은 지나치게 비싼 대가를 치르고 있는 것이다.

갤럽조사에 의하면(1999:57), 개신교인의 15.6%와 대조적으로 천주교인의 26.9% 그리고 불교인의 53.7%가 궁합이 안 좋을 때 결혼해서는 안

된다고 응답했다. 더불어, 천주교인의 46.2%와 불교인의 72.3%가 풍수사상을 믿는다고 한 반면에 개신교인의 15.8%만이 풍수를 믿고 있었다. 이런 결과는 한국 개신교가 천주교나 불교보다 무임승차자들을 억제하는 데 있어서 훨씬 더 성공적이었음을 보여주며, 동시에 한국의 개신교인들이 다른 종교인들보다 무임승차자가 되는 것이 훨씬 더 어렵다는 것을 의미한다.

1985년, 1995년 및 2005년의 인구주택총조사에서 종교인구의 가장 큰 변화 중 하나는 개신교인들의 지속적인 감소와 대조적으로 불교인들의 꾸준한 증가와 천주교인들의 폭발적 증가이다. 중요한 것은 이러한 변화가 1980년대 이후 점술시장의 빠른 성장과 병행하고 있다는 것이다. 기성 종교인구의 최근 변화를 기존의 종교연구자들이 전혀 예측하지 못한 것과 마찬가지로 동시대 한국사회에서 점술시장의 성장도 전혀 예견되지 않은 새로운 사회현상이라는 점이다. 여기서의 논점은 한국의 불교와 천주교가 전통적 종교문화에 종교적으로 유연하고 익숙한 사람들에게 더 호소력 있는 것이고, 반면 개신교는 강력한 종교적 구속력과 전통적 종교문화와의 단절을 요구함으로써 고비용구조의 종교로 변했다는 점이다.

요약하면, 무임승차와 종교적 성장의 관계는 변화하고 있는 문화적 및 사회적 환경에 종속되어 있다. 예를 들어, 한국의 개신교인들은 다신론적이고 혼합주의적 종교문화전통과 자신들을 단절시키도록 요구받기 때문에 개신교의 멤버십 비용은 미국보다 한국에서 훨씬 더 높다. 서로 다른 종교적 관행들의 혼합으로부터 나오는 편익을 개신교 멤버십으로부터 나오는 편익이 초과하는 한에서만 개신교는 지속적으로 성장할 수 있다. 따라서 점술이나 무속과 같은 전통적 종교문화의 가치가 최근 평가절상됨으로써 그것과의 단절에 대한 기회비용이 높아졌기 때문에 1980년대 이후 개신교 멤버십의 감소가 나타난다고 할 수 있다. 이런 면에서 보면, 한국 종교시장에서 무임승차와 종교적 역동성 간의 관계는 앞에서 야나코네가 결론지은 것보다 훨씬 더 복잡하다.

둘째, 한국 개신교는 종교적 성장의 관점에서 종교조직의 역할을 과장했다. 여의도순복음교회의 성장과정에서 예시되는 것처럼, 조직중심적 성장에 기초한 그것의 토착화는 조직으로부터 무임승차자의 배제를 우선시하게 만들었다. 무임승차자들은 조직의 빠른 성장에 필요한 다양한 형태의 인적 및 물적 자원들을 제공하는 것을 연기하거나 회피하기 때문이다. 그들은 조직이 제공하는 사회적 지원을 가능한 많이 향유하면서 자신들의 시간과 돈을 가능한 최소한으로 투자하고자 하는 사람들이다. 조직 관리의 측면에서, 그들은 태도의 '전염' 가능성 때문에 암적인 존재들이므로 그들을 제거하는 것은 조직의 생존을 위해 가장 중요한 문제이다. 개교회주의 차원에서 생존을 위해 늘 서로가 경쟁해야만 했던 한국 개신교회들에게는 이런 긴급함이 더 절실했을 것이다(김병서, 1995:65; 노치준, 1986). 개교회주의적 성장은 개별 교회의 재정적 자립을 크게 강조했던 20세기 초반 한국 장로교의 네비우스(Nevius) 선교정책에 기원한 것이다(김병서, 1995:125-126). 사실 각 교회의 주요 수입원은 십일조, 주일헌금, 특별헌금, 절기헌금, 감사헌금 등과 같은 다양한 종류의 헌금이다. 갤럽조사에서는 한국 개신교인의 46.2%가 십일조를 내는 반면에 천주교인은 15.3%에 불과했다(2004:81). 교회 내 무임승차자의 비중이 교회 헌금의 평균적 비율을 결정한다. 당연히 무임승차자의 비율이 높을수록 그 교회는 재정적으로 더 취약해지기 때문에 개신교회와 성직자들은 무임승차자들이 교회 내 종교적 구속력의 전체적 수준을 하락시키지 않도록 항상 억제해 왔다.

예를 들어, 여의도순복음교회는 현세적 축복에 대한 그것의 강조가 점술가들의 현실적 관점과 유사함에도 불구하고, 효율적인 조직체계를 창안한 것으로 유명하다. 앞 장에서 설명한 것처럼 다섯 가족 정도로 이루어진 셀조직에 기초한 인적 네트워크는 그 셀의 리더와 조직원들이 지속적으로 서로를 통제 및 감시하기 때문에 무임승차를 거의 불가능하게 만든다. 여의도순복음교회의 조직체계를 연구한 조엘 코미스키는 다음과 같은 예리한 통찰을 제공한다.

> 엄격한 조직관리는 한국의 위계주의 문화와 잘 어울린다. 각 회원은 조직 내에서 각자의 지위를 갖고 있다. 예를 들어, 조용기 목사는 이렇게 말한다. "지역 담임자들은 관할 지역의 상황에 대해 상급 지역의 담임자들 의해 지속적으로 관리된다. 그들이 열심히 봉사하지 않으면 징계를 받는다." 미국의 사회구조에서 이런 유형의 통제를 추구하는 것은 쉽지 않다. 하지만 한국의 계급문화는 하향식 리더십에 친숙하다. 여의도순복음교회의 리더십 구조는 피라미드와 같다. 조 목사는 정상에 있고 다른 목사들은 더 낮은 지위에 있는 것이다(2008:395).

소규모 셀그룹에 기초한 인적 네트워크는 한국 개신교회들의 제도화된 하나의 통제수단이다. 그들은 등록 교인들을 암웨이(Amway)와 같은 일종의 네트워크 마케팅 조직처럼 분류한다. 모든 교인들은 새 신자를 충원하고, 그들을 헌신적 교인으로 양육하고, 교회 서비스를 판매하도록 하는 조직적 압력에 종속되어 있으므로 교회의 그런 인적 네트워크에서 무임승차자로 남는 것은 매우 어렵다. 여의도순복음교회의 여러 성장전략들이 보여주는 것처럼(Comiskey, 2008; Gibbs; 2008), 교회의 감시체계가 더 엄격하면 할수록 그 회원들이 종교적 포트폴리오를 구성하는 것이 더 어려워진다. 그런 엄격한 인적 네트워크에 속해 있는 사람들에게는 한 가지 선택만 존재한다. 즉 무임승차를 포기하거나 교회를 포기하는 것이다. 개신교 교회들이 교인들에게 상당한 양의 사회적 지원과 경제적 편익을 제공하는 것을 감안하면 무임승차를 포기하는 것이 교회를 떠나는 것보다 더 저렴한 것일 수 있다. 특히, 성장 중심적 근대화 시기 동안은 이런 문화적 특수성으로 인해 한국 개신교 교회들은 충실한 신자들, 풍요로운 물적 자원들, 그리고 유능한 성직자들로 넘쳐났다.

그러나 이런 주장이 개신교 교회들에 의한 무임승차의 통제가 점술에 대한 수요를 감소시킬 수 있었다는 것을 의미하는 것은 아니다. 이미 언급한 것처럼 포스트모던적 한국 사회는 증가하는 점술 수요에 직면해 왔다. 전국적으로 점술가들의 예기치 못한 확장은 종교시장의 범위를 양적으로 넓혔고 질적으로 복잡하게 만든 반면에 한국 개신교는 점술문화에 대한 강력한 거부를 통해 자신의 시장 영역을 매우 좁게 유지시키고 있다. 따라서 동시대 한국 개신교의 멤버십 위기는 개인들의 복잡한 종교수요에 효과적으로 대응하지 못하는 조직 중심적 성장의 한계에 기인한 것이다(Kim, Sung-ho, 2002:32-35).

한편, 대부분의 불교사원들은 경쟁, 조직적 성장 및 효율성에 대해 개신교만큼 크게 고민할 필요는 없다. 불교는 교리적으로 무임승차자와 회원을 구분할 수 없다. 불교에서는 무임승차자들도 진지한 불자들만큼이나 중요한 종교적 구도의 주체이자 대상이기 때문에 불교에서 멤버십 개념을 토론하는 것은 큰 의미가 없다. 전국 불교사원의 수가 1978년 7,448 개에서 2008년 21,935개로 증가했을 때(문화체육관광부, 1978; 2008), 그것이 점술이나 무속과 기성종교들과의 종교적 혼합에 대한 수요, 즉 무임승차의 수요와 병행하고 있다는 점이 지적되어야 한다.

한국 천주교회들은 종교시장이론가들이 계속적으로 주장하는 것처럼 교회의 생존이 성직자들의 생존과 직접적으로 관련되어 있지 않기 때문에 개별 교회의 성장 또는 생존의 문제에 좀 더 유연하게 대응했다. 오히려 사회적 책임과 공존을 강조하면서 교회의 수를 제한했던(Kim, Sung-Ho, 2002:34) 한국 천주교는 1995년 58%, 2005년에는 74%의 신도수 증가를 경험했고, 지난 십년 동안 매년 2.9%의 성직자 증가률을 보였다(한국천주교회 통계, 2010). 이런 상황에 대해 지난 30년간 천주교인이었던 한 여성 신도는 다음과 같이 고백했다.

> 나는 사는 동안 기도로 해결할 수 없는 너무 많은 문제들을 갖고 있었다. 기도만 하는 것이 내가 할 수 있는 전부라고는 생각지 않는다. 교회에서의 기도는 나에게 충분하지 않고 바로 이런 이유로 나는 점술가들을 만나러 다닌다. 다행히 고해성사 때 신부님은 그것이 그렇게 큰 죄는 아니라고 말해 주었다.

점술에 대한 그녀의 태도가 천주교 사제와 공동체 구성원들에게 용인되는 것처럼 보인다. 종교적 관용의 정도는 민속종교들의 심대한 영향 아래에서 역사적으로 발전해 온 한국 불교에서 훨씬 더 높다. 실제로 '종교적 멤버십' 이나 '종교적 정체성' 의 개념이 해탈에 이르는 것을 오히려 방해하는 관념들이기 때문에 불교에서는 무임승차에 대한 관심 자체가 없다. 무임승차에 대한 이러한 태도의 차이는 다음과 같은 인터뷰 대상자들에게서 재차 확인되었다. 19명의 점술가들 중에서 11명은 자신이 불자(佛者)라고 하였고, 나머지는 자신들의 종교적 정체성에 대해 대답하지 않았다. 이는 종교적 역동성이 종교조직과의 동일시나 배타적 멤버십의 관점에서 측정될 때에만 문제가 될 수 있음을 의미한다.

셋째, 동시대 점술가들은 조직화된 종교에 소속되지 않고서 자신의 삶에 성스러운 요소들을 유지하고 싶어하는 사람들에게 더욱 매력적일 수 있다. 앞 장에서 논의한 한국 종교시장의 과점구조는 기성종교들뿐만 아니라 신종교들에 대한 사회적 편견, 제한된 자원, 행정적 및 법적 차별 등으로 인해 그들의 멤버십 유지비용을 매우 높게 만든다. 종교조직에의 소속 없이 종교적이고자 하는 사람들에게 그들의 일상적 삶에 대한 직접적 또는 간접적 통제는 또 다른 비용이다. 이런 비용구조하에서 갤럽조사와 인구센서스 같은 주요한 공식적 통계조사에서 신종교들이 뚜렷한 신도수 성장을 보여주지 못했다는 것은 한편으로 쉽게 납득할 만하다.

한국 인구의 약 50%가 종교적 소속이 없다는 것을 고려하면 (통계청 인구주택총조사, 1985; 1995; 2005), 잠재적 무임승차자들에게 점술은 자신들의 세속적 삶을 신성한 우주론과 믿음에 연결시켜 줄 최선의 대안이 될 수 있다. 점술 신앙과 행위를 통해 조직에 소속되지 않고 일상적 생활에서 성스러움을 느낄 수 있을 때 그들은 더 이상 종교적 멤버십 비용을 지불하고자 하지 않을 것이다. 탈근대적 한국사회에서 증대하는 전통적 가치의 중요성은 점술가들로 하여금 이전보다 훨씬 더 강력하게 종교적 무임승차자들을 생산하도록 유도하고 있다. 근대성과 전통을 동시에 향유하고자 하는 무임승차의 욕구가 한국의 다원주의적 종교시장에서 더 강해질수록 느슨한 멤버십의 불교 및 천주교와 비멤버십의 민속종교들 양자 사이에서 주로 빈번하게 나타날 것이다.

3) 진입비용

점술시장에는 진입장벽이 없다. 점술가가 되고자 하는 사람은 주소지의 관할 세무서에 사업등록신고를 하는 것으로 충분하다. 시장의 진입과 철수에 낮은 비용이 든다는 점에서 시장진입비용과 관련하여 잠재적 및 현재의 점술가들은 다른 어떤 종교 공급자들보다 유리한 위치에 있다. 이런 시장구조가 루카 디오탈레비(Luca Diotallevi)가 이탈리아의 가톨릭 독점시장에서 예시했던(2002) 것처럼 점술시장에서도 높은 수준의 내적 경쟁을 유발한다. 좀 더 상세히 이 부분을 설명해 보자.

역사적 관점에서 보면, 무속인들은 경제적 근대화 기간 동안 점술시장의 진입에 적지 않은 어려움이 있었다. 무속인들에 대한 법적 및 사회적 편견으로 인해 자신들의 종교성을 공적으로 표현하는 데 있어서 큰 어려움을 겪었다. 그러나 1980년대 서울올림픽을 전후하여 한국문화의 정체성에 대한 고민이 깊어지고 전통문화에 대한 재평가가 이루어지면서 점술문화에 대한 정부의 강압적 탄압과 억제도 완화되기 시작했다. 오히려 무속인들과 다양한 형태의 굿은 민족문화의 보존과 유지를 담당하는 '무형문화재'

또는 '인간문화재'의 형태로 정부의 공인과 재정적 지원을 향유하게 되었다(이은선, 2010:134-135). 이런 공인과 지원을 통해 무속인과 역술인들은 점술시장 진입의 사회적 비용을 크게 감소시킬 수 있는 시장환경을 누릴 수 있었다.

이처럼 사회적 진입장벽이 붕괴되자 마자 새로운 형태의 무속인들이 시장에 대량으로 급속히 유입되기 시작했다. 몇 가지 측면에서 그들은 기존의 무속인들과 달랐다. 먼저, 새로운 무속인들은 과일 소매상이나 무직자에서부터 의사, 고위 공무원, 교수, 국회의원에 이르기까지 다양한 사회적 배경을 가진 출신자들이다. 둘째, 전통적 무속인들이 조상숭배, 가족윤리, 굿이나 의례 등을 강조한 반면에, 새로운 무속인들의 서비스는 심리치료, 재무상담, 사적인 고민 등 훨씬 더 폭넓고 포괄적인 범위에 걸쳐 있다. 셋째, 남성 무속인들의 뚜렷한 증가와 그들의 역할 차별화이다. 과거의 점술시장에서 여성 무속인들이 압도적이었던 것과 달리, 비교적 교육수준이 높은 남성 무속인들의 유입은 점술 서비스를 좀 더 지적이고 체계적인 직업활동으로 변화시키고 있다.

한편, 역술가로 불리는 비무속적 점술가들은 점술시장의 확장에 있어서 이전보다 훨씬 더 중요한 역할을 담당한다. 전통적으로 무속인들이 점술시장의 지배적 공급자들이었지만, 최근의 한 보고는 전체 역술가들의 숫자가 무속인의 두 배 이상이라고 추측한다(중앙일보, 2010.2.20.). 이런 양적 변화는 역술가들의 시장진입비용이 무속인들보다 훨씬 더 낮다는 사실과 밀접히 관련되어 있다.

상대적으로 종교성의 문제에서 자유로운 역술가들은 학술적이고 지적인 사람들로 인정받아 왔다. 왜냐하면 그들 스스가 자신들의 예언이 경험적 통계나 동양철학에 기초한 것이라고 설명하기 때문이다. 무속인들이 다양한 영적 능력을 소유한 영매들로 알려진 반면, 역술가들은 보통 학술적이거나 인격적 완성을 추구하는 전문인들로 생각된다. 그래서 대부분의 역술가들은 '도사(道士)', '거사(居士)' 또는 '선생(先生)'으로 불린다. 이런 명칭들은 역술가들이 무속인들보다 좀 더 높은 사회적 지위를 향유하는 것을 간접적으로 보여준다.

사회적 지위에서의 차이와 더불어 무속인들이 제의로서의 굿을 배우는 데 오랜 시간을 투자해야 하는 반면에, 역술가들은 어떠한 종교직 제의도 행할 필요가 없다. 역술가들의 점술은 주역(周易)이나 명리학(命理學), 토정비결(土亭秘訣)과 같은 문헌적 지식에 근거한 것이므로 그런 문헌적 내용을 이해하고 해석하는 것이 중요한 것이다. 무속인이 되는 기본과정이 더 길고 복잡한 훈련을 요한다. 내림굿, 산기도, 굿거리 등의 견습과정을 모두 거쳐야 독립된 무업을 시작할 수 있다. 하지만 오늘날 다수의 잠재적 역술가들은 단지 사설학원이나 사사를 통해 비교적 짧은 기간에 교육과정을 완성한다. 일부 역술가들은 일대일 개인지도 방식으로 최대한 단기간에 관련 지식을 습득하기도 한다. 시장진입에 형식적 요건들이 전혀 없기 때문에 역술가들은 완전경쟁으로 나아가지 않을 수 없다.

역술가를 둘러싼 이런 시장환경과 관련하여 26년간 서울에서 명리학을 일대일로 지도해 온 한 역술가의 고백을 인용해 보자.

> 한국사회는 일종의 종교백화점과 같다. 시장에서 내가 생존할 수 있는 유일한 방법은 나의 능력을 증명하는 것이다. 다른 대안이 없다. 나에게서 단지 몇 달 정도만을 배운 사람들이 가끔 시장에서 매우 성공적인 경우도 있지만, 대부분은 일시적이다. 그런 점술가들은 경제적 성공만을 위하여 끊임없이 떠돌아 다닌다. (2009년 12월 15일 인터뷰)

위의 인터뷰에서 역술가는 어떤 형태의 진입장벽도 구축하지 못한 완전한 자유경쟁체제를 정확히 의미하고 있다. 이처럼 점술시장의 진입과 철수에 있어 역술가들은 무속인들보다 훨씬 더 유리한 위치에 있다. 따라서 다른 조건들이 변함이 없다면 역술가들의 숫적 우위는 앞으로도 지속될 것이고, 그들은 자신들의 점술을 경제적 서비스의 하나로 간주하는 경향이 더욱 뚜렷해질 것이다.

질문 : 왜 점술가가 되기로 결심했습니까?

대답 : 나는 육체적으로 장애가 있습니다. 그래서 이것이 나에게 가장 적합한 직업입니다. 20년 동안 나는 여기서 잘해 왔습니다. 이 직업으로 딸을 교육시키고 가족을 부양했습니다. 이만하면 나에게 좋은 직업이 아니겠습니까? (2009년 12월 7일 인터뷰)

부산에 거주하는 위의 남성 역술가는 점술업을 고객과의 교환관계에 기초한 세속적 직업으로 매우 분명하게 묘사했다. 생계수단으로서 점술업은 무속인에게조차 이상한 것은 아니다. 계룡산의 굿당에서 만난 한 여성 무속인은 자신의 상황에 대해 아래와 같이 자랑을 하였다.

나는 매달 약 10여 개의 굿을 하느라 너무 바쁘다. 하루도 쉴 수가 없지만 그것은 큰돈이 된다. 남편도 무당이고 점사를 통해 돈을 번다. 나는 굿만 하고 남편은 점을 잘 본다. 대부분의 다른 무당들과 달리 우리 부부는 경제적으로 풍요롭다.(2010년 6월 27일 인터뷰)

굿당의 다른 동료들에게 이 부부는 무당이 세속사회에서 어떻게 경제적으로 살아야 하는지를 예시하는 이상적 모델로서 인정되었다. 무당과 역술인 둘 다 시장진입의 관점에서 경제적 이점들을 잘 활용하고 시장의 수요에 시의적절하게 대응한다. 그들은 자기 서비스의 상업적 측면을 숨기지 않고, 교리나 신성한 권위에 의존하기보다 판매자와 구매자 간의 인간적 신뢰에 기초하여 고객들과의 장기적 관계를 형성하고자 한다.

결국, 한국의 점술가들은 재벌기업들의 독점적 성장모델을 모방했던 개신교 성직자들과 달리 좀 더 시장경제적인 태도(또는 영적 소비주의)에 입각하여 자신들의 직업적 정체성을 건설해 왔다고 할 수 있다.

4) 직업윤리

동시대 점술가들의 가장 뚜렷한 특징은 그들의 직업윤리에 있다. 본 논문의 현장 조사 및 인터뷰에 참여한 모든 점술가들은 그들의 나이, 성별, 소득수준에 관계없이 현재 자신들의 점술업에 자부심을 갖고 있었다. 그들은 고객들의 정신적 및 육체적 행복뿐만 아니라 그들 직업의 사회적 기여에 대해 확신하고 있다. 오늘날 그들에게서는 과거에 전형적이었던 은둔자 또는 신비주의자로서의 이미지는 찾기가 어렵다.

개신교 직업윤리와 캘비니즘의 예정론에서 보여준 것처럼 종교적 정신이 사회변혁의 한 요소가 될 수 있다는 막스 베버의 명제를 본 논문이 정당화하고자 하는 것은 아니지만(Weber, 1958; 1993[1922]), 베버의 명제는 여전히 우리에게 다음과 같은 질문을 상기시킨다. 점술가의 직업윤리는 점술업의 성장과 어떻게 관련되어 있는가? 이 질문에 대답하기 위해 직업윤리의 관점에서 인터뷰 응답자들에 의해 예시된 몇 가지 특징들을 검토해야 한다.

먼저, 모든 응답자들은 돈을 버는 것이 자신들의 궁극적 목표는 아니라고 대답했다. 그들이 점술서비스를 제공함으로써 돈을 벌고 있음에도 불구하고, 자신들의 서비스가 세속적 직업과 유사해서는 안 된다고 믿는다. 무속 점술가들은 그들이 어떻게 돈을 벌어야 하는지에 대해 비무속 점술가들과 공통된 견해를 갖고 있다. 다음의 예를 들어보자.

질문 : 점술가로서 가장 중요하게 생각하는 직업윤리를 말해 줄 수 있습니까?

대답 : 우리는 손님들을 심리적으로 겁박하여 부적이나 점사를 팔지는 않습니다. 나는 이 일로 돈을 벌지만 그렇다고 이 일을 사업이라고는 생각지 않습니다. 우리 역술가들은 경제적 욕심을 가져서는 안 됩니다. 욕심으로 부자가 될 수는 없기 때

> 문입니다. 다만, 재물운을 쌓아나가면 언젠가는 나도 부자가 될 수는 있을 것입니다.
>
> (55세의 여성 역술가)
>
> 우리는 정직하고 겸손해야 합니다. 모든 무속인은 자신이 신과 제일 가깝게 있다고 자랑합니다. 그것은 무속에는 어떤 교리도 없기 때문입니다. … 사람들(무속인들)은 돈에 대한 욕심을 가져서는 안 됩니다. 하지만, 어떤 무속인들은 수천만 원을 받고 미성숙한 제자들에게 내림굿을 해줍니다. 그런 무당들은 대부분 곧 신당을 접게 됩니다.
>
> (47세 남자 무당)

동시대 점술가들에게 돈의 가치는 최소한 윤리적으로는 그렇게 대단한 것이 아니다. 특히 그들은 점술가들의 경제적 성공에 대해 종종 부정적으로 설명하는 경향이 있다. 모든 인터뷰 응답자들이 한결같이 경계한 것은 자신들이 돈에 집착하자마자 예언적 능력이 사라지기 시작한다는 믿음이다. 그들 모두는 신과 물신숭배 간의 도덕적으로 모순된 관계를 여전히 염두에 두고 있다는 점에서 매우 종교적인 것처럼 보이며, 이런 긴장관계는 주요한 기성 종교들이 가장 중요한 교리들 중의 하나로 포함하고 있는 내용이다. 점술가들의 이런 태도는 점술에 대한 고객들의 확신을 높이는 데 기여할 것이다.

둘째, 점술가들의 금욕적 생활태도 역시 두드러진 특징이다. 검소, 절약, 소박함 및 정결함과 같은 도덕적 가치들은 점술을 하나의 직업으로 유지하는 데 있어서 결정적으로 중요하다. 그들은 일상의 올바른 생활습관에 의해 자신들의 능력이 영향을 받는다고 믿는다. 실제로 중대한 점사나 고객을 만나기 전에 침식을 중단하거나 성관계를 하지 않는 것은 일반적 관행이다. 올바른 생활습관으로 관리된 정결한 몸이 정결한 영(靈)을 맞을 준비가 된 것이기 때문이다. 한국의 대표적 무속인 중의 한 사람인 김금화는 매일 새벽 4시 30분에 기도하고, 5시 20분에 조깅을 하고, 7시 40분에 아침을 먹는 것을 평생 동안 규칙적으로 하고 있음을 그녀의 자서전에서 밝히고 있다(2007:285). 주기적으로 산 속의 신당이나 절 또는 암자에서 기도를 드리는 것도 무속인과 역술인들에게는 일반적인 습관이다. 그런 노력과 수고가 없다면 그들의 도움을 절실히 필요로 하는 단골들의 과거, 현재, 미래를 그들은 결코 정확히 볼 수 없다고 믿는다.

그들의 신당이나 사무실 또한 금욕적 생활대도를 분명히게 나타낸다. 주거용 건물에서 방 한두 개, 상업용 건물에서의 칸막이 한두 개, 또는 이동식 텐트들이 도시지역에서 신당이나 사무실들로 주로 사용된다. 기독교의 교회나 불교 사원들과 비교하면, 점술업에 사용되는 시설들은 매우 열악할 뿐만 아니라 실제로 한국에 있는 대부분의 점성촌(fortunetelling village)들은 대도시 지역의 상대적 빈곤층 지역들에 위치해 있다. 점술가들의 이런 금욕적 특징들은 그들의 직업윤리에 기초하고 있고 단골들이 좀 더 경건한 관점에서 점술가들을 대하도록 한다. 이런 의미에서 점술은 일시적인 취미나 오락으로 소비되는 것이 아니라 점술가와 단골들 간의 지속적인 종교적 커뮤니케이션의 과정으로 소비되고 있는 것이다.

셋째, 점술가들에게는 인간의 존엄이 그들 직업윤리의 핵심에 있다. 공식적 종교들이 보편적 인간성에 기초하여 구원, 박애, 자비에 대한 그들 자신의 교리를 체계화하는 것처럼 점술가들도 점술의 명분을 보편적 인간성에 대한 확신의 탓으로 돌린다. 무당과 역술가를 분리하여 서로 다른 의미로 각자가 점보는 일을 분석해 보자.

무당의 경우 처음부터 그들 본연의 임무는 사람들을 치료하고, 나쁜 영으로부터 사람들을 보호하고, 망자를 위로하는 것이다. 점술 그 자체는 무업의 핵심적 요소가 아니고, 종교적 환경에서 단골과 무당이 처음 만났을 때에 주로 발생한다(Bruno, 2002, 30). 오늘날조차 무당은 점사보다 여전히 굿을 더 중요하고 본질적인 무업으로 간주한다(Choi, 1994; Cho, Hung-youn 1998; Kim, Tae-kon, 1998; Bruno, 2002:36). 그들에게 점(占)은 굿을 위한 예비적 단계에 불과하다. 단골이 처한 어려움을 극복하는 데

점의 효과가 부족하다고 느낄 때, 굿은 최후의 방법이고 최선의 방법이다. 이것은 점과 굿이 공통적으로 사람들이 추구하는 것이지만, 전자는 단골들의 문제를 직접적으로 해결하기보다 설명하고 진단하는 데 중점을 둔다. 분명히 무당의 관점에서 굿은 단골들의 운명을 다룰 수 있는 좀 더 효과적이고 신뢰할 수 있는 방법이다.

그럼에도 불구하고, 그들은 신내림 또는 접신의 순간부터 신의 의지에 순응해야 하는 운명론자들이다. 아이러니하게도 단골들을 나쁜 운명으로부터 구해야 하는 인간적 딜레마에 그들은 항상 직면하고 있다. 한 여성 무당의 고백이 이런 양면적 상황을 잘 드러내고 있다.

> 나는 기독교인이었다. 내가 시도한 모든 것들이 실패로 끝났고, 나는 자주 아팠다. … 신이 정해 준 삶의 길을 피할 수 있는 사람은 아무도 없다. 나에게 오는 손님들 대부분은 삶에 지친 사람들이다. 우리 무당들은 경제적 이익을 추구하기보다 그런 사람들을 구해야만 한다. 정말 우리들(무당들) 대부분은 그렇게 하고 있다. 나는 단골들에게 그들이 타고난 운명뿐만 아니라 인간적 양심에 근거해서도 점을 풀어주곤 한다.

흥미로운 사실은 이런 양면성이 무당들이 제공하는 점술 서비스의 범위를 확장시키는 데 기여한다는 점이다. 원래 무당의 점은 역학 또는 주역에 기초해서 단골들의 문제를 해석하지 않는다. 서양에서 점(占, divination)이란 용어는 종교적이고 제의적인 맥락에서 사용되고 점술(占術, fortunetelling)은 주로 사적인 목적에서 일상적 용도로 사용되는 반면에, 한국에서의 '점(占)'은 서양에서 사용되는 앞의 두 가지 의미(divination and fortunetelling)를 모두 포함하는 개념으로 사용된다. 오늘날 한국의 무당들도 그 두 영역을 분리해서 활동하지 않고, 실제로 양쪽 모두를 포괄하는 '점' 시장에서 가장 중요한 역할을 담당하고 있다.

다음으로 역술가는 기본적으로 내세의 문제보다는 천(天), 지(地), 인

(人)으로 구성된 현세의 법칙에 관심이 있다. 무속에서 인간은 신의 상대자이지만, 역학(易學)에서 인간은 우주의 필수적 한 요소이다. 역술가는 생년월일시(生年月日時)의 수많은 조합으로 하늘에 의해 주어진 인간의 운명을 해석하고자 한다(이상엽, 2005:25). 그들 해석의 목적은 결국 선(善)을 추구하고 악(惡)을 피하는 것이다. 즉, 인간이 심적으로 더 평화롭고 행복할 수 있도록 우주의 질서(天道)와 조화로운 인간의 길(人道)을 알려주는 것이다. 본 연구의 인터뷰에 참여한 역술가들의 최대 관심사는 실업, 이혼, 우울증 및 자살과 같은 개인의 문제를 직접적으로 해결해 주는 것보다는 단골들로 하여금 그들 운명의 긍정적 측면을 볼 수 있도록 격려해 주는 데 있었다. 역술가는 고객에게 주어진 나쁜 점사 결과에 직면했을 때조차 우회적으로 설명하는 경향이 있다. 사주팔자는 궁극적으로 해석의 문제이기 때문에 모든 역술가는 운명의 부정적 측면을 피하거나 경감시키기 위한 해석의 여지를 늘 마련해 둔다. 어떤 면에서 완전한 운명론만큼 비인도적인 것도 없기 때문에 그들은 무당처럼 적당히 인간적이고 제한적으로 운명론을 해석하고자 한다.

요약하면, 이런 직업윤리적 특성이 점술의 합리성과 성스러움에 대한 사회적 신뢰를 증진시킨다. 인간 중심적이고 금욕적이며 반물질주의적인 점술가들은 조직화된 종교들의 엄격한 관료주의에 싫증난 사람들에게 더 효과적으로 호소할 수 있다. 이런 모습은 한국의 대형교회 목사들과 종단 소속 주지스님들이 성윤리적 스캔들, 사치스러운 생활방식, 교권을 둘러싼 내부갈등 및 교직세습 등으로 대중들에게 부정적 이미지를 계속 생산하고 있는 것과 매우 대조적일 수 있다.

주요한 한국 개신교 단체 중의 하나인 한국개신교목회자협의회에 의해 실시된 한 여론조사에 따르면, 응답자의 41.1%가 가톨릭 교회를 가장 신뢰하는 종교기관으로 답했고, 33.5%는 불교 사찰을, 20%는 개신교 교회가 그렇다고 했다(한겨레신문, 2011.6.30. 23면). 개신교 지도자들에 대한 이런 부정적 명성은 한국인들이 일상적인 삶 속에서조차 매우 금욕적인 것처럼 보이는 종교 공급자들에게 주목하도록 만들었다. '소속 없이 종교적인' 사람들에게 점술가들의 호소력은 훨씬 더 창의적이고 유연하게 탈근대적 시대에 적합한 종교적 정체성을 건설하도록 동기화하는 것이다. 특히, 한국 전체인구의 50% 이상이 종교가 없다고 답하는 상황에서 점술가들의 영향력은 결코 적지 않은 것이다.

이상으로 점술의 공급 측면에서 그것의 성장에 기여한 네 가지 요소들을 설명했다. 이런 요소들은 전통적 양식의 점술가들이 기성종교들의 전문 성직자들보다 탈근대적 점술시장에서 더 성공적이고 압도적으로 빨리 성장하는 이유를 대표하고 있는 것일 뿐이다. 게다가, 마케팅전략, 무임승차, 시장진입과 같은 요소들이 실제 경쟁시스템에서 훨씬 더 중요하게 작용하는 반면에, 직업윤리의 문제는 종교경제모델이 의존하고 있는 시장경쟁의 결과와 크게 관련되어 있지 않다. 그러나 모든 공급 측 요소들이 수요 측 요소들과 분리되어 있는 것도 아니고, 각 요소들의 상대적 중요성은 시장마다, 행위자마다 또는 시기마다 다를 수 있다. 이런 의미에서 우리는 점술시장의 성장에 영향을 미친 수요 측 요소들을 다음 절에서 고려해야 할 것이다.

2. 수요 측 요소들

점술의 성장에 영향을 미친 수요 측 요소들을 고려하기 위하여 본 논문은 한국인들의 종교성과 점술의 성장 간에 어떤 인과적 관계를 발견하고자 한다. 종교시장이론의 관점에서는 종교성의 총량이 안정적인 것으로 간주되기 때문에 종교적 수요의 질적 변화만이 존재할 수 있다(Stark and Finke, 2000:77-78). 전통, 문화, 개인주의, 도시화, 민족성 등과 같은 요인들에 의해 종교성이 변할 수 있다는 점을 인정할 수 있다면, 점술의 최근 성장은 그러한 종교성의 다양한 측면들이 어떻게 그리고 왜 증가하거나 감소했는지의 문제로 환원될 수 있을 것이다. 한국 점술시장에서 이런 수요측 요소들을 조사해 보자.

1) 전통과의 연속성

제도화되고 조직화된 종교들이 주로 근대적 성장 이데올로기에 여전히 몰입하고 있는 반면에, 동시대 종교 소비자들은 탈근대적 사회추세에 적합한 방법으로 그들의 종교성을 재조정하고 있다. 무엇보다 그들은 권위주의적이고 집단적이며 획일화된 방법으로 제도화된 종교들과 의사소통을 더 이상 원치 않는다. 높은 이혼율과 자살률이 사회적 기초단위로서 가족과 개인들을 급속히 파괴하고 있는 시대에 개인적 만족과 가치는 집단적 및 조직적 목표들만큼이나 중요한 것이다. 따라서 이제는 진자가 후사에 더 이상 종속되어 있지도 않으며 동일한 것도 아니다. 종교적 정체성을 재정립하려는 시대적 요구는 그러한 개인적 가치들을 새롭게 발견하고 증진시키기 위한 다양한 시도들 중의 하나이다.

오늘날 한국에서 점술업의 성장은 종교적 수요자들이 개인과 집단, 전통과 근대, 지역과 지구적 차원의 가치들을 동시에 공유하고 있다는 면에서 종교적 정체성을 새롭게 건설하는 것과 밀접히 연관되어 있다. 점술업이 과거에 근대화와 산업화의 과정에서 사라져야 할 인습의 상징으로 간주되었다면, 최근에 그것은 근대화된 개인들과 전통적 지혜 및 문화를 연결해 주는 가교로서 기능하게 되었다. 전통과의 연속성을 회복하고자 하는 사람들은 점술로부터 다양한 의미들을 유출해 낸다.

첫째, 고객들은 전통적 점술행위를 통하여 한국적 윤리를 되찾고자 한다. 사주팔자, 궁합, 택일, 작명, 풍수 등이 주역(周易)과 같은 유학 서적들에 기초한 것이므로 한국의 역술은 유교적 가치관을 다양하게 내포하고 있을 수밖에 없다. 예를 들어, 〈표 7-1〉에서 보는 것처럼 조상의 묘자리와 관련된 음택 풍수는 종교적 소속 유형에 관계없이 전국적으로 조상숭배의 가장 중요한 한 가지 수단으로 사용되고 있다. 조상들의 묘가 풍수사상에 입각하여 만들어졌을 때 후손들이 재난을 피하고 번영을 누린다고 믿는다. 한국인들은 강을 내려다보면서 햇볕이 잘 들고 따뜻한 산등성이에 조상의 묘가 놓여 있기를 공통적으로 선호하며, 후손들이 그 묘소 앞에 정기적으로 모여서 세대 간 가족적 유대감을 확인한다.

〈표 7-1〉 점술신앙에 대한 종교인별 비교 (단위 : %)

	전체 (N=1,500)	불교 (N=366)	개신교 (N=321)	천주교 (N=101)	종교 없음 (N=698)
질문) 이름이 운명에 얼마나 영향을 준다고 생각하십니까?(작명)					
1.매우 많이	28.8	11.4	12.6	12.4	
2. 약간	40.1	33.7	39.5	38.9	
3. 무관	31.2	54.9	48.0	48.5	
4. 모름				0.1	
Q) 궁합이 좋지 않으면 결혼해서는 안 된다고 생각하십니까?(궁합)					
1. 해서는 안 됨	56.5	18.4	31.4	30.4	
2. 상관치 않음					
3. 모름	43.5	81.6	68.6	69.6	
Q) 명당자리의 조상묘가 후손을 번영하게 한다고 생각하십니까?(풍수)					
1. 그렇다	73.9	32.9	55.2	56.8	
2. 아니다	26.1	66.8	44.8	43.2	
3. 모름		0.3			

출처 : 한국갤럽, 2004년. pp.108-112.

점술신앙에 대한 갤럽조사에 기초하여 〈표 7-1〉은 대략 한국인들의 종교성에 대한 점술의 영향을 암시하고 있다. 대체적으로 작명, 궁합, 풍수의 세 가지 유형은 종교적 정체성과 상관없이 한국인들의 종교성에 깊이 자리 잡고 있는 것처럼 보인다. 특히, 개신교 응답자의 45.1%와 가톨릭 응답자의 52%는 작명의 중요성을 인식하고 있고, 가톨릭 응답자의 31.4%는 비종교적 응답자들만큼이나 진지하게 궁합을 믿고 있다. 또한 개신교 응답자의 32.9%는 여전히 풍수사상을 중요한 것으로 간주한다.

종교인들과 비종교인들 모두가 작명이나 궁합보다 풍수사상에 더 집착하는 이유는 후자가 가문 전체의 운명과 관련된 것인 반면에, 전자는 단지 개인의 운명에 한정된 것이기 때문이다. 게다가 '모르겠다' 는 응답자의 비율이 미미한 것은 1980년대 이후 증가하는 인쇄물, 전문가들의 적극적 활동 및 빈번한 언론보도에 의해 전통적 세계관들에 대한 대중적 지식이 증가했기 때문으로 해석된다.

사주팔자, 택일, 작명, 궁합, 그리고 풍수는 모두 전통적이고 유교적인 현세윤리의 연장선상에 있다. 점술의 각 유형이 개인의 운명에 강조를 두건 가족의 운명에 강조를 두건 간에 그들이 해석하고자 하는 것은 나 또는 가족의 내세가 아니라 현세의 질서와 조화롭게 존재하기 위해서 있어야 할 곳이 어딘지에 있다. 유교는 기본적으로 내세의 관념이 존재하지 않기 때문에 그런 점술 유형은 내세 관념에 기초한 윤리를 제공하지 않는다. 그럼에도 불구하고 서구의 다양한 신흥종교들과 달리 그들은 탈도덕적인 가치를 추구하는 것도 아니다. 역술가들은 유교사회의 위계구조적 관점에서 개인적 및 가족적 운명을 예언하기 때문에 점술의 참여자들은 기성 질서와 어떠한 긴장관계를 야기하지 않는다.

사실 궁합은 결혼을 가정한 남녀가 이혼이나 별거 또는 사별과 같은 불행을 막기 위한 일종의 예비적 단계로서 결혼 전에 일반적으로 중요하게 행해진다. 점집 방문자들의 온라인 커뮤니티에 게시된 한 여성 회원의 아래와 같은 상담 내용은 한국에서는 특별한 것이 아니다(http://cafe.daum.net/taek007).

> 저는 결혼을 약속한 삼 년 정도 사귄 약혼자가 있습니다. 하지만 저희 둘의 궁합이 너무 나쁘다고 가는 점집마다 반대해서 부모님이 결혼을 정말 심하게 반대하고 있습니다. 어떤 점집에선 저희 결혼이 제 오빠와 여동생을 불행하게 만들 것이라고도 합니다. 부모님의 충고를 제가 어떻게 받아들여야 할까요?

역술가들에게 남녀의 궁합은 각 당사자의 사주팔자와 분리되어 해석될 수 있는 것이 아니다. 왜냐하면 전자는 후자에 의해 결정되기 때문이다. 세상의 모든 사람은 서로 다른 사주팔자를 갖고 태어나기 때문에 어떤 커플도 동일한 사주팔자를 갖고 있지 않다. 궁합은 두 사람의 사주팔자가 결합될 때 드러나기 때문에 상대적인 것이고 의존적인 것이다. 이것이 개개인의 운명인 사주팔자가 궁합, 즉 그 가족의 운명에 연관되는 방식이다. 아래 인터뷰에서 보는 것처럼 양자는 필연적으로 밀접히 연관되어 해석된다.

> 나는 우리 부부의 궁합을 역술가에게 물었다. 그 역술가는 내 사주팔자가 남편과 비슷하다고 대답했다. 서로 다른 사주팔자가 상호 보완적일 때 그 부부의 궁합이 결혼생활을 위해 최선이라고 한다. 그에 따르면, 우리 부부의 행복한 결혼생활은 어려운 것처럼 보인다. (39세 서울 거주 여성, 2010년 8월 9일 인터뷰)

게다가 택일, 작명 및 풍수 서비스는 소규모 공동체, 시민조직, 상업적 기업 및 심지어 관공서들에게도 하나의 필수적인 행사가 되고 있다. 이런 경우에는 길일과 좋은 이름이 예기치 않은 위험으로부터 개인, 집단 및 사회를 보호한다는 믿음 그 자체는 중요한 논점이 아니다. 오히려 그런 점술 신앙을 조직의 행사로 편입시킴으로써 이전에는 개인적 종교성의 한 측면으로 단순히 치부되었던 점술의 전통적 가치들을 새로운 문화적 정체성의 한 요소로서 그들이 자발적으로 활용한다는 점이다. 중견기업을 이끌고 있는 한 전문경영인(CEO)의 사례를 소개해 보자.

> 우리 회사의 원래 명칭은 큰 별을 의미하는 '거성(巨星)'이었다. 그때는 지금처럼 회사가 그렇게 크지 않았다. 어느 날 회사 근처에 있는 한 역술인을 만났을 때, 그가 느닷없이 회사 이름을 변경하라고 하였다. 이유는 회사의 이상적인 규모에 비해 그 이름이 너무 크다는 것이었다. 나는 그에게 진심으로 동의하고 이름을 새로운 친구라는 의미의 '신우(新友)'로 변경했다. 새로운 이름의 크기가 좀 작아보였다. 그 이후로 우리 회사의 재정상태가 정말 지속적으로 좋아졌다. (2011년 1월 14일 인터뷰)

위와 같은 작명의 사례는 상업적 기업들조차 자신의 현재 상황에 적합한 어떤 목표를 추구해야 한다는 위계주의적인 유교적 세계관을 충실히 반영하고 있다. 개인적 및 집단적 가치들이 사회의 수직적 질서에 의해 통제될 때 그 가치들이 정당하고 올바른 것일 수 있다는 의미이다.

반면에 신의 명령에 따르는 무당들의 신점은 인간 고통의 대부분을 조상을 잘못 모신 탓으로 돌린다. 무속적 조상숭배와 유교적 조상숭배의 차이는 주로 그것의 동기에 있다. 유학자들이 충(忠)과 경애(敬愛)의 상징으로 제사(祭祀)를 행한다면, 무당들은 망자의 한이나 분노로부터 인간을 모면시키기 위해 굿을 행한다. 제사와 굿은 모두 한국에서 역사적으로 전승된 조상숭배 의례의 두 가지 기본적 유형들이지만 굿은 제사보다 훨씬 더 복잡한 사회적 맥락 내에 포함되어있다. 제사가 살아 있는 사람들에 의해 순수하게 도덕적인 의무로 동기화된 것인 반면, 굿은 도덕적, 감정적 및 실험적 동기들에 기초하고 있다.

그래서 제사는 정기적 의례이고, 굿은 인간의 생노병사(生老病死)에 의존하여 비정기적으로 행해지며, 신점은 기본적으로 굿을 전제한다. 신점을 통해 단골들은 자신의 조상신들이 분노하거나 간절히 원하는 바를 깨달을 때 무당에게 굿을 의뢰한다. 신점은 고객들로 하여금 조상들과의 도덕적 및 감정적 관계성을 회복하고 자신들의 죄를 뉘우치는 출발점으로 기능한다. 이런 참회와 회복의 과정이 굿을 통해 정점에 이르게 된다. 결국, 이것은 무당과 역술가들의 예언력에 대한 인식의 차이를 낳는다.

> 나는 역술보다 신점을 선호한다. 왜냐하면 역술가는 손님의 인상과 감정상태를 고려하여 미래를 예측한다는 느낌이 들기 때문이다. 그래서 나는 역술보다는 신점을 더 많이 믿는다. (서울 근교에 사는 43세 여성, 2011년 2월 3일 인터뷰)
>
> 나는 신점보다 역술을 더 선호한다. 역술은 일종의 통계적 결과이기 때문이다. 내 삶에 관한 역술점은 대부분 비슷했지만, 신점은 무당마다 달랐다. 무당들은 항상 나에게 굿을 하라는 심리적 압박을 준다. 신점에 대해 어느 정도 믿음이 있을 때 굿을 하라는 요구를 무시하기는 정말 쉽지 않았다. (서울 거주 43세 여성, 2011년 2월 26일 인터뷰)

요약하면, 역술가들은 운명이 무엇인지를 강조한다면, 무당들은 그것이 어떻게 다루어져야 하는지를 강조한다. 전자는 좀 더 묘사적이고, 후자는 좀 더 처방적이다. 그러므로 무당의 단골은 점술을 통하여 도덕적 관계를 재건설하는 데 있어 제한적이고 의존적으로 참여하는 반면에, 역술가의 단골은 독립적이고 포괄적으로 참여한다. 물론, 점술서비스의 모든 고객들은 이런 묘사적 및 처방적 관계성의 양 극단 어딘가에 위치해 있을 것이다. 그들의 종교성이 필요로 하는 정도 만큼만 전통적 가치를 획득하고자 한다.

둘째, 사람들은 점술을 통하여 자기 자신을 재정의하고자 하며, 점술은 실제 삶에서 그들이 정말 누구인지를 설명하고자 한다. 내가 누구였고, 누구이며, 미래에 누구일지가 물어야 할 첫 번째 질문이다. 고객들은 신당이나 철학관을 들어갈 때 기성종교들이 말살하려고 했던 전통적 지혜의 맥락에서 점술가들이 자신들의 문제들을 설명하고 분석해 주기를 기대한다. 사실, 고객들 대부분은 무당이나 역술가들이 의존하고 있는 신이나 초월적 진리에 대한 믿음은 없다. 분명히 그들은 점술가들이 믿는 것을 믿기 위해 무당이나 역술가들을 만나지는 않는다. 그들은 단지 경청할 뿐이다. 그래서 고객들은 점술 또는 점술가의 추종자들이 아니다.

고객들이 합리적인 이유는 그들이 점술을 자신들의 삶에 적용시키는 방법에서 뚜렷하게 드러난다. 인터뷰에 참여한 대부분의 고객들은 자신들의 삶의 고민과 관련하여 서너 명의 점술가들의 의견을 경청한다고 대답했다.

> 점술가들은 정직하고 성실해야만 한다. 나는 그들의 능력을 테스트하기 위해 많은 유명한 점술가들을 방문해 보았다. 열에 일곱 내지 여덟 명은 효험이 있었다. 이제 나는 그들의 점사를 믿는다. (40세 부산 거주 여성, 2011년 1월 16일 인터뷰)
>
> 7년 동안 많은 점술가들을 봤다. 내 고민의 종류에 따라 사업, 결혼, 자식 교육에 특별히 유능한 점술가를 찾고자 하였다. 신년운수를 볼 때는 장기적 관점의 운을 잘 보는 점술가를 찾고, 심리적 위안을 얻고 싶을 때는 가까운 미래를 잘 보는 사람을 찾아간다. (42세 서울 거주 여성, 2010년 7월 20일 인터뷰)

서로 다른 점술가들의 설명들을 비교한 후 그들은 자신의 상황에 맞는다고 생각하는 설명을 부분적 또는 전체적으로 수용한다. 그들은 점술에 내재한 어떤 개연성을 기꺼이 허락할 준비가 되어 있다. 하지만, 그들에게 점술은 믿음이나 불신의 문제가 아니다. 신점조차 어떤 신앙을 추구하는 측면으로는 생각되지 않는 것 같다. 그들은 일시적으로나마 무당을 통해 전달된 '신들의 의견'을 듣고 싶어할 뿐이다. 점술의 이런 측면이 자신들의 종교적 소속과 상관없이 고객들이 자유롭게 점술에 접근할 수 있는 이유일 것이다. 분명히 사람들이 점술에서 발견하고자 하는 것은 어떤 추상적 보상이 아니며, 단지 삶에 대한 더 나은 이해이다.

불교나 기독교와 같은 절대적 신념체계에서 진리나 신의 오류는 결코 가정될 수 없다. 그러나 점술은 우주의 기본원칙 또는 신들과의 직접적 의사소통에 대한 자유로운 해석에 기초하고 있다. 그것은 인간, 삶, 그리고 세계에 대한 단지 하나의 해석이므로, 고객들은 점술가에 의해 제공된 다양한 해석들을 자유롭게 평가한다. 아이러니하게도 점술시장에 참여하고 있는 수요자들의 관점에서 절대적 진리란 존재하지 않는다. 점사의 의미는 공급자들이 아니라 수요자들에 의해 결정된다. 즉, 합리적 고객은 점술의 개연성을 부분적으로 의심하지 않을 수 없다. 하나의 절대적 진리에 자신을 모두 맡기는 것은 위험성이 많은 것이므로 점술의 개연성을 폐쇄적으로 유지하는 것은 유익한 것이 아니다. 자신들의 삶에 관한 새로운 해석들이 이전에는 결코 알지 못했던 어떤 새로운 가능성을 종종 제시하기도 한다. 기성질서에 의해 조작되고 관리된 자아(the self)가 점술의 과정에서 도전받고 의심될 때, 고객들은 그들이 누구였고 또 누구인지를 되돌아볼 기회를 가진다.

셋째, 점술은 고객들이 일상에서 전통적 종교문화를 소비할 수 있는 가장 효과적인 방법이다. 최근 한국에서 1,500년 이상된 전통을 가진 불교가 그들 자신의 전통을 수립하고 일상의 영역으로 침투하고자 하는 진지한 노력들을 하고 있다. 한국 불교는 템플스테이 체험 프로그램, 불경의 한글번역화, 찬불가의 보급, 환경운동, 소모임활동 등을 장려하는 데 몰두하고 있다. 이런 노력들은 과거 현실문제에 냉담했던 한국 불교의 태도로부터 벗어나려는 강력한 의지를 반영하고 있으며, 불교의 대중화에 분명히 기여하고 있다. 그러나 한국 불교의 이런 대중화 전략은 기독교와의 극단적 경쟁에 의해 유발된 단순한 공급 측 변화이며, 불교의 기독교화(christianization)를 가속화시키고 있다. 한편으론 이러한 기독교화가 하나의 종교전통으로서 불교의 문화적 정체성을 유지하는 데 더 진지한 장애물이 될 수도 있다는 것이다.

> 나의 종교는 어린 시절 이후 항상 불교였다. 가족 모두가 살고 있던 도시 근교의 여러 절에 함께 다니곤 했다. 부모님은 유명한 스님들에게 우리 가족의 미래와 운명에 대해

자주 물었는데, 그러한 예언은 대부분의 한국 사찰들에서 행해져왔다. 하지만, 세상이 변해서 요즘 스님들은 그런 예언을 주는 데 관심이 없다. 그래서 내가 요즘은 점술가들을 더 자주 찾는다. (부산 거주 51세 남성, 2010년 3월 10일 인터뷰)

아내의 가족은 점술에 친숙한 불교집안이다. 나는 결혼 전에는 점이나 종교에 대해 전혀 몰랐다. 처갓집과 가까운 스님들이 우리 부부의 결혼일을 정해 주었고, 우리 아이들을 위해 좋은 이름도 지어주었다. 당신도 알다시피 요즈음은 그런 훌륭한 스님들을 절에서 만나기가 정말 어렵다. (서울 근교 거주 42세 남성, 2010년 12월 20일 인터뷰)

역설직으로, 내중화되고 기독교화된 불교에 내재한 세속성이 순수하게 전통적인 종교성을 선호하는 종교적 소비자들을 만족시키지 못하기 쉽다. 이런 종교적 소비자들에게는 소수의 대안들만이 존재하며, 무속과 유교적 점술신앙이 당연히 우신적 내안들이 된다. 실제로 1994년 갤럽조사에서 응답자의 72%는 자신들의 실제 생활 중 많은 문제들에서 점을 진지하게 생각한다고 보고하고 있다(한국갤럽, 1997:834). 앞서도 말한 것처럼, 점술신앙이 한국 역사 전체에 걸쳐서 폭넓게 존재해 왔었음에도 근대 이후 한국에서 예기치 못한 속도로 점술의 소비가 증대하고 있는 것은 상대적으로 최근의 현상이다. 한국의 종교 소비자들은 점술을 통하여 상대적으로 가장 순수한 형태의 전통적 종교성을 그들의 일상에서 분리된 모습으로서가 아니라 밀접하게 연관된 방법으로 향유할 수 있다. 그렇다면, 구체적으로 이러한 수요는 어디서 유발되는 것인가?

이 문제는 종교적 수요의 가변성과 연관되어 있다. 상세한 논의를 위해 우리는 종교적 수요의 두 가지 형태를 구분해야 한다. 하나는 항상적 수요 또는 고정적 수요이고, 다른 하나는 가변적 수요이다. 종교시장에 가변적 수요만 있다면 종교시장이론이 가정하는 것처럼 한 종교의 성공은 다른 종교의 실패를 이미 전제하고 있다. 이는 종교시장의 개념을 제로섬 게임(zero-sum game)으로 간주하는 것이다. 그러나 종교시장의 개념이 점술업과 같은 비제도적 종교까지 포함하는 것으로 이해된다면, 시장에서 경쟁은 더 이상 제로섬 게임이 아니다. 한국 종교시장은 이런 넌제로섬 게임의 특성을 예외적으로 잘 예시한다.

정부 주도의 근대화 기간 동안 비제도 종교에 대한 사회적 수요는 제도종교들에 대한 폭발적 수요와 비교할 때 그렇게 주목할 만한 것이 아니었다. 그러나 1985년 이후 인구주택총조사에 따르면 종교인구의 증가율과 개신교, 천주교 및 불교와 같은 주요한 제도종교인구의 성장률이 전체인구 성장률을 추월하고 있다는 점에서 최근 점술의 성장은 종교인구의 감소 또는 제도종교들의 쇠퇴에 의해 야기된 것이라고 단정할 수 없다. 흥미롭게도 한국의 이런 현상은 국가종교의 쇠퇴가 영성운동의 인기로 대체되었다고 종교시장 이론가들이 사례로 드는 북유럽의 상황(Stark, Hamberg and Miller, 2005)과는 매우 대조적이다.

결국 종교적 수요의 항상성에만 의존하는 관점은 최근 한국에서 점술신앙의 급속한 성장을 적절하게 설명하기 어렵다. 종교적 수요의 가변성에 대한 더 많은 경험적 조사 및 이론적 보완이 필요하다.

2) 사회-종교적 선호

남성 고객들과 점술가들이 점술시장으로 상당히 많이 유입되고 있음에도 불구하고, 오늘날 점집을 방문하는 여성의 수가 남성보다 훨씬 더 많다. 〈표 7-2〉는 몇몇 갤럽조사의 결과들을 요약해서 보여준다. 조사된 모든 항목에서 여성 고객들이 남성보다 점술을 더 많이 믿는 경향이 있다. 이것은 대부분의 사회에서 일반적으로 여성이 남성보다 더 종교적이라는 점에서 그렇게 새로운 발견은 아니다. 인터뷰한 점술가들의 답변을 잠시 소개해보자.

질문 : 정기적으로 방문하는 고객들의 성비(性比)는 어떻습니까?

약 80%는 여성들입니다. 남자들은 정말 심각한 상황에 처했을 때만 찾아옵니다.

(55세 여성 점술가, 2009년 11월 30일 인터뷰)

항상 그런 건 아니지민 제 고객의 90%는 여사들입니다.

(55세 남성 점술가, 2010년 8월 3일 인터뷰)

손님들 중 약 90%는 여자입니다. 그들은 정신적으로 더 지쳐 보이고 무속에 더 의존적입니다. 여자들은 심리적으로 훨씬 더 나약합니다.

(47세 여성 무당, 2010년 1월 23일 인터뷰)

성비와 관련하여 토론되어야 할 한 가지 사항은 성별차이가 점술신앙을 전체적으로 조망할 때보다는 개별적 사안들을 중심으로 고찰할 때 더 뚜렷하게 드러난다는 점이다. 다수의 한국 남성들은 전체적으로 점에 대한 믿음을 일정 부분 갖고 있음에도 불구하고 그들 의사결정의 분명한 기준으로서는 점을 고려하지 않는다. 이런 양면성은 조선시대 유교적 양반계급들이 전통적 위계질서의 관점에서 점술을 대했던 방법과 매우 유사하다. 점술신앙은 하위 계급의 종교적 관행으로 간주되었기 때문에, 그들은 공식적으로는 점술가들의 예언이나 조언에 순응할 수 없었지만 실제로는 다양하게 그들을 이용했다. 그리고 조선시대 신분제 사회에서 점술업의 절대다수를 차지했던 여성 무당들은 가장 낮은 계급에 속해 있었지만, 황실이나 양반들의 사적인 집안 대소사에 자주 참여하고 의례를 위해 초대받았다.

〈표 7-2〉 여러 형태의 점술을 믿는 사람들의 비율 (단위 : %)

	작명 (N=1500)	궁합 (N=1500)	풍수 (N=1500)	신 (God) (N=1500)
전체	54.3	34.2	55.7	42.6
성별				
남자	49.5	28.1	50.7	35.4
여자	59.1	40.1	60.5	49.6
교육수준				
초등	51.2	38.4	50.5	42.7
고등	55.2	32.5	57.2	38.6
대학	55.1	25.1	50.6	47.9
직업				
농수산	50.2	54.1	63.9	33.6
자영업	52.6	29.4	55.1	41.0
사무직	58.0	32.5	52.0	44.1
주부	58.9	40.8	64.1	50.4
지역				
대도시	54.9	32.3	52.9	41.7
소도시	43.3	43.7	61.4	39.3
소득수준				
상위	51.3	26.7	52.0	43.1
중간	56.8	32.2	58.3	40.4
하위	51.8	52.8	61.7	45.5

출처 : 한국갤럽, 2004, p. 226, pp. 253-255.

유교적 전통의 영향 아래에서 대부분의 한국 남성들은 실제로 그들을 대신하여 아내가 점집을 가도록 요구한다. 〈표 7-2〉의 궁합 항목에서 이런 양면성이 잘 드러난다. 가부장적 한국사회의 특징을 고려하면 여성들이 여러 점술가들에게 궁합을 묻는 것은 매우 일반적이고 흔한 것이다. 왜냐하면 남성들보다 자신들의 사회적 지위가 결혼에 의해 더 쉽게 영향을 받고 상처 입기가 쉽기 때문이다. 〈표 7-2〉는 전업주부가 응답자들의 평균보다 훨씬 더 높게 궁합을 믿는 것을 보여준다. 그들은 높은 이혼율과 여성에 대한 느슨한 사회적 보호장치에 대한 반응으로서 결혼에 대해 훨씬 더 보수적으로 접근하는 경향이 있다.

궁합에 대한 사회적 수요의 이런 차이는 성비 간 차이를 더 크게 만들 것이다. 다른 항목들과 관련하여, 사회적 계급과 궁합의 관계는 매우 일관된 패턴을 보여준다. 교육수준이 낮고, 시골의 저소득 계급들이 궁합을 더 진지하게 믿는다. 〈표 7-2〉에 따르면, 전체 응답자의 34.2%가 궁합을 믿고 있지만 농부, 어부, 임업 종사자의 경우 54.1%와 저소득층의 52.8%가 궁합을 믿는다고 응답했다. 궁합은 작명이나 풍수보다 더 실질적이고 구체적인 문제를 다룬다. 하위 계급들이 가족의 해체와 같은 사회적 불안에 더 취약한 것을 고려하면 교육적, 지역적, 경제적 및 직업적 하위 계급들이 결혼을 통한 신분이동에 더 집착하는 것은 당연한 것이다.

한편, 〈표 7-2〉에서 보는 것처럼 사람들이 작명이나 풍수를 궁합보다 더 많이 믿는 것에서 한국인들의 현세적 종교성이 다시 한 번 더 확인된다. 다른 형태의 점술과 달리 궁합은 생년월일시의 조합에 의해 결정되는 개인별 사주팔자에 훨씬 더 밀접히 연관된 것이다. 궁합으로 점술가들은 잠재적 또는 현재의 결혼이 각 배우자의 사주팔자와 얼마나 잘 어울리는지를 설명하고자 한다. 따라서 사주팔자가 태어나면서 이미 정해진 것이므로 좋거나 나쁜 궁합은 있을 수 있어도 수정 가능한 궁합이란 존재할 수 없다. 점술가들조차 궁합 그 자체를 바꿀 수는 없다.

대조적으로 작명과 풍수는 점술가의 도움을 통해 고객이 행운을 얻을 수 있도록 안내한다. 좋은 이름을 만들고 좋은 위치를 발견하는 것은 거의 점술가의 능력에 의존하는 면이 크다. 나쁜 이름의 경우에도 고객의 사주팔자에 잘 어울리는 좋은 이름으로 변경할 수 있다. 실제로 법원에 신청하고 허가를 받은 개명자의 수가 2000년부터 2009년까지 십 년간 약 5배 증가한 것은 이러한 작명의 원리에 대한 믿음을 뒷받침하고 있으며,[2] 개명

2) 세계일보, 2010.3.22. 8면.

신청자의 수는 매년 크게 늘고 있다. 풍수신앙 역시 건물의 위치와 배치 및 심지어 내부 인테리어까지, 한국인들의 일상에서 매우 실제적으로 영향을 미치며 발전하고 있다. 예를 들어, 강이나 호수의 조망권 및 남향으로 배치된 집들이 살기에 더 좋고 비싼 값으로 거래된다는 것은 이제 한국에서는 상식을 넘어 하나의 진리로 자리 잡고 있다.

〈표 7-2〉는 또 다른 흥미로운 결과를 점술과 절대자 또는 신에 대한 신앙의 비교에서 제시하고 있다. 응답자들의 궁합에 대한 믿음은 절대자 또는 신에 대한 믿음의 비율보다 낮지만, 작명이나 풍수신앙은 대부분의 항목별 변수들에서 훨씬 더 높게 나타난다. 전체 응답자 1,500명 중에서 321명의 개신교인과 101명의 가톨릭 신자들이 포함되었음에도 절대자 또는 신에 대한 믿음이 상대적으로 낮은 비율을 보이는 것은 한국의 종교시장이 북미에서 신에 대한 믿음의 문제와는 매우 다른 시장환경임을 단적으로 암시하고 있다. 간단히 말하면, 한국에서 절대자에 대한 믿음은 점술신앙만큼 그렇게 대중적이지 못하다.

그러면 한국시장에서 절대자에 대한 신앙과 점술신앙과의 관계는 어떻게 해석될 수 있을 것인가? 종교시장이론의 관점에서 역술가의 존재론적 설명은 종교의 범주에 포함되지 않는 반면에 무당의 신들은 교환관계의 주체로서 간주될 수 있을 것이다(Stark and Finke, 2000:91). 점술가들의 세속적 설명들이 가진 한계는 "내세적 맥락으로 보상을 연기시킬 수 없기 때문이다"(Stark and Finke, 2000:88). 따라서 인간의 합리성은 궁극적으로 가장 확실하게 내세적 보상을 제공할 수 있는 유일한 절대신을 선택하도록 유도할 것이고, 그것은 결국 인간과 절대자의 관계를 배타적이고 확장적인 관계성으로 발전시키게 된다(Stark and Finke, 2000:98-100). 종교시장이론의 이런 관계성이론은 진화론에 의존하지 않고 다신론적 원시사회에서 단일신론적 산업사회로 종교시장 환경이 변해 가는 이유와 함께 인간의 근원적 합리성이 그러한 변화에 적응해 가는 과정을 잘 설명할 수 있다.

그러나 동시대 한국의 점술신앙은 비록 그것의 간단한 설명체계와 샤머니즘적 신들이 내세적 보상보다 현세적 보상만을 제공하고 있음에도 불구하고 여전히 유일신에 대한 대체재로서 효과적으로 기능하고 있다는 점이 중요하다. 이것은 유일신 신앙이 매우 제한적으로 성장하고 있는 일본, 중국, 대만 등의 다른 동아시아 종교시장과 유사하며, 〈표 7-2〉에서 확인할 수 있듯이 사회계급과 점술 또는 유일신 신앙의 정도 간에 일관된 패턴의 관계성을 보여준다.

결과적으로, 잠재적으로 가장 중요한 종교적 자원으로서 내세적 보상에 관해 고려되어야 할 몇 가지 요소들이 있다. 첫째는 미래에 취득 가능한 보상의 현재적 가치를 결정하는 할인율(i)이다. 경제적으로 합리적 인간이라면 미래의 100만원보다 현재의 100만원을 더 선호할 것이기 때문에 이런 차이를 만드는 할인율(또는 이자율)은 항상 0보다 크다. 마찬가지로 영생, 부활, 천국과 같은 내세적 보상이 확장된 종교적 구속력을 유발시킨다 하더라도(Stark and Finke, 2000:100), 모든 신자들은 그 내세적 보상을 현재의 관점에서 평가할 수밖에 없다. 모든 사회에 할인율(또는 이자율)과 같은 매개변수가 존재하는 한 합리적 인간은 결코 내세적 보상 그 자체(또는 액면가치)와 그것의 현재적 가치(또는 실질가치)를 혼동하지 않을 것이다. 따라서 종교적 선택에서 내세적 보상의 액면가치는 결정자(determinant)가 되지 못한다. 한국의 다신론적 샤머니즘이 기독교가 제공하는 것과 같은 광범위한 내세적 보상을 제공하지는 못하지만, 샤머니즘적 내세적 보상의 현재가치는 한국인들의 일상에서 매우 높게 평가될 수 있다. 서로 다른 종교전통들에서 획득 가능한 내세적 보상의 실질가치를 비교하면서 종교적 행위자들은 비용-편익분석을 행한다.

손 안에 든 한 마리의 새가 덤불 속의 두 마리 새보다 낫다는 속담은 경제적 선택에서뿐만 아니라 종교적 선택에서도 여전히 유효하다. 여기서의 논점은 시간선호(time preference)는 개인적 선택의 범위를 넘어 사회적,

심리적, 역사적 경험의 산물이라는 점이다. 개인적 수준의 할인율은 비록 일정한 편차가 있다 하더라도 교육환경, 가족전통, 교우관계 및 지리적 환경에 의해 축적된 인적 자본에 크게 영향을 받는다. 즉 개인의 할인율은 그런 사회 문화적 환경으로부터의 외적 요소들에 의해 영향을 받는 것이다. 단일신론(monotheism)의 내세적 보상이 모든 사람에게 가장 유익하고 효과적인 종교자원이 못 되는 이유는 바로 그 할인율이 개인이나 개별 종교가 선택할 수 있는 것이 아니기 때문이다. 즉 그것은 사회 내에서 여러 요인들이 결정한 사회적 건설의 결과물이기 때문이다.

이런 상황들을 구체적으로 고려할 수 있는 다음의 명제들을 가정해 보자.

> 명제 1 : 점술의 액면가치(FV)는 유일신의 그것보다 낮다.
> 명제 2 : 모든 사회구성원들은 어떤 할인율(i)에 종속되어 있다.

유일신에 의해 약속된 보상이 점술로부터 기대되는 보상보다 훨씬 더 궁극적이고 포괄적이란 점에서 명제 1은 비합리적 명제는 아니다. 명제 2에서 제시된 것처럼 사회적으로 건설된 할인율(i)이 사회구성원들의 시간선호에 대한 지수로서 기능한다면 현세적 및 내세적 보상의 현재가치(PV)는 결국 시간 단위(n)에 영향을 받는다. 이를 단순한 할인율 공식으로 정리하면 다음과 같다.

$$FV = PV(1+i)^n$$

둘째는, 내세적 보상의 가격에 대한 시간단위(n)의 영향력이다. 현세적 보상은 내세적 보상보다 훨씬 더 단기간에 성취되는 것이므로 점술에서의 'n'은 유일신에서의 'n'보다 훨씬 낮다. 따라서 점술과 유일신 신앙 간에 'n'의 차이가 명제 1에서의 액면가치(FV)의 차이를 능가할 만큼 크다면 현세적 보상의 현재가치(PV)는 내세적 보상의 현재가치보다 훨씬 클 것이다. 종교적 수요자들이 기본적으로 현세적 보상과 내세적 보상 모두를 소비하고자 한다면, 합리적 수요자들에게 진실로 중요한 측면은 보상의 종류보다는 보상의 구성, 즉 종교적 포트폴리오(religious portfolio)에 있다. 이것은 그들의 삶에서 두 가지 보상의 종류를 어떤 비율로 유지할 것인지 그리고 그런 최적의 비율을 자신의 환경에 맞게 어떻게 찾아낼 것인지가 중요하다.이런 고려를 기독교 인터뷰 응답자들은 다음과 같은 방식으로 설명한다.

> 나는 매주 성당에 다니지만 점술가를 만나는 것이 항상 나쁜 것이라고는 생각지 않는다. 가끔 하나님이 도움이 되지 않는다고 느낄 때면 나는 나의 사적인 고민과 소망들을 점술가들에게 고백한다. 사실 내가 아는 성당 교인들 중 많은 사람들도 그렇게 하고 있다. 점을 통해서 그들은 실제 삶에서의 문제들에 대한 대답을 찾는 것처럼 보인다. 우리들 스스로가 그 점에 대해 어떤 종교적 결정을 하고 있다.
>
> (서울 거주 54세 여성, 2009년 8월 10일 인터뷰)
>
> 전에 말한 것처럼 나는 20년간 장로교인이었다. 장로교인임을 포기하고 싶지 않음에도 불구하고, 나는 여전히 아들을 교육시키는 법과 그의 미래가 어떤 것인지를 점술가에게 묻는다. 기독교는 일상적 삶의 문제들에 대해 어떤 구체적인 해답도 제공해주지 않는다.
>
> (서울 거주 44세 여성, 2010년 7월 29일 인터뷰)
>
> 나는 지난 30년 동안 성결교회에 다녔고 지금은 장로교 신자이다. 점술가에게 개인적으로 가장 만족스러웠던 경험은 어느 역술인이 내가 원하던 방향으로 언제, 어디로 이사를 해야하는지를 알려주었을 때이다. 그 당시 나의 가족이 살 곳을 찾는 일은 정말 중요한 일이었다. 목사님들은 그런 문제들에 대해 전혀 대답을 주지 못한다.
>
> (서울 거주 50세 여성, 2009년 8월 10일 인터뷰)

인구의 절반 이상이 종교적 소속을 갖고 있지 않은 한국사회에서 〈표 7-2〉에서 예시된 성, 교육, 소득 및 직업과 같은 변수들은 점술의 대중적 인기를 포괄적으로 이해할 수 있을 정도의 일관된 인과성을 보여주지는 못한다. 어찌 보면 한국 인구의 과반수가 '종교 없음'을 선택한 이유는 왜 인구의 18%가 개신교이고 23%가 불교도인지 만큼이나 중요한 문제이다.

위와 같은 문제의식에서 볼 때 점술의 문제는 한국인들의 근원적 종교성의 관점에서 이해되어야 할 필요가 있다. 사실, 위에서 소개된 응답자들은 한국적 종교성의 측면에서 보자면 어떠한 특수한 종교성을 드러낸 것이라고 할 수 없다. 오히려 그 여성 응답자들이 고백한 것은 종교재 또는 구원재에 내재한 한국인들의 시간선호와 위험선호의 정도를 종교성의 측면에서 전형적으로 대표한 것이다. 이 문제는 한국의 역사적 및 사회적 제약조건들 아래에서 자발적으로 형성된 위험관리의 한 방법으로서 종교적 포트폴리오에 대한 선호도와 관련된 것이다.

수천 년간 기독교가 종교적 헤게모니를 장악해 온 서구사회와 달리 한국사회는 샤머니즘에서 불교로 다시 유교에서 기독교에 이르는 종교적 헤게모니의 빈번한 교체를 경험해 왔다. 지배계급들에 의해 인위적으로 이식된 이런 외래종교들은 샤머니즘을 포함하여 다양한 형태의 민속종교들에 의해 자양분을 공급받은 토착적 종교를 다루는 데 있어 계속해서 억압과 동화 그리고 배척과 적응이라는 양면적인 태도를 유지했다. 외래종교와 토착종교들 간의 모호하고 중첩적인 관계에 대하여 많은 연구들이 혼합주의(syncretism), 혼성화(hybridization), 또는 토착화(indigenization) 등의 이름으로 설명하였다(유동식, 1975; 1984; Harvey, 1987; Grayson, 1992; 2003; 최길성, 1994; 조흥윤, 1999; Chung, 2001; Buswell, 2007).

그러나 이런 용어들은 서로 다른 문화, 특히 종교성의 상호작용의 본질을 설명하는 데 좀 더 유용한 것일 뿐 그런 상호작용이 왜 존재하고 그 존재의 양태가 다른지를 근본적으로 설명하지 못한다. 종교적 포트폴리오의 개념은 바로 이런 문제점을 해결하는 데 큰 장점이 있다. 종교적 포트폴리오 개념의 가장 큰 장점 중 하나는 이전의 개념들이 의존해 왔던 문화적 연속성이 단절된 새로운 형태의 종교성을 가정할 필요가 없다는 점이다. 당연히 역사적 맥락에서 종교적 포트폴리오 현상은 새롭거나 특수하거나 또는 최근의 현상으로 해석될 수 없다. 삼국유사(三國遺事)에 나오는 이차돈

(異次頓)의 순교 장면을 잠시 인용해 보자.

"나라를 위해 몸을 바치는 것은 신하로서의 큰 절개이옵고 임금을 위해 목숨을 바치는 것은 백성의 곧은 의리입니다. 거짓으로 말씀을 전했다고 해서 신의 목을 베시면 만민이 굴복하여 감히 왕의 말씀을 어기지 못할 것입니다." 왕이 말했다. "살을 베어 저울로 달아서 장차 새 한 마리를 살리려 했고 피를 뿌려 목숨을 끊어서 일곱 마리 짐승을 스스로 불쌍히 여겼다. 나의 뜻은 사람을 이롭게 하는 것인데 어찌 죄 없는 사람을 죽이겠느냐. 너는 비록 공덕을 남기려 하지만 죽음을 피하는 것만 못할 것이다." 사인이 말한다. "일체(一切)를 버리기 어려운 것은 신명(身命)에 지나지 않으며, 소신이 저녁에 죽어서 불교가 아침에 행해진다면 불일(佛日)은 다시 성행하고 성주(聖主)께서는 길이 편안하실 것입니다." (중략) 이에 대왕은 일부러 위의(威儀)를 정제하고 동서쪽에는 풍도(風刀)를, 남북쪽에는 상장(霜仗)을 벌여 놓고 여러 신하를 불러 물었다. "경(卿)들은 내가 절을 지으려 하는데 일부러 이를 지체시키지 않았느냐(鄕傳에서는 염촉이 거짓 王命으로 신하들에게 절을 세우라는 뜻을 전하니 여러 신하들이 와서 諫하자 王은 이것을 염촉에게 책임지워 노하고 王命을 거짓 전했다 하여 刑에 처했다고 했다)?" 이에 여러 신하들이 벌벌 떨고 두려워하여 황망스레 맹세하고 손으로 동쪽과 서쪽을 가리키니 왕은 사인을 불러 꾸짖었다. 사인은 얼굴빛이 변하여 아무런 대답도 하지 못했다. 대왕이 크게 노하여 이를 베어 죽이라고 명령을 내리니 유사(有司)는 그를 묶어 관아(官衙)로 데리고 갔다. 사인은 맹세를 했다. 옥리(獄吏)가 그의 목을 베자, 흰 젖이 한 길이나 솟아올랐으며(鄕傳에는 이렇게 말했다. 사인이 맹세하기를, "大聖法王께서 불교를 일으키려 하시므로 내가 身命을 돌아보지 않고 세상 인연을 버리니 하늘에서는 상서를 내려 두루 백성들에게 보여주십시오"했다. 이에 그의 머리는 날아가 金剛山 마루에 떨어졌다고 한다), 하늘은 사방이 어두워 저녁의 빛을 감추고 땅이 진동하고 비가 뚝뚝 떨어졌다. 임금은 슬퍼하여 눈물이 곤룡포(袞龍袍)를 적시고 재상들은 근심하여 진땀이 선면(蟬冕)에까지 흘렀다. 감천(甘泉)이 갑자기 말라서 물고기와 자라가 다투어 뛰고 곧은 나무가 저절로 부러져서 원숭이들이 떼지어 울었다. 춘궁(春宮)에서 말고삐를 나란히 하고 놀던 동무들은 피눈물을 흘리면서 서로 돌아보고 월정(月庭)에서 소매를 마주하던 친구들은 창자가 끊어지는 듯한 이별을

> 애석해 하여 관(棺)을 쳐다보고 우는 소리는 마치 부모를 잃은 것과 같았다. 그들은 모두 말했다. "개자추(介子推)가 다리의 살을 벤 일도 염촉(厭髑)의 고절(苦節)에 비할 수 없으며, 홍연(弘演)이 배를 가른 일도 어찌 그의 장열(壯烈)함에 비할 수 있으랴. 이것은 곧 대왕의 신력(信力)을 붙들어서 아도(阿道)의 본심을 성취시킨 것이니 참으로 성자(聖者)로다." 드디어 북산(北山) 서쪽 고개(곧 金剛山이다. 鄕傳에는 머리가 날아가서 떨어진 곳이기 때문에 그곳에 장사지냈다고 했다. 그러나 여기에는 그것을 말하지 않은 것은 무슨 까닭인가)에 장사지냈다. 나인(內人)들은 이를 슬퍼하여 좋은 땅을 가려서 절을 세우고 이름을 자추사(刺楸寺)라고 했다. 이로부터 집집마다 부처를 받들면 반드시 대대로 영화를 얻게 되고, 사람마다 불도(佛道)를 행하면 이내 불교의 이익을 얻게 되었다.[3]

불교승려 일연(一然, 1206~1289 CE)에 의해 쓰여진 한국의 가장 오래된 역사서 중의 하나가 삼국유사임을 고려하면, 이차돈의 죽음이 무속적 요소들로 강하게 채색되어 있다는 것은 흥미로운 것이다. 목을 베는 것뿐만 아니라 흰색의 피가 하늘로 치솟아 흩어지고, 천지가 요동치고 어두워지고 비가 내리는 사후의 기적들은 마치 무속적 의례를 연상하게 한다. 이차돈의 순교 이야기는 지배계급에 의해 수입된 불교가 토착신앙의 관점에서 설명되고 이해되었다는 것을 상징하며, 이적을 행함으로써 토착종교를 숭배하던 무리들과 백성들에게 불교의 우월함과 유익함을 증명하고자 했다.

지적이고 철학적인 불교의 유입이 토착민의 종교성을 부정하고 이루어진 것이 아니라 그것이 하나의 방편이기는 하지만 토착사회의 종교성을 포괄하는 방법으로 전개된 것임을 알 수 있다. 이처럼 불교와 민속신앙과의 공존은 오늘날의 무속인들이 대부분 자신들을 불교도라고 확인할 뿐만 아니라 태고종과 같은 불교종단의 승려가 된 무속인들이 실제로 다수 존재하

3) 『삼국유사』 제3권, 흥법(興法) 제3, 원종흥법염촉멸신(原宗興法厭髑滅身)조 (이민수 옮김, 을유문화사, 1995).

고 있다는 점에서도 쉽게 확인된다. 종교적 포트폴리오 개념으로 설명하면, 한국의 종교시장에서 수요자들은 불교와 민간신앙 간의 양자택일을 고려할 이유가 전혀 없는 것이다.

불교가 민간신앙과의 공존관계를 확연하게 드러내고 있는 것과 달리, 유교와 기독교의 양면성은 매우 암묵적으로 드러난다. 유교는 한국인들을 일상에서 체계적으로 규제해 왔지만, 적어도 공적으로는 내세나 신관념을 인정하지 않았기 때문에 내세적 보상에 대한 수요를 다룰 수 없었다. 그래서 왕족을 포함하여 유교적 관료들조차 사적으로 종종 굿을 행했고 또는 진지한 불교신자들이었다. 유교의 헤게모니 아래에서 한국인들은 무당이나 승려들이 가장 낮은 사회적 계급에 속했음에도 불구하고 민간신앙과 불교에서 더 많은 종교적 보상을 찾을 수밖에 없었다. 오늘날과 마찬가지로 대부분의 한국인들은 유교적 조상의례인 제사를 지내고, 유명한 사찰들을 돌며 기도를 하고, 신년에는 점술가를 찾아 신년운을 묻는다.

한국에서 이런 형태의 종교적 태도는 여전히 일반적이며 특별한 어떤 것이 아니다. 이런 양면성과 중첩성에서 중요한 것은 그런 태도가 세 가지 종교의 어떤 혼합을 추구하는 것이 아니라는 점이다. 각각의 믿음은 의미와 상징, 묘사와 설명, 현세적 및 내세적 보상의 차원을 제각기 공급하고 있다. 그 각각은 시간, 장소, 목적에 따라 분리되어 표현되고 행해진다. 사실, 혼합주의(syncretism), 혼종화(hybrization), 그리고 토착화(indigenization)와 같은 용어들은 편의적으로 종교적 혼합의 정도와 본질을 과장하는 면이 없지 않으며, 원래의 종교와는 다른 새로운 형태의 종교성을 정당화할 수 있는 통합적 이론 체계에서 출발한 개념들도 아니다. 반면에 종교시장이론의 중심 개념 중 하나로서 종교적 포트폴리오 개념은 종교문화 간 상호작용의 본질을 행위자의 합리적 본성에 근거하여 매우 명쾌하게 설명하고 있다.

종교적 보상의 배타적 공급자로서의 지위를 추구하는 기독교는 종교적 포트폴리오의 작동을 분쇄하기 위해 과거나 지금이나 최선을 다하고 있다. 『구한국의 종교』(*Religions of Old Korea*)를 쓴 클라크(Charles Allen Clark)와 같은 초기 선교사들에게 한국의 무당이나 판수들은 "죽이기 힘든 邪教(die-hard cult)"이자 기독교의 가장 큰 적이었다([1932]1961:231). 그러나 한국적 수요자들의 관점에서 보자면, 예나 지금이나 기독교적 유일신은 종교적 포트폴리오와 호환되지 않으며 삶의 모든 영역에서 종교적 구속력을 독점하고자 하는 값비싸고 특별한 믿음체계이다.

근대화 기간 동안 한국의 개신교가 민간종교들로부터 많은 마케팅 전략(산기도, 새벽기도, 신유나 축귀를 위한 안수기도, 통성기도, 물질적 축복의 강조 등)을 차용했음에도 불구하고, 전통적 패턴의 종교적 포트폴리오는 도덕적, 정치적 및 경제적 차원에서 기독교 엘리트들에 의해 통제되고 억제되어왔다. 한국 기독교는 민속종교들이 비합리적 정신성에 기초한 미신이라는 공식적 입장을 유교와 공유하고 있지만, 자신의 신앙체계 속으로 민속종교들의 많은 요소를 흡수했다는 점에서 유교와 다르다. 어떤 면에서 여러 가지 이름으로 불릴 뿐 종교적 혼합의 전형적 모델이 한국 개신교라고 할 수 있다. 무엇보다 개신교의 상대적 장점은 그것이 소비자들에게 원스탑(one-stop) 서비스를 제공한다는 것이다. 즉, "종교는 하나면 충분하다"는 전략이다. 한국 개신교는 반공주의와 경제제일주의부터 영생과 가족고민까지 추상적 및 구체적 보상을 모두 제공하는 마르지 않는 원천으로서 기능해 왔다. 이런 특징이 1980년대까지 그것이 지속적인 멤버십 증가를 유지할 수 있었던 주요한 이유들 중의 하나이다.

한편, 종교시장의 관점에서 개신교의 포괄적 서비스전략의 주된 희생자는 유교와 신흥종교들(New Religious Movements)이라고 할 수 있다. 유교는 본질적으로 사회적 신분 상승의 수단으로서가 아니라면 종교적 소비자들이 취할 수 있는 현세적 보상이 거의 없다. 이런 면이 유교의 종교성을 약화시키는 것임은 별론으로 하더라도, 종교적 헤게모니를 이미 장악하고 다양한 종류의 보상을 제공할 준비가 된 개신교와 비교하면, 근대화 기간 동안 유교의 한계는 매우 명확해진다. 보상이 부족한 종교적 멤버십을 유지하는 것은 기회비용이 너무 높은 선택이 된다.

천도교나 대종교와 같은 신흥종교들의 경우 그들 쇠퇴의 원인은 종교시장의 관점에서 다소 다르게 해석될 필요가 있다. 왜냐하면 대부분의 한국 신흥종교들이 유교, 불교, 기독교, 민속종교 및 도교사상들로부터 다양한 종교적 혼합에 기초하여 일종의 포괄적 서비스를 제공하고자 했기 때문이다. 비록 그들 대부분이 한말과 일제침략 기간 동안의 사회적 위기에 대한 반응으로서 크게 성장했음에도 불구하고(노길명, 2003; 2005), 그들은 사회적 엘리트들을 충원하거나 근대화 이데올로기를 제공하고, 조직을 경제적으로 효율화시키는 데 실패했다. 일찍이 사회사업과 일상에서 불교 교리의 실천을 중시한 원불교를 제외하면, 종교적 보상에 대한 그들의 시장전략은 너무 장엄하고 비실용적이고 비체계적이었다. 한국에서 신흥종교들의 이러한 실패가 한국과 일본의 종교시장 발전패턴에서 극명한 차이를 낳았다.

하지만 모든 원스탑 서비스는 소비자의 선호가 표준화되었을 때 가장 효과적인 공급전략이 되는 것이므로 특수하고 다양화된 수요를 만족시키는 데 어려움을 겪는다. 개신교는 성장과 발전의 이데올로기가 한국사회의 전 영역을 압도하고 통합했던 시대에 분명히 가장 유익한 종교적 옵션이었다. 그러나 탈근대시대의 종교적 소비자들은 이제 원스탑 서비스가 제공한 보상을 넘어서는 과소비의 비용부담이 있다는 것을 깨닫기 시작했다. 왜냐하면, 오늘날과 같이 종교적 다양성이 높은 사회일수록 다른 다양화된 종교서비스를 포기하는 기회비용이 점점 증가하기 때문이다. 다시 말하면 원스탑 종교서비스를 선택하고 종교적 포트폴리오를 포기해야 하는 기회비용이 너무 크기 때문이다. 피터 버거가 "인지오염(cognitive contamination)"으로 표현한 것처럼(2010:25), 종교적 다양성의 정도가 높은 사회일수록 당연히 모든 사회적 존재들은 상호 간에 더 깊고 다양한 영향을 주고받게 된다. 다원성은 결국 정당한 이익으로 간주되었던 모든 기존의 믿음체계를 상대화시키고 의심하는 것을 합리적(또는 필연적) 선택의 한 과정으로 포함시키게 된다.

개신교의 종교적 구속력에 대한 비용은 한국사회가 급속한 성장의 단계에 있는 한에서만 정당화될 수 있는 것이며, 경제적 고속성장이 정지한 1990년대 이후 개신교 패키지 서비스의 현재가치는 상대적으로 매우 낮아지게 되었다. 결국, 종교적 수요의 안정성에도 불구하고 종교적 소비의 패턴은 고정되어 있지 않다. 종교적 선호(religious preference)는 수없이 다양하기 때문이다. 오늘날 한국의 종교 소비자들이 종교적 포트폴리오의 소비패턴으로 회귀하고자 하는 것이 한국 개신교가 1990년대 이후 성장을 멈춘 가장 큰 이유일 것이다. 종교시장이 적어도 경쟁적인 한 영원한 승자도 없고 영원한 패자도 없다.

3) 개인주의

한국 천주교와 불교의 최근 성장 역시 근대화 기간 동안 사회적 편견으로부터 높은 기회비용을 부과받았던 종교적 포트폴리오와 밀접히 연관되어 있다. 한국적 맥락에서의 종교적 포트폴리오는 외래종교들 간에 나타난 것이 아니라 외래종교와 토착종교들 간에 뚜렷하게 나타난다. 위에서 언급한 것처럼 미신으로 간주되던 전통적 신앙 형태에 대한 정치적 억압은 1950년 이후 주로 미국의 보수적 장로교 선교사들의 영향을 받은 한국 개신교 엘리트 계층에 의해 주도되었다(Park, 2000).

그러나 한국사회가 탈산업사회로 진입하고 1997년의 IMF 재정위기와 같은 국가적 위기상황을 겪으면서 사회구성원들은 근대화는 곧 개신교화라는 고전적 사회발전 패러다임의 오류에 더 많은 주의를 기울이게 되었다. 실업, 이혼, 자살 및 파산과 같은 여러 종류의 사회적 문제들을 목격하면서 멀고 무형적인 종교적 보상보다는 가깝고 가시적인 종교적 보상을 추구하고 있다. 경제적으로 말하면, 존재론적 위기에 대한 개인의 공포감이 더 강해질수록 시간선호의 할인율(i)이 더 높아지기 때문에 내세적 보상의 현재가치는 더 낮아진다. 종교적 보상의 미래가치가 아무리 높아도 높은 할인율을 보유한 합리적 소비자들은 보상의 미래가치에 기만당하지 않는다. 이처럼 인간의 합리적 선택은 항상 미래에 대한 그들의 기대수준에 의해 종속되어 있다. 미래에 대한 기대수준과 같은 심리적 요소들이 할인율을 통해 경제적 합리성의 판단에서 반영되고 구체화되기 때문에 합리적 소비자들은 해당 종교서비스의 현재가치에 의존하여 하나의 또는 여러 개의 종교를 선택하는 것이다. 이런 사실을 다음과 같은 인터뷰에서 확인할 수 있다.

질문 : 점술가들 간의 경쟁이 점술업의 성장에 기여한다고 생각하십니까?

물론입니다. 점술가들의 수는 사람들이 경제적으로 힘들기 때문에 증가하는 것입니다. 경기가 침체되어 있을 때조차 희망의 메시지를 얻기 위해 점집으로 모여듭니다.
(서울 거주 25세 여성)

경쟁이 항상 좋은 것은 아닙니다. 나는 지난 20년간 정말 많은 점쟁이들을 만났습니다. 경기가 안 좋을 때 사람들이 이전보다 점쟁이들을 더 많이 필요로 하는 것 같습니다. 그것이 상업화되고 자격 없는 점쟁이들을 양산합니다. (부산 거주 51세 여성)

점집들의 경쟁은 이전보다 사람들이 더 편리하게 점을 보게 해 줍니다. 점의 인기는 인생의 복잡한 문제들로 고통받는 인간들의 나약한 마음에 필연적으로 기초하고 있습니다.
(서울 거주 42세 여성)

종교적 헤게모니를 가진 개신교는 사회적 할인율을 낮추는 데 실패했다. 오히려 1990년대 말 왕성했던 개신교 계통의 시한부종말론 운동들로 사회적 불안과 심리적 위기감을 증가시키는 데 기여했다. 스타크의 표현을 빌리자면(2000:88), 할인율을 낮추는 것은 "내세적 맥락으로 보상의 전달을 연기할 수 있는 능력"을 의미한다. 따라서 모든 종교적 예언의 종말은 할인율을 0(zero)으로 만듦으로써 보상의 미래가치와 현재가치가 같을 때 가능한 것이다.

어떤 이유로 심리적 공포의 수준이 증가한다면, 내세적 보상의 내용을 구성하는 개신교 예언의 현재가치는 점점 더 낮아지게 된다. 종교다원적 상황에서 신자들이 종교 간의 공존의 필요성을 느낄 때 종교적 포트폴리오는 좀 더 균형적인 수익을 가능하게 하고 원스탑 서비스보다 덜 위험한 전략이 된다. 이런 의미에서 한국 개신교의 종교적 헤게모니는 경제적 합리성을 기준으로 불리한 선택이 되고 있다. 즉, 탈근대화시대의 사회적 위기에 적절히 대응할 수 없는 한국 개신교의 무능함을 경험한 개인들이 그것의 강한 구속력을 회피하고 좀 더 유연한 종교를 찾는 경향이 있다.

개신교가 찬양했던 집단적 근대화 이데올로기에서는 무시되었던 개인들의 종교적 욕구들이 이제 급속히 증가하는 점술신앙을 위해 하나의 문화적 자양분이 되고 있다. 비록 개신교가 점술시장 참여자들을 가장 극단적으로 공격해 왔음에도 불구하고 개신교 헤게모니의 균열이 개인들에게 종교시장에서 점술신앙을 소비할 수 있는 더 많은 자유를 허락하고 있다. 다음의 〈표 7-3〉은 개종을 경험한 사람들에 대한 조사결과를 보여주고 있다(한국갤럽, 1999).

〈표 7-3〉 개종의 경험 (단위 : %)

교인별 이전 종교	개신교인 (N=117)	불교인 (N=58)	천주교인 (N=17)	종교 없음 (N=208)
개신교	–	84.5	52.9	63.0
천주교	18.8	15.5	–	16.8
불교	76.9	–	47.1	20.2
기타 종교	3.4	–	–	–
무응답	0.9	–	–	–
계	100	100	100	100

종교 간 스위칭(inter-religions switching)의 차이가 크지 않음에도 불구하고 〈표 7-3〉에서 분명한 몇 가지 결과가 있다. 개신교의 이탈률이 천주교에 비해서는 매우 높고 유연한 멤버십을 가진 불교에 비해서도 상대적으로 높게 나타난다. 불교인 응답자의 84.5%와 천주교인 응답자 52.9%는 이전 개신교인이었다. 또한 '종교 없음' 응답자 중 63%는 이전에 개신교 신자였는데, 이는 불교와 천주교에서 종교 없음으로 전환한 응답자들의 비율에 비하면 매우 높은 편이다.

정리하면, 개신교 멤버십과 그것의 높은 종교적 구속력을 감내하는 것이 매우 값비싼 종교적 옵션이라는 의미이며, 비용이 높은 이유는 천주교나 불교와 달리 소비자들이 추구하는 종교적 포트폴리오의 구성을 그것이 어렵게 만들기 때문이다. 한국 종교시장에서 기독교, 불교, 유교, 도교, 무속이나 민속종교들로 구성되는 종교적 포트폴리오의 내용에 대해 천주교나 불교가 유연하게 대응하는 반면 개신교는 그런 포트폴리오의 한 요소로 참여하는 것을 강하게 거부한다. 그것은 배교이고 신성모독이며 우상숭배와 다름 없다는 교리적 태도를 일관되게 견지하고 있다. 그러나 오늘날 종교시장의 소비자들에게 그러한 공급 측 교리들은 선택적 고려대상의 하나일 뿐이다.

점술서비스는 집단이 아니라 개인적으로 제공할 수밖에 없기 때문에 점술은 늘 일대일 관계성에 기초하고 있다. 이런 점에서 점술이 개인들의 종교적 포트폴리오에 우선적으로 포함되는 것은 놀라운 것도 아니다. 개인주의화된 사회에서 점술이 추구하는 개인주의적 운명론은 교회와 국가 및 인류의 운명에 몰두하고 있는 거시적 종교교리들보다 훨씬 더 실용적이고 설득력 있는 선택의 대상이 될 수 있다. 모든 개인은 그 내용이 무엇이든 언제나 의사결정의 순간과 문제들에 직면한다. 사회가 더 개인주의화될수록 개인들의 의사결정은 더 중요하게 된다. 인터뷰에 참여한 모든 점술 고객들은 비록 단순한 오락이나 취미로 점을 보는 것은 아니지만 그렇다고 점술을 전적으로 또는 완전히 믿는 것도 아니라는 점에서는 만장일치로 같은 의견이었다. 그들 모두에게 점은 자신들의 의사결정을 위한 하나의 참고사항일 뿐이라고 했다.

의사결정의 과정에서 그것(점)은 유용합니다. 하지만 저 스스로의 성격과 취향에 따라 모든 문제를 결정합니다. 어떤 역술인이 가까운 미래에 일어날 일에 대해 조심하라고 경고하면, 나는 그대로 조심스럽게 따르려고 합니다. 왜냐하면 조심하는 것이 나쁜 것은 아니기 때문입니다. (서울 거주 42세 여성, 2010년 8월 3일 인터뷰)

나에게 닥칠 불운의 가능성에 대해 미리 알려준 것을 저는 고맙게 여깁니다. 점을 통해서 내가 인생을 더 진지하게 살도록 격려해 주고, 무엇보다 나의 문제를 함께 고민해 준 것에 대해서도 정말 고맙습니다. 그들(점술가들)은 신이 아닙니다. 그들의 점을 활용하는 것은 전적으로 나 자신에게 달린 것입니다.

(서울 거주 38세 여성, 2010년 12월 9일 인터뷰)

어떤 점술가도 나의 운을 완전히 잘못 예언하진 않았습니다. 그러나 유명한 점술가들조차 약 60% 정도만 정확한 것 같습니다. 그들은 나에게 구체적이고 실질적인 도움은 주지 못합니다. 나의 사업계획에 대해 그들의 생각을 알고 싶을 때 나는 그들을 찾습니다. 그게 전부입니다. (인천 거주 51세 남성, 2010년 2월 3일 인터뷰)

점술에 대한 이런 태도는 그들이 점술시장의 참여자이든 아니든 한국인들에게서 일반적으로 발견된다. 점술가들은 개인들이 다양한 측면에서 그들의 사적이거나 공적인 문제를 해결하는 데 필요한 하나의 인적 자원으로 간주된다. 실제로 많은 한국인들은 탁월한 신통력을 가진 점술가들을 자유롭게 만날 수 있는 사람들을 부러워한다. 그것은 신통력을 가진 것으로 여겨지는 점술가들을 자신의 인간관계 내에 둘 수 있는 것은 현실적이고 신뢰할 수 있고 경험적이고 구조적인 힘(power)을 의미하기 때문이다. 그것은 지배계층과 피지배계층 모두에게 하나의 사회적 힘이고 자원으로 기능할 수 있다. 고객이 자신들의 사회적 지위에 따라 점을 통해 추구하는 것이 무엇이든지 점은 하나의 통과의례와 같이 행해진다. 그것의 '교리'는 많은 개신교단들보다 사회윤리적으로 더 보수적이고, 민족주의적 신흥종교들보다 국제적으로 더 균형적이며, 교회나 사찰보다 개인주의적 관점에서 더 인간 중심적이다. 무엇보다 개인들의 실제 삶에서 실질적이고 구체적으로 살아 있는 하나의 신성한 힘을 전제하고 있다. 추상적이거나 멀리 있지 않고 실제적인 힘에 대한 개인들의 욕망이 근대화된 환경에서 다음과 같은 점술의 기본적 특징들과 잘 어울린다.

먼저, 최근 점술의 성장은 도시적 현상이며, 도시적 환경에 기초한 점술은 산업화된 개인들의 다양한 생활방식에 부합하여 성장해 왔다. 산 속이나 시골의 조용하고 외딴 지역에 위치한 전통적 신당들과 달리 오늘날의 신당이나 철학관들은 사람이 붐비는 지하철역 근처에 위치하고자 한다. 실제로 약 6천여 명의 무속인들이 가입한 온라인 커뮤니티로서 국내에서 회원수가 가장 많은 한 단체의 2006년 9월 13일부터 2011년 2월 18일까지 검색된 신당 매매 광고 400개 중에서 약 10개만이 시골에 있었으며, 그것조차 굿이나 기도를 위한 것일뿐 점집은 아니었다.[4]

---

4) http://cafe.daum.net/allo2886?t__nil_cafemy=item

광고 1 (2011년 1월 17일)
보증금 2백만원에 월세 15만원, 온양 온천 근처 상업시설로 둘러싸여 있으며 앞마당이 있는 독채 신당 팝니다.

광고 2 (2010년 12월 1일)
보증금 3백만원에 월세 20만원, 방 2개, 부엌, 욕실, 기름보일러를 갖춘 독채 신당 팝니다. 즉시 입주가능, 서울대입구역에서 5분 거리.

광고 3 (2008년 6월 5일)
보증금 5천만원에 월세 70만원, 권리금 5백만원, 상가건물의 3층, 실내 면적 전체 148㎡, 방 4개, 전문목수에 의해 최근 올수리, 서울 송파구.

위의 광고들에서 나타난 두 가지 공통적 특징이 있다. 하나는 신당의 구매자와 판매자들이 대중교통이 편리한 상업지역을 선호한다는 점이고, 다른 하나는 저렴한 비용으로 점사도 보고 거주도 할 수 있는 공간을 원한다는 점이다. 이는 대부분의 한국 점술가들이 여전히 매우 낮은 소득계층에 속해 있고 간신히 생계를 유지하고 있음을 암시한다. 그들은 자신의 경제적 여건과 주변 시장상황에 따라서 사무실과 주거의 기능을 함께 갖고 있는 신당을 자주 옮기곤 한다. 서울의 미아리고개 주변 점성촌과 같이 도시개발에 밀린 곳들은 화려한 도시거리의 후미에 위치하여 비좁고 어지러우며 깨끗하지 못하고 심지어 냄새가 심한 점집들도 많다. 하지만 흥미롭게도 도시의 고객들은 가난하지만 정직한 점술가들이 위선적이거나 기만적인 신부, 목사, 또는 승려보다 그들의 실제적 자아(the real self)에 대해 더 많은 것을 말할 수 있다고 믿는 것처럼 보인다. 종교적 다양성의 정도가 도시환경에서 더 높은 것임을 고려하면, 도시인들은 기성종교들의 절대적 교리들에서는 무시되었던 개인의 실제적 자아를 점술의 상대적 세계관을 통하여 찾고자 할 것이다.

둘째, 빠르고 복잡한 사회환경의 변화에 대응하여 개인들은 점술의 과정에서 드러날 수 있는 어떤 실제적 힘(real power)을 요구한다. 재벌해체와 대량실업 및 국가적 파산과 같은 예기치 못한 사회적 위기를 경험하면서 한국인들은 개인적 합리성의 총합이 보이지 않는 힘을 통하여 항상 사회적 효율성의 극대화를 낳는 것은 아님을 깨달았다. 존재론적 위기에 직면한 사람들은 애덤 스미스가 신봉한 시장의 보이지 않는 힘(invisible power)이 보이는 힘(visible power)으로 대체되기를 바란다. 거시 사회적 위기에 의해 존재의 의미가 사소화되면 될수록 보이는 힘은 개인들에 의해 더욱 진지하게 추구될 것이다. 이런 맥락에서 점술이 의존하고 있는 운명의 개념은 느껴지고, 확증되고, 추측 가능한 힘이다. 일상에서 존재론적 가치가 끊임없이 위협당하고 있는 개인들에게 무형적이고 보이지 않는 어떤 실체든 믿기가 어렵다. 하지만 점술에 내재한 운명론은 그것이 무엇으로 불리든 하나의 힘에 의해 이미 정해진 것이기 때문에 최소한 분명하다. 속기 쉬운 개인들이 운명의 힘에 집착하는 이유는 그들의 개인화된 삶에서 그 힘들을 검증하고 실험할 수 있기 때문이다. 아이러니하게도, 점술이 종교적 보상을 먼 미래로 연기할 능력이 없다는 점에서 그것의 양적 성장을 가능하게 한 실질적 원인을 찾을 수 있다.

인터뷰에 참여한 모든 고객들은 점술의 불완전한 예측을 추후에 깨달았을 때조차 전혀 화나지 않는다고 했다.

그들은 신이 아니다. 그래서 미래에 내가 할 수 있는 모든 일을 알지 못하는 것은 너무도 당연한 것이다. (서울 거주 24세 여성, 2009년 2월 10일 인터뷰)

내가 맹목적으로 믿지는 않으며 유연한 접근을 하고자 한다. 점은 높은 예측가능성을 의미하는 것이지 절대적으로 신뢰되어야 할 어떤 것을 의미하지 않는다.
(경기도 거주 41세 여성, 2010년 6월 18일 인터뷰)

점의 정확성을 깨닫는 데 오랜 시간이 걸렸음에도 나는 틀린 점으로 화난 적이 결코 없

> 었다. 점은 나의 문제를 좀 더 폭넓은 관점에서 볼 수 있게 해 주는 참고사항일 뿐이며, 나의 결정 그 자체가 아니다. (서울 거주 41세 여성, 2011년 5월 10일 인터뷰)

그들이 의지하고자 한 것은 전지전능한 힘이 아니라 불완전한 운명의 힘이다. 그것은 우리가 태어나는 순간 이미 결정되어 있다. 개인들은 점술과정에서 그들의 운명이 무엇인지에 대한 자기 깨달음에 점점 더 다가간다. 점술가들에 의해 제공된 자신들의 운명에 대한 여러 가지 해석들을 자유롭게 분석, 비교, 결합한다. 그들 모두는 개인의 상황에 따라 그런 해석들에 매우 유연하게 대응한다. 점술에서는 흠결 없는 운명이란 없다. 그래서 인간의 불완전성이란 죄악이 아니다. 각 인간이 불완전함을 갖고 태어나기 때문에, 인간사회에서 가장 중요한 것은 불완전한 인간들 간의 조화이다. 여기서 인간의 불완전함은 완전하고 전능한 존재에 의해 극복될 수 있는 어떤 것이 아니며 그러한 존재를 필요로 하지도 않는다. 돈 베이커(Don Baker)의 용어를 빌린다면(2008:99), 샤머니즘적 다신론자들에겐 신들 간에 "영적 노동의 분화(a spirtual division of labor)"가 존재하기 때문이다. 점술신앙에서 조화를 추구하는 것은 각자의 필요에 맞는 신이나 영들에게 부족한 부분을 요청하는 것과 다르지 않다. 점을 통해 자신의 운명에서 부족한 부분을 아는 것만이 세상과 조화롭게 살 수 있는 더 나은 방법이 된다.

고립되고 무기력한 개인은 급속히 근대화된 사회에서 그들의 존재론적 의미를 회의할 수밖에 없다. 그들의 실제 삶이 우주 또는 세계의 법칙과 조화롭다고 느낄 때 그들의 존재는 정당하고 의미 있는 것으로 고려된다. 급속한 근대화를 통해 야기된 자아(self)와 우주(cosmos)의 깨어진 불균형을 바로잡는 데 점이 필요하다. 이것이 근대화된 개인들의 외로움과 무기력증이 점술과정에서 치유되는 이유이다. 하지만, 이런 치유의 기능은 수요자들의 자기통제의 한 부분이기 때문에 공급 측 요소의 결과로 지나치게 과장해서 해석되어서는 안 된다. 점술시장의 수요자들은 공급 측과 독립적으로 자기 치유의 과정에 몰두한다. 점술가들에 의해 제공된 다양한 해석의 결합이나 그중 하나를 평가하고 선택하는 것은 그들 자신이다. 해석 그 자체는 어떤 힘도 갖지 않는다. 고객들이 삶에서 그 해석에 권능을 부여할 때에야 비로소 그것은 힘을 갖는다. 점술의 관점에서 그런 권능수여(empowerment)의 궁극적 의사결정자는 점술가가 아니라 고객이다. 이것이 점술과 다른 종교들의 가장 두드러진 차이이다. 다른 종교시장의 공급중심적 성향과 달리 한국 점술은 매우 수요자 중심적 시장이다.

게다가 오락의 하나로서 점술의 확장은 권능수여의 수요를 감소시키는 경향이 있다. 왜냐하면 권능수여가 없는 점술이란 종교적 현상이 아니라 단순한 놀이이기 때문이다. "직업으로서의 점술의 성공이나 실패를 결정하는 요소가 무엇이라고 생각합니까?"라는 질문과 관련하여 39명의 모든 인터뷰 참여자들이 하나같이 돈을 추구하는 것이 실패의 지름길이라고 대답했다. 점술이 단지 상업적 이익을 추구하는 하나의 도구로서 기능하는 것이라면, 그것의 수요는 인터뷰에서 예시된 것처럼 매우 제한적일 것이다. 그러므로 종교적 수요의 관점에서 점술의 성장을 설명하는 것이 좀 더 합리적이다.

셋째, 한국의 개인들은 경쟁적 관계에서 자아를 방어하기 위한 하나의 자원으로서 점에 접근하는 경향이 있다. 점이 단지 전과학적 사고의 단계이거나 심리적 공포의 한 측면만 존재한다면, 그것은 첨단 과학의 시대에 생존할 수 없을지 모른다. 그것은 한국에서 가장 오래되고 지배적인 종교적 형태 중의 하나이고 그런 역사적 종교성 위에 건설되어 있다. 그것의 방어적 기능과 관련한 특징은 주로 수평적 차원의 갈등에서 요청되었다. 오늘날조차 고객들이 상담하는 대부분의 문제들은 사회의 경쟁적 관계들로부터 발생하는 사항들에 관련되어 있다. 이를 지지하는 많은 증거가 있다

(한국갤럽, 1997:2004). 제도종교들이 계급 이데올로기, 사회적 빈곤, 국가 정책 또는 정치적 선호에 관련된 수직적 갈등을 다루는 데 중요한 역할을 하는 반면에, 점은 사적인 문제들과 수평적 고민들에 강조점을 두었다.

예를 들어, 점술 고객들은 어떤 정당에 투표해야 하는지 점술가들에게 묻지 않지만, 제도종교들은 그러한 문제들에 중요한 영향을 미친다. 많은 선거의 후보자들은 자신이 상대방 후보자를 이길 수 있는지 어떤지를 점술가들에게 묻곤 한다. 한국에서 점술의 수요는 사적 종교들의 수요와는 다르다. 개인주의화된 사회에서 점술의 가장 큰 장점은 다양한 경쟁적 관계에 대한 자신의 적응력이다.

궁합, 작명, 사주, 풍수 및 택일은 개인들이 좀 더 유리한 조건들 아래에서 타인과 경쟁할 수 있도록 돕는다. 삼성과 같은 재벌들이 최종면접에서 신입사원들의 관상을 보았다는 것은 잘 알려진 사실이다. 삼성그룹의 창립자 고 이병철 회장은 여전히 대기업의 경영에 점술문화를 성공적으로 접목시킨 가장 유명한 사업가이다. 한 중소기업을 운영하는 CEO는 그의 경험을 다음과 같이 말한다.

> 어느 날 그 선생님(무속인)이 회사의 모든 직원들 얼굴을 보고 있었다. 문득 한 여직원을 보고 그녀가 역마살이 있어서 돌아다닐 사주팔자가 있어 회사를 이직할 것이라고 말하자 그녀는 회사를 계속 다닐 것이라고 대답했다. 하지만 그녀는 머지않아 다른 회사 영업직 사원으로 가버렸다. 내 경험으로 보면 몇몇 점술가들은 매우 정확했고, 그들의 예언은 회사경영에 큰 도움이 되기도 했다. 회사가 미래에 좀 더 커지면, 우리 회사를 전담할 점술가를 한 사람 채용하고 싶다. 사실 대부분의 CEO들이 그렇게 하고 싶어한다.

한국의 국회의원, 장관, 시장, 최고경영자, 고위 공무원 및 정치가들은 신통력으로 유명한 점술가들의 열렬한 고객들이다(*New York Times*, 2007년 7월 7일; 주간조선, 2008년 1월 7일; 2010년 1월 4일). 한국에서 가장 유명

한 역술가 중의 한 사람으로 알려진 백운산의 개인 이력을 간단히 소개해 보자.[5]

- 현 한국청소년육성회 중앙이사
- 고려대 국제대학원 역학 특강강사
- 성균관대 유학대학원 작명법 특강
- 경찰수사보안연구소 범죄인상학강사
- 지방행정연수원 강사
- 국가정보대학원 주역강사
- 한국전력, 삼성전자, LG그룹 및 중앙일보 강사
- 성남시 상공회의소 명리의 원리 강사
- 강남소방서 명예서장
- 농어촌 후계자 전국인 역학강사
- 한국문화관광 정책연구원 작명주역 강의
- 민주평화통일정책자문회의 상임위원
- 한국역술인협회 회장
- 국제 17개국 역학대회 전 회장 및 현 명예회장
- 공무원연금관리공단 성명학과 관상 강의
- 서울삼청로터리클럽 주역강의

한국에서 가장 부유한 지역에 있는 그의 사무실로 고객들이 들어가자마자 전직 대통령을 포함한 정치 및 경제계의 주요 인사들과 함께 찍은 사진들에 압도당하기 쉽다. 그의 강의는 정부 주요 부처에서부터 전국 일간지에 이르기까지 한국사회의 주도적 그룹들에 의해 경청되고 있다. 고객들에게 그의 통찰력은 미신이나 말장난이 아니라 극단적 경쟁으로 내몰린 개인들을 위한 매우 실질적인 하나의 사회적 자원인 것이다.

5) 출처 : 백운산 철학원 홈페이지 http://www.backwnsan.net/(2014년 7월 21일 마지막 접속)

제 8 장

종교와 행복

주관적 만족도

후기 산업사회로 접어든 한국에서 '행복(well-being)' 이 사회정책의 구체적 목적이자 포괄적 이념이라는 점에는 이론이 없다. 행복의 수준을 구체적으로 인식하기 위한 수단으로서 국민총생산(GDP)과 같은 순수한 경제적 지표에서부터 유엔개발계획의 인간발전지수(HDI), 경제협력개발기구(OECD)의 더 나은 삶의 지수(Better Life Index), 영국 신경제재단(New Economics Foundation)의 HPI(Happy Planet Index)와 같은 다양한 행복지수의 개발도 병행되고 있다. 그러나 계층, 직업, 연령, 성별, 시대별, 장소별, 문화별, 인종별 차이들을 포괄적으로 표준화한 '행복지수' 를 규정하고자 하는 작업은 그 지수의 불완전성은 별개로 하더라도 오히려 사회적 및 정치적 갈등과 부작용을 유발할 위험을 늘 안고 있다(김이석, 2011:13). 표준화된 '행복' 개념은 그것을 정의할 수 있는 사회적 힘들(powers)의 권력관계를 반영하고 있기 때문이다.

이처럼 기본적으로 복지정책의 준거로서 위와 같이 무분별하게 남용되어 사회적 갈등을 내포한 '행복' 의 지수화 작업에서 오랫동안 무시되었던 '행복(well-being)' 의 의미를 근원적이고 통합적으로 제공할 수 있는 하나의 공통된 의미체계를 건설하는 것이 어느 때보다 절실하게 요구된다. 간단히 표현하면, 행복에 관한 양적 연구가 아니라 질적 연구를 출발점으로 하면서 누가 얼마나 더 잘 사는 것인가가 아니라 '잘 사는 것' 과 '의미 있게 사는 것' 의 사회적 합의점을 찾아야 할 시기이다.

경제적 및 사회적 요인들에 근거하여 행복을 인식하는 문제점을 보완하기 위해 삶의 주관적 행복(subjective well-being)을 중요하게 고려한 적지 않은 연구들이 있다(Diner *et al.*, 1995; Veenhoven, 1984; Seligman, 2006). 이와 같은 행복의 주관적 차원에 대한 이해는 행복의 개념을 단순히 상대화시켜야 한다는 주장을 넘어서 다면적이고 심층적인 인간의 행복

추구 욕구를 공공복지의 맥락에서 더 진지하게 고려해야 한다는 것을 의미한다. 예를 들어, 소득이 높아서 행복한 사람과 소득이 낮음에도 행복한 사람의 인식차이가 삶에 관한 주관적 만족도로 간단하게 범주화되고 끝난다면 그것은 여전히 균질적이고 기계적인 '행복' 개념의 강제이지 그런 주관적 인식의 원인이나 근거, 특징, 구조에 대한 체계적이고 이론적인 설명은 아닌 것이다. 다시 말하면, 행복에 대한 질적 연구는 주관적 만족도를 '행복' 개념의 한 요소로 포함하는 것으로 끝나는 것이 아니라 훨씬 더 깊은 사회문화적 탐구와 분석이 필요한 것이다(김윤태, 2010:40).

그러한 사회문화적 맥락 가운데서 가장 중요한 요소로서 종교 또는 영성의 역할에 주목하고자 하는 관점이 있다. 최근의 사회학자들이 종교의 공적 중요성을 다시금 활발하게 논의하는 것(Casanova, 1994; Habermas, 2006)과 비슷한 맥락으로 잘 사는 것이 의미화 작업은 역시 종교나 영성과 같은 가치적 요소들을 제외하고서는 논의하기 어렵다. 종교적 관점에서 행복은 삶과 죽음을 모두 포함하고 있다. 양자는 단절된 것이 아니라 시공간적으로 연속적이며 불가분적으로 연결된 과정들이기 때문이다. 이런 맥락에서 웰빙(well-being)과 웰다잉(well-dying)은 종교적 행복을 완성하는 두 가지 필수적 측면이며, 불가분의 상관성을 갖고 있다. 이런 면에서 행복한 삶에 관한 지수와 행복한 죽음에 관한 지수가 모두 중요하게 고려되는 것이 종교적 행복지수에 가까울 것이다.

종교적 의미체계에서 행복하게 살고 행복하게 죽는 것은 결국 의미 있게 살고 의미 있게 죽는 것을 뜻한다. 그래서 웰빙과 웰다잉을 추구하는 것은 결코 맹목적인 것이 아니다. 그것은 단순히 어떻게 살고 죽느냐의 문제가 아니라 무엇을 위해 살고 죽느냐의 문제인 것이다. 예를 들어, 자살률을 낮추지 못하는 한국 복지정책의 실패는 우리 사회의 낮은 행복지수에 있는 것이 아니라 행복한 삶과 죽음의 의미체계에 대한 사회적 합의가 상실되었기 때문이다. 이런 의미에서 자살은 풍요와 빈곤의 담론이 아니라 행복에 관한 의미의 담론에서 더 적절히 대답될 수 있을 것이다.

종교적으로 다원화된 현대 사회에서 서로 다른 행복의 기준들로부터 오는 삶과 죽음에 관한 의미의 혼돈을 막기 위해서는 사회 통합적이고 규범적인 행복의 의미를 새롭게 건설하는 것이 무엇보다 중요하다. 사회구성원 대다수가 빈곤선(poverty line)을 넘어서 있는 향상된 경제수준에 걸맞게 탈물질적 행복에 대한 욕구의 정당화를 필요로 할 것은 너무도 자연스러운 사회적 변화이다. 그럼에도 불구하고 그런 정신적, 문화적, 사회적 행복의 의미와 종교의 관계성에 주목한 체계적 연구가 우리 학계에 전무하다는 것은 안타까운 일이다. 이런 측면에서 1960년대 이래 압축적 근대화를 경험하여 오늘의 상황에 이른 한국인의 삶에서 종교와 행복의 관계는 종교시장이론의 주요한 과제로 부상하고 있다.

이미 미국과 유럽에서는 많은 연구결과들이 국제적 회의와 분야별 저널들을 통해 대량으로 생산되고 있다. 대표적으로 유럽에서 격년으로 개최되는 ECRSH(European Conference on Religion, Spirituality and Health)는 2008년 이후 간호학 및 의학, 사회학, 심리학, 복지학, 신학 등의 다양한 학문적 배경을 가진 연구자들이 참여하고 있고, 미국의 종교사회과학회(SSSR)는 2006년부터 "Religion, Spirituality and Well Being", "Religion and Well-Being", 또는 "Religion and Mental Health"와 같은 주제로 매년 독립된 분과를 운영하고 있다. 우리도 이제 경제적 의미의 행복 개념을 벗어나 정신적 및 문화적으로 더 건강하고 풍요로운 삶의 질을 추구하는 탈근대화(post-modern)된 행복의 개념을 정립하고 건설해야 할 단계에 도달했다는 것을 인정한다면, 선진사회에서 진작에 시작된 종교와 공공복지의 상관성 연구를 이제라도 시급히 시작해야 하지 않을까?

기독교 박애사상의 실천으로부터 병원의 개념이 중세시대에 처음으로 제도화되었던 역사적 사실은(Mollat, 1986) 오늘날 세속적 병원들에서조차 기도실을 제공하거나 성직자들을 고용하여 종교상담사(Hospital Chaplaincy)

제도를 환자들의 치료에 활용하는 것과 그 취지가 다르지 않다. 종교나 영성을 치료의 목적으로 사용하는 현대적 의료제도와 치료를 종교적 이념의 실천과 확산을 위해 사용했던 중세교회들의 모습은 종교와 의료복지의 밀접한 관계가 사실은 동전의 양면과도 같다는 것을 암시한다. 오늘날 종교가 환자들의 정신적 및 육체적 건강과 재활치료 과정에서 긍정적 영향을 주고 있으며, 병원에서 제공되는 음식을 선별할 수 있는 권리, 진통을 제거하는 치료법, 수술과정에서의 의료행위, 그리고 안락사와 의료진들의 종교윤리에 이르기까지 의료복지의 영역에서 종교의 역할을 중요하게 다루고 있는 의학적 조사연구 보고들은 의학 분야의 대표적 네이터베이스인 펍메드(PubMed Central)에 등록된 기준으로 1980년 이후 오늘날까지 두 배 이상 증가했다(Cadge, 2009:837).

또한 프로이드 이후 종교를 정신병리적 현상(psychopathology)의 하나로 간주했던 심리학적 접근법에서는 오늘날 종교나 영성이 우울증이나 스트레스를 극복하고 자기 통제력이나 사존감(self-esteem)을 높이는 역할에 주목하면서 *Journal of Religion and Health*를 중심으로 정신건강과 종교의 긍정적 역할을 활발하게 보고하고 있다(Weaver *et al.*, 2006).

그러나 종교와 공공복지의 주제를 가장 활발하게 다루고 있는 의학적 및 심리적 접근법들이 가진 가장 큰 결점은 공공복지와 종교 또는 영성의 상호 발전 관계를 주로 치료적 및 임상적 연구로만 제한하고 있다는 점이다. 건강과 치료의 문제가 개인이나 집단의 종교성에 의해 영향을 받는다는 사실은 충분히 인정된다 하더라도 '영생', '구원', '해탈' 및 '죽음'과 같은 삶의 궁극적 한계에 관한 의미들은 이미 사회구조적으로 규정되고 학습되어 온 것이라는 점에서 사회문화적 의미체계를 무시하고서는 논의되기 어렵다. 왜 환자들은 죽음이 임박하면서 더 종교적으로 변하는지, 노인들(또는 빈곤계층)이 종교를 통해 이해하는 삶과 죽음의 의미는 청장년층(또는 중산층)의 그것과는 어떻게 그리고 왜 다른 것인지와 같은 물음들은 복지정책에서 빠질 수 없는 고려사항들이다. 복지정책의 궁극적 목표는 단순히 생명을 연장시키는 것이 아니라 의미 있게 연장시키는 것이기 때문이다.

한편, 일군의 종교사회학자들과 종교시장이론가들은 주관적 행복(subjective wellbeing)과 종교성의 긍정적 상관성(Levin *et al.*, 1995), 교회 참석과 삶의 만족도와의 상관성(Ellison and Gay, 1990), 종교성과 금연 및 금주의 관계성(Brown and Gary, 1994), 그리고 교회 참석빈도와 사회적 네크워크의 범위 및 교회 밖 상호작용의 빈도에서 종교성의 긍정적 역할을 보고하고 있다(Ellison and George, 1994; Bradley, 1995). 또한, 다른 학자들은 웰다잉의 문제, 웰다잉과 종교의 관계, 장례와 애도의 사회학적 의미, 죽음의 사회적 함의, 그리고 종교가 개인 및 공동체로 하여금 자연적 과정으로서 죽음을 취급하는 데 도움을 주는 방식 등에 대한 종합적이면서도 교차문화적인 연구를 선보이고 있다(Garces-Foley ed., 2006; Kastenbaum, 2007; Howarth, 2007; Hunt, 2012).

우리 사회가 더 이상 개인의 행복이나 죽음의 의미를 사회적으로 통합된 하나의 가치질서로 수렴시킬 수 있는 일원론적 사회가 아니라는 점에서 행복과 종교성의 사회적 관계성을 다차원적으로 이해할 수 있는 연구들이 더욱 절실히 요구된다. 그러나 종교적으로 삶과 죽음의 의미가 다원적으로 해석되는 사회에서는 개인별, 지역별, 계층별로 다양하게 존재하는 의미들을 포괄할 수 있는 공적 정당성을 획득한 통합된 의미체계를 건설하는 것은 매우 어렵고 복잡한 일이 되었다. 이런 환경 아래에서 개인의 생명을 연장하고 질병을 치료하는 과학적 치료법의 여러 보조적 도구들 중의 하나로서만 종교나 영성의 역할을 이해하고자 하는 것은 필연적으로 과학적 치료 그 자체의 사회적 정당성과 의미에 관한 중대한 혼란을 일으킬 수밖에 없을 것이다. 예를 들어, 여호와의 증인들이 오래전부터 주장해 온 수혈거부는 사회적으로 큰 혼란을 낳았지만 최근 들어 무수혈 수술에 기초한 치료기술의 발전에 결정적인 기여를 한 것으로 평가받고 있다. 이는 종교적으로 의미 있는 행복을 추구하고자 하는 믿음과 관행이 첨단 의료기술의 새로운 방향을 어떻게 이끌어 낼 수 있는지를 보여준 전형적인 사례이다.

의료, 심리, 사회복지, 종교 등으로 단절된 분과별 연구들은 삶과 죽음의 연속선상에서 제기되는 웰빙과 웰다잉의 욕구와 그 의미들 간 모순이나 충돌의 문제를 결코 통합적으로 해결하지 못한다. 기존의 집단적 및 개인적 연구들이 건강, 치료, 정신, 육체와 같은 파편적인 개념들의 조합으로 행복의 문제를 이해하였다면, 종교사회학적 행복 연구는 기술적, 도구적, 미시적인 가가의 행복에 관한 이해들을 학제적 종교 연구의 관점에서 거시적이고 통합적인 의미체계로 확장시킬 필요가 있다. 크리스토퍼 엘리슨(Christopher G. Ellison)과 같은 종교시장이론가들이 주도하고 있는 종교와 주관적 만족도에 관한 많은 연구조사들이 그런 학제적 연구의 훌륭한 기초로 기여하고 있다. 1999년 *Demography*에 출판된 논문에서 엘리슨과 공동연구자들은 흥미로운 결과를 소개했다. 미국 내 21,204명을 표본으로 한 종교성과 수명 간의 상관성 조사에서 일주일에 한 번 이상 종교서비스에 참여하는 사람들의 수명이 종교서비스에 한 번도 참여하지 않은 사람보다 7.9년이 길었다고 했다(Hummer *et al*., 1999). 물론, 이런 조사방식은 아프고 연약한 사람들이 매스미디어로 종교서비스에 참여하거나 종교적 신념을 유지하는 것을 고려하지 못하는 문제점이 있지만 그들의 연구는 최소한 다음 두 가지 면에서 종교와 건강에 대한 관계를 분명히 하고 있다(Bainbridge, 2007:49).

1) 종교서비스 참석으로 인한 사회관계가 건강에 유익함.
2) 종교가 담배나 알코올 사용과 같은 위해한 생활태도를 억제함.

유럽과 북아메리카만이 아니라 일본에서 실시된 연구들 또한 높은 수준의 종교성과 보수적인 종교전통에 속한 신자들이 더 건강하고 장수하는 경향이 있다는 사실을 보여주고 있다(Roemer, 2006). 그 일례로 미국에서 높은 수준의 종교성을 가진 사람들은 종교적이지 않은 사람들보다 일반적으로 약 7년가량 오래 산다는 결과는 수많은 건강 관련 변인을 통제할 때에도 유의미한 것으로 확인되었으며, 지구상의 북반구와 남반구를 대상으로 한 비교조사연구 결과와도 대체로 일치했다(Woodberry, 2008:159).

노리스와 잉글하트가 주도한 세계가치조사(WVS, 2005~2008년)의 자료를 기초로 종교서비스 참여도와 삶의 만족도 간의 간단한 나라별 비교분석을 〈표 8-1〉로 정리해 보았다. 질문은 "모든 상황을 고려할 때, 당신은 요즘 전체적으로 삶에 얼마나 만족하고 있습니까?"였고, 응답자들은 1부터 10까지의 정도로 만족도를 표시했다. 삶의 만족도 항목(V22)에서 최고 수준의 만족도(10)를 표시한 사람들의 비율을 상반되는 두 가지 유형의 종교서비스 참석 빈도(V186)를 기준으로 정리한 것이다.

삶의 만족도 비교대상 11개 국가 중에서 인도네시아를 제외하고 10개의 나라에서 종교서비스에 매주 1회 이상 참석하는 사람들의 비율이 한 번도 참석하지 않는 사람들보다 많게는 3배 가까이 높은 것으로 나타났다. 한국처럼 전체적으로 삶의 만족도 수준이 낮은 나라에서도 종교적 참여도가 높은 사람이 한 번도 참여해 보지 않은 사람들보다 2배 이상 많게 나타난다. 물론, 종교적 참여도별 인구비율의 편차 만큼이나 삶의 만족도에 대한 국가별 편차가 크기 때문에 국가별 상황들이 더 다양하게 고려될 필요는 있을 것이다. 다만, 종교적 참여와 삶의 주관적 만족도에 대한 비교를 매우 단순화시켜서 이해한다면 WVS는 대체적으로 주관적 행복은 종교적 참여도와 긍정적 관계에 있다는 것을 보여주고 있다(Bainbridge, 2007:46-47).

〈표 8-1〉 종교 참여도와 삶에 대한 만족도 (단위 : %)

국 가	주 1회 이상 참석	한 번도 참석 안함
프랑스	14. 7	6.9
독일	18.7	6.8
미국	10.4	3.9
캐나다	27.4	11.7
일본	16.7	5.9
한국	2.9	1.3
중국	34.8	16.0
브라질	29.5	15.9
인도네시아	16.9	30.8
이란	14.8	11.9
영국	14.7	10.7

국내 학계에서도 "종교성과 삶의 만족도의 상관관계에 대한 경험적 연구"(1990), "한국종교의 사회적 및 심리적 기능에 대한 경험적 연구"(1994), "병든 사회, 상처 입은 영혼, 치유하는 교회"(2013)에서 이원규 교수는 개신교적 관점에서 종교가 웰빙을 고양시키는 역할을 한다고 주장한 바 있고, 한내창 교수는 전 세계 35개국을 대상으로 조사된 양적 결과를 기초로 종교성 척도와 행복의 상관성이 높지 않음을 보여주었다(2013:177). 그러나 일관된 종교사회학 이론에 기초해서 분석적으로 양자의 관계를 탐구한 연구는 크게 부족한 실정이다. 따라서 한국의 서로 다른 종교들이 신도들에게 가르치는 신앙과 믿음이 한국인의 웰빙 및 웰다잉의 수준과 어떤 관계가 있고 어떻게 이해되어야 하는지에 대한 더 많은 이론적 연구분석이 요구되고 있다.

기독교적 관점에서만 종교와 행복의 문제가 논의되는 단계를 넘어서서 내세적 구원관이 없는 동양의 종교전통에서 종교와 행복의 관계성 연구는 또 다른 의미를 가질 수 있다. 현세에서 누리는 물질적 부와 건강을 종교적 축복으로 또는 내세적 구원의 징표로 정당화시켜 주는 종교들과 그렇지 못한 종교들의 행복관은 동일한 복지정책의 실제적 효용가치를 전혀 다르게 만들 수 있다. 예를 들어, 개신교의 금욕적이고 세속적인 직업윤리를 충실하게 지키면서 사는 것이 인간을 더 건강하게 만드는 것인지 아니면 불교적 가르침에 따라 세속적 가치에 대한 욕심을 최대한 자제하고 주어진 소득으로 만족하고 사는 것이 건강한 것인지는 종교적 의미를 떠나서는 판단하기 어렵다. 또한 삶과 죽음의 종교적 의미에 따라 산자와 망자(亡者) 모두에게 매장(埋葬)이 행복한지 화장(火葬)이 행복한지는 크게 다를 수 있기 때문에 기독교적 신앙이 깊은 사람이 경제적으로 비용이 저렴한 불교식 화장을 선택할 수밖에 없는 상황이라면 웰다잉의 지수는 크게 하락할 것이다. 따라서 서로 다른 종교적 전통에서 웰빙과 웰다잉의 의미를 종합적으로 비교연구하는 것도 종교시장이론의 주요한 향후 과제이다.

특히 IMF 위기 이후 최근 한국의 사회상황은 기득권자와 비기득권자 모두에게 자신들의 미래에 대한 긴장과 불안, 불신과 불만의 과대망상을 낳고 있다. 동시에 단순한 경제적 위기가 아니라 사회시스템의 전면적 붕괴에 대한 위기감을 개인들 스스로가 겪어내고 감내해야 하는 고통의 비례적 분담이 강요되었다. 물질주의, 업적주의, 이기주의와 같은 가치관들이 초사회적 이념이 되면서 공동체의 일원으로서 사회윤리와 책임의식은 행위를 결정하는 중요한 변수로 고려되지 못하고 있다. 경제적 복지정책의 한계를 여기에서 다시 한 번 반성할 필요가 있다. 심리적으로 이미 전 존재적 상실감에 빠진 사람들에게 기초노령연금, 무상급식, 복지바우처, 학자금 융자와 같은 다양한 형태의 소득보조는 지반공사나 설계도 없이 스카이빌딩을 건축하겠다는 것과 같은 것이다. 사회심리적으로 무기력한 사람들에게 중요한 것은 행복한 삶과 죽음에 대한 의지력과 기대감을 갖도록 하는 것이지 단순히 복지예산 항목을 몇 개 더 늘리느냐 마느냐의 문제가 아니라고 생각한다.

엘리슨과 쉐캇은 종교가 사람들의 물리적 건강에 도움이 되는 영향을 다음 다섯 가지로 요약한다(Sherkat and Ellison, 1999).

1) 건강한 태도와 생활방식
2) 사회적 통합과 지원
3) 심리적 자원
4) 외적 자극에 대응하는 태도와 자원
5) 여러 가지 긍정적 감정과 건강한 믿음들

이런 주장이 종교 복지정책에 주는 메시지는 직접적인 보조금 지급이 없음에도 일상생활에서 심리적 및 정신적으로 인간을 건강하고 굳건하게 만듦으로써 오히려 신체적 건강을 증진시킬 수 있다는 것이다. 이런 주장이 사실이라면 많은 나라들이 매년 복지예산을 증액하면서도 언제나 예산 부족만을 탓하는 것이 얼마나 관료주의적인 불평인지를 쉽게 짐작할 수 있다.

한국의 복지정책 역시 경제적 효율성이나 소득재분배의 관점에서 주로 결정되었던 과거의 패러다임에서 탈피하여 '복지'에 대한 주관적 의미를 결정하는 종교적 가치 요소들을 중심으로 정책의 패러다임을 전환해야 할 정책적 반성이 필요해 보인다. 경제민주화나 소득격차의 완화가 평균적 수준에서의 행복지수를 향상시키는 데 기여한다는 것을 부인하지 않는다(조연상, 2012:27). 다만, 소득재분배 정책의 틀 안에서만 복지의 문제를 제한시키려는 경제적 사고의 폐쇄성을 제거해야 한다고 생각한다. 내세적 행복이나 구원을 강조하는 종교적 관점에서 볼 때, 물질적으로 풍요롭게 사는 것과 행복은 별개의 문제이다. 이런 맥락에서 한국에서도 2003년부터 통계청의 『사회조사』에서 삶의 주관적 만족도 문항들이 포함되기 시작한 것은 의미 있는 발전이다.

어쨌든 기대수명을 영원하게 만들 수 없는 한 불로장생의 신약(anti-aging pill)이 행복한 삶과 죽음을 보장하는 복지정책의 최종적 완성이라고 할 수는 없는 것처럼 선진복지정책에 내재해 있는 행복한 삶과 죽음의 의미는 결국 더 깊고 다양한 종교적 이해를 필요로 한다. 존재론적인 관점에서 모든 인간이 궁극적으로 삶과 죽음에서의 행복에 대한 욕구를 가진 것으로 가정할 수 있다면, 그것은 결국 종교시장이론에서 정의하는 현세적 보상과 내세적 보상의 추구와 크게 다르지 않은 것이다. 현대사회에서 인간은 누구나 서로 다른 종교들의 혼란과 질서, 만남과 충돌, 갈등과 타협, 경쟁과 협력의 구조 아래에서 자신의 종교적 정체성을 형성하고 유지하여야 한다. 어느 누구도 다른 종교를 이해하지 않고서는 자신의 삶과 죽음의 의미를 이해할 수 없고, 자신의 종교조차 이해하기 어렵다.

그래서 현대사회의 종교란 주어진 조건이 아니라 선택 가능한 조건이다. 자유로운 의사와 결정에 의해 종교를 선택해야 하는 모든 현대인들은 종교에 더 조심스럽고 진지하고 유보적이기 쉽다. 그것은 자발적 종교 선택이 자신의 행복과 직결되어 있고 중요하다고 인식하기 때문이다. 자신의 자유의지로 선택한 종교를 향해 더 많은 것들을 요구하고 헌납하고 참여하고자 하는 것은 그 과정과 결과가 스스로를 행복하게 만들기 때문이다. 이런 종교적 참여의 자발성이 현대사회의 중요한 정신적 에너지로 기능할 때 고립되고 무기력한 현대인들을 하나로 뭉치게 만들고, 파편화되고 개인화된 사회를 구조적이고 통합적으로 연결된 사회로 만들 것이다.

자 살

죽음은 근본적으로 사적인 경험이지만, 모든 사람에게 일어나는 보편적 사건이다. 그래서 죽음은 사회적으로 공유된 사건으로 남는다. 트로브리안드 제도의 주민들을 연구한 대표적 기능주의자 브로니스로우 말리노프스키(Bronislaw Malinowski)는 죽음을 둘러싼 다양한 종교적 행위야말로 모든 사회의 공통적 측면으로서 이것들은 사회 유지 및 통합의 기능을 동일하게 수행한다고 보았다(Malinowski, 1954). 한편, 고전적 종교사회학자 뒤르켐은 일찍이 『자살론』에서 가톨릭 교단의 자살률이 개신교보다 낮은 이유를 신학적 또는 의례적 차이에 근거한 것이 아니라 사회적 결속력의 차이로 설명했다([1897]1951, 208-209; [1915]1965:157). 가톨릭이 제공하는 집단적 수준의 공동체의식이 개신교의 개인주의적 구원 추구 방식보다 집단 또는 사회의 결속력을 높이기 때문이라는 것이다. 결론적으로 뒤르켐은 다음과 같이 정리했다([1897]1951:159).

> 신앙 집단이 개인의 판단에 더 많은 양보를 하면 할수록 그것은 삶에 대한 지배력이 감소하고, 응집력과 활력도 감소하게 된다. 따라서 우리는 자살에 관한 개신교의 우수성은 가톨릭보다 그것이 느슨한 교회라는 사실로부터 나오는 것이라고 결론지을 수 있다.

그러나 현대사회에서 죽음의 의미는 말리노프스키나 뒤르켐과 같은 기능주의적 설명으로는 해결되지 않는 너무 복잡한 현상이 되었다. "죽음학", "죽음의 과학", 그리고 "죽음의 사회학"이라는 서로 다른 명칭으로 학문적 전문용어의 유행을 선도하고 있는 많은 학자들조차 죽음에 대한 일관되고 통합적인 해석이 없다. 죽음이라는 사건 또는 행위의 의미, 방법, 단계, 원인과 결과, 당위성과 같은 각각의 실제적 측면들이 기능적 설명이론들의 범위를 이미 초월해 폭넓은 학제적 연구를 필요로 한다(문영석, 2005: 295).

의료기술의 급격한 발전으로 점점 높아지는 기대수명과 병행하여 생활수준의 양적 · 질적 향상과 현세 지향적 가치관의 증대로 인해 늙음과 죽음을 극복하거나 적어도 먼 미래로 연기시킬 수 있다는 믿음이 강해지고 있다. 죽음의 문제 그 자체는 점점 대중의 기억으로부터 망각되어 가고 있고, 죽음의 양식(mode of death)들이 표준화되고 획일화되고 있다. 예를 들어, 인류가 건설한 대부분의 사회에서 전형적인 죽음의 양식으로 존재했던 사랑하는 가족과 친지들의 면전에서 성스러운 죽음을 맞는 일이 오늘날 점점 더 줄어들고 있다. 독립된 사회제도로서의 병원의 입원실이나 요양시설의 독방에서 혼자서 죽음을 맞는 경향이 증가하고 있는 것이다. 사회가 죽음을 다루는 양식이 공동체적 종교의례에서 병원이나 복지제도의 한 가지 기능으로 변모됨으로써 죽음의 의미는 이제 '탈신화화' 되었고, 제도적으로 관리되어야 하는 성가신 사회문제로 전락하였다.

종교 다원주의가 세속적 시민과 종교적 시민 모두에게 근대성의 의미를 자기 반성적으로 다시 이해하게 만든다고 지적한 하버마스의 주장처럼(Habermas, 2006:20), 삶과 죽음의 근대적 의미는 종교나 영성과 같은 가치와 신념의 요소를 고려하여 반성적으로 재개념화될 필요가 있다. 종교적 관점에서 삶과 죽음은 단절된 것이 아니라 시공간적으로 연속적이며 불가분하게 결합되어 있는 순환적 과정의 사건들이라고 할 때, 웰빙과 웰다잉(well-dying)은 종교적 행복을 완성하는 두 가지 필수적이면서도 필연적인 측면으로 밀접한 상관성을 갖고 있다.

이런 의미에서 자살의 문제가 행복에 관한 의미의 담론에서 더 적절히 대답될 수 있다면 현대 한국사회에서 종교와 자살의 관계를 뒤르켐이 제시한 공동체성의 정도에서 찾기보다는 삶과 죽음의 관계성 상실에서 찾아야 한다고 주장하고 싶다.

〈표 8-2〉 미국 자살률과 종교 교단별 상관성[1]

	전체 회중수	전체 신자수	인구 천명당 신자수
전체교단	−0.321	−0.385	−0.384
복음주의 개신교단	−0.219	−0.180	−0.069
주류 개신교단	−0.460	−0.427	−0.135
가톨릭 교단	−0.470	−0.413	−0.487
흑인 개신교단	−0.306**	−0.357	−0.240**
정교회 교단	−0.369	−0.445	−0.128

유의수준 *$p<.01$(**$p<.05$)

〈표 8-2〉는 앞서 여러 차례 예시했던 것처럼 종교성에 관한 주요한 지수와 사회조사에서 한국사회보다 훨씬 종교적인 사회로 간주되는 미국에서 자살률과 종교 교단별(denomination) 상관성을 조사했다.

복음주의(evangelical) 개신교단들을 제외하면 거의 모든 교단들에서 자살률과의 부정적 상관성이 일정하게 나타나고 있다. 미국 전체의 회중(congregation)수, 신자수 및 천명당 신자비율의 세 항목에서 전체 종교별 교단들은 거의 일관성 있게 전국의 자살률 분포와 부정적 상관성을 보인다. 물론, 이런 상관성이 인과성을 의미하는 것은 아니다. 다만, 종교적 성향이 공동체성과 상관없이 자살률을 감소시키는 데 일정 부분 영향을 줄 수 있다는 이론적 함의를 갖고 있다. 이런 상관성에 대해 구체적이고 체계적인 조사와 연구가 필요할 뿐만 아니라 종교적 요소들이 인간의 행복에 실제적으로 기여할 수 있는 측면이 많다는 것을 의미한다.

1) 1996년 자살률(State of the First Amendment Surveys 1999)과 교단별 조사자료에 근거(US Religion Census 2010). http://www.thearda.com/rcms2010/

〈표 8-3〉 종교 또는 영성에서 얻는 위안의 빈도[2)]

	개신교	가톨릭	기타	종교 없음	오류	전체
하루 여러 번	21.4% 132	16.2% 49	20.4% 21	11.9% 19	0	18.7% 221
매일	36.2% 224	32.1% 97	39.8% 41	15.0% 24	0	32.6% 386
많은 날들	19.1% 118	18.5% 56	11.7% 12	15.6% 25	0	17.8% 211
어떤 날들	8.6% 53	12.9% 39	9.7% 10	3.8% 6	0	9.1% 108
가끔	8.3% 51	14.2% 43	13.6% 14	12.5% 20	0	10.8% 128
결코 없음	5.0% 31	4.0% 12	2.9% 3	40.0% 64	1	9.3% 110
모름	0.3% 2	1.3% 4	0.0% 0	0.6% 1	0	0.6% 7
답 없음	1.1% 7	0.7% 2	1.9% 2	0.6% 1	1	1.0% 12
전체	100.0% 618	100.0% 302	100.0% 103	100.0% 160	2	1183

〈표 8-3〉은 미국 인구의 약 90% 정도가 종교나 영성에서 위로를 받는다고 대답한 총사회조사(GSS)의 결과를 다시 종교별로 나누었을 때의 비율을 보여주고 있다. 종교 간 차이는 크지 않고, 종교적 응답자와 비종교적 응답자들 간의 차이는 상대적으로 크게 나타난다. 개신교, 가톨릭 및 기타의 종교인구들은 약 94% 정도가 가끔이라도 위안을 느낀다고 대답했지만 종교가 없는 집단은 약 60% 정도만 그렇다고 대답했다. 특히 흥미로운 것은 '종교 없음' 집단의 60%가 종교나 영성으로부터 위안을 느낀다고 답했

2) General Social Survey, 2004(질문: 당신은 종교 또는 영성에서 얼마나 자주 위안을 받습니까?). http://www.thearda.com/quickstats/qs_51.asp

다는 사실이다. 물론, 위안을 느끼는 것이 곧바로 행복을 의미하는 것도 아니고, 미국처럼 종교성이 전체적으로 높은 사회문화적 환경에서 무종교인들도 종교로부터 쉽게 위안을 얻을 가능성도 많다. 그럼에도 불구하고, 이 결과는 종교가 인간의 삶과 죽음을 이해하고 해석하는 데 있어서 무시되어서는 안 될 요소임을 단적으로 암시하고 있는 것처럼 보인다. 자살문제를 단순히 경제적 보조와 심리적 치료 프로그램으로 해결하고자 하는 정책적 매너리즘은 자살자들이 겪고 있는 삶과 죽음에 대한 근원적이고 존재론적인 혼돈들을 너무 피상적으로 간주하고 대응하는 것이란 점을 이런 조사 결과로부터 알 수 있다.

한국은 언제부터인가 정부통계, 신문 또는 잡지에서 OECD 나라들 가운데 삶의 만족도 및 행복지수가 가장 낮은 나라들 가운데 하나로 추정되고 있다.[3] 행복의 기준을 무엇으로 어떻게 측정할 것인지에 따라 다양한 결과들이 나올 수 있겠지만 대체적으로 오늘날 한국사회의 구성원들이 경제적 소득수준에 비해 낮은 행복감을 느끼는 것으로 이해되고 있다.

하지만, [그림 8-1]은 한국사회의 행복지수에 대한 새로운 관점을 제공한다. 기존의 행복지수들이 상대적인 관점에서만 한국사회의 행복을 측정하고자 한 것과는 달리 주관적 행복에 관한 사회학적 저술들과 *Journal of Happiness Studies*의 발행인으로 잘 알려진 네덜란드 에라스무스 대학(Erasmus University Rotterdam)의 벤호번(Ruut Veenhoven) 교수는 세계행복데이터베이스(World Database of Happiness)를 구축하여 1946년에서 2006년까지 지난 60년간의 행복지수를 나라별로 보여주고 있다. 그중에서 지난 30년간 한국의 행복지수는 조사대상 24개국 중에서 가장 가파르게 상승한 나라에 속해 있다.

단순화시켜 정리하면, 행복의 의미가 다양한 만큼이나 행복을 측정하

---

3) 출처 : 문화체육관광부, 국민여가활동조사, 2006년.

는 방법도 다양하고 그 결과도 정반대로 나타날 수 있다는 것이다. 시계열 분석으로 보면 한국사회의 행복감은 경제적 성장과 함께 급속히 증가한 것이지만 공시적 분석에서는 다른 사회에 비해 매우 낮은 상대적 행복감을 느끼고 있다. 우리는 우리들의 부모세대보다는 행복한 삶을 살고 있다고 느끼지만 동시대 미국이나 캐나다 사람들보다는 불행하다고 느끼는 것이다.

그림 8-1 | 지난 30년간 한국의 평균적 행복지수[4]

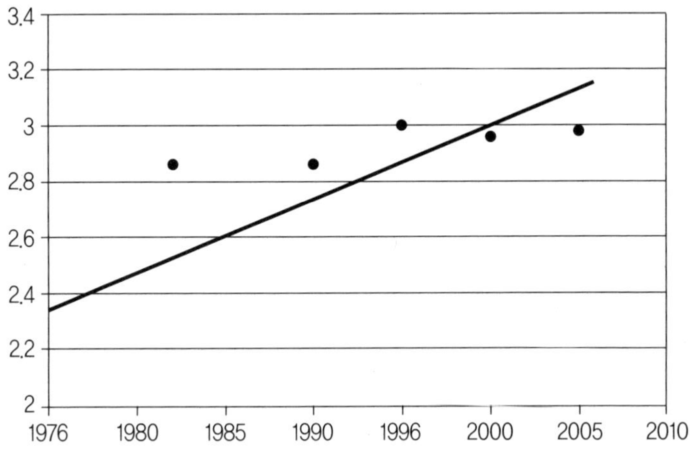

한국의 평균적 행복지수, 1980~2006년
(1=결코 행복하지 않음, 4=매우 행복)

양자의 차이는 결국 행복에 대한 해석의 문제이다. 행복을 객관적으로 지수화할 수 있는 더 체계적이고 분석적인 통계기술이 개발된다 하더라도 이런 주관적 해석의 문제를 완전하게 반영할 수 있는 행복지수는 발견되기

4) 이 그림은 World Values Survey의 조사결과들을 반영하여 만든 것이다(http://worlddatabaseofhappiness.eur.nl/hap_quer/hqi_fp.htm).

어려울 것이다. 이런 점을 고려하여 OECD가 최근 개발한 "더 나은 삶의 지수(Better Life Index)"에서도 삶의 주관적 만족도(subjective wellbeing)는 중요한 척도로 포함되어 있다. 그리고 저자는 주관적 만족도를 결정하는 가장 중요한 요소가 종교성(religiosity)이라고 생각한다.

종교는 행복을 해석할 수 있는 쉽게 변하지 않는 기준을 제공한다. 종교적 관점에서 불행한 사회가 갑자기 행복한 사회로 보이기는 매우 어렵다. 그것은 종교가 하나의 인적 자본으로 존재하기 때문이다. 종교적 인적 자본은 시간이 지날수록 축적되고 증가하여 사람의 인생관이나 세계관을 쉽게 변하지 못하도록 할 뿐만 아니라 오히려 그런 가치관을 영속시키는 요인이 된다. 어느 사회가 종교적 관점에서 타락했거나 종말에 근접해 있는 사회로 간주된다면 그 사회의 종교인이나 비종교인 모두에게 그것은 행복한 사회로 인식될 수 없을 것이다. 예를 들어, 필리핀이나 방글라데시처럼 전체인구의 99% 이상이 신을 믿는다고 응답하는[5] 사회에서 경제적 조건이 어떻게 변하든 그 사회의 행복지수가 갑자기 하락하는 일이 결코 일어나지 않는 이유는 종교적 자본이 극대화된 사회에서는 경제적 빈곤으로 야기되는 문제들조차 경제적으로 해석되기보다 종교적으로 해석될 것이기 때문이다. 그들의 종교적 행복관에서 전자는 부차적인 해석이고 후자는 궁극적 해석이다.

반대로 생각하면, 종교적 소속감이 상대적으로 매우 낮은 한국에서 행복지수를 갑자기 상승시키는 일도 일어나기 힘들다. OECD의 BLI 비교에서 우리 사회의 행복수준이 늘 최하위권을 유지하는 것은 소득재분배 정책이나 심리적 치료의 예산을 증액하는 것으로는 해결되지 않는다. 삶의 주관적 만족도는 경제적 또는 심리적 만족도가 아니라 그런 경제적 및 심리적 가치들에 우선순위를 부여하는 존재론적 가치관에 의해 결정되기 때문

5) 세계가치조사(world values survey 1995, 2000년)의 설문 F050.

이고, 종교성은 그런 가치관을 결정짓는 가장 중요한 요인이다. 결론적으로 정리하자면, 종교성이 높은 나라에서 삶의 주관적 만족도가 높게 나타나는 것은 그 나라의 경제지표나 사회지표가 낮다 하더라도 삶과 죽음에 대한 긍정적 태도가 종교적으로 흔들리지 않기 때문이다. 경제지표나 사회지표가 중요하지 않다거나 객관적인 지표가 아니라거나 또는 주관적 지표가 행복의 유일한 척도라는 주장은 이 책에서의 논의를 오해한 것이다. 중요한 것은 종교성이 행복을 결정하는 중요한 변수라는 점이다. 바로 이 점에서 종교시장이론은 사회구성원 전체의 행복을 평균적으로 높이고자 하는 정책에서 종교성에 대한 고려가 포함되어야 한다는 것을 주장한다.

〈표 8-4〉 한국에서 종교의 중요성과 행복수준 (단위 : %)

		행복의 느낌				
		전체	매우 행복	약간 행복	보통	전혀 행복하지 않음
삶에서 종교의 중요성	매우 중요	22.90	40.10	21.60	17.10	18.10
	약간 중요	29.50	26.40	30.50	25.40	33.30
	보통	33.00	22.20	33.60	38.50	31.90
	전혀 중요하지 않음	14.70	11.40	14.40	19.00	16.70
	전체	*n*=3,616	*n*=387	*n*=2,700	*n*=457	n=72

위의 〈표 8-4〉에서 보면 삶이 매우 행복하다고 느끼는 한국인들의 40%와 26.4%는 종교가 삶에서 매우 중요하거나 꽤 중요하다고 응답한 반면, 삶이 행복하지 않다고 응답한 사람들의 18%와 33%만이 종교가 삶에서 중요하다고 하였다. 매우 행복하다고 느끼는 사람들은 종교를 더 중요하게 간주하는 경향이 있다는 것을 보여준다.

〈표 8-4〉와 마찬가지로 〈표 8-5〉는 1982년부터 2001년까지 지난 20년간 세계가치조사(WVS)에서 실시한 네 번의 조사결과를 종합하여 종교별 행복수준을 정리한 것이다. 전체 종교인구들의 86% 정도가 매우 행복하거나 다소 행복하다고 응답하였다. 종교별 차이는 크지 않지만 종교인구가 느끼는 전체적인 행복수준이 매우 높다는 것을 알 수 있다. 물론, 이런 도표들은 종교성이 행복의 수준을 결정짓는 요소라는 의미가 아니라 종교와 행복의 의미가 실제로 우리 사회에서도 깊이 연관되어 있다는 것을 이론적으로 암시하는 것에 불과하다.

〈표 8-5〉 한국에서 종교별 행복수준 (단위 : %)

		전체	불교	유교	기타	개신교	천주교
행복의 느낌	매우 행복	12.00	10.40	19.00	12.70	13.50	12.40
	다소 행복	74.40	74.5	76.2	71.10	74.10	74.50
	보통	11.50	13.40	4.80	11.30	10.90	10.10
	전혀 행복하지 않음	2.10	1.70	–	4.90	1.40	3.10
	전체	*n*=2,343	*n*=876	*n*=21	*n*=142	*n*=761	*n*=517

그럼에도 불구하고, 한 사회의 종교성이 그 사회의 전체적 행복수준에 영향을 준다면, 종교시장이론의 맥락에서 주장하는 종교적 경쟁과 효율의 증대가 한국사회에서도 중요한 정책적 함의를 갖는다고 할 수 있다. 다시 말하면, 종교다원주의적 사회에서 개별 종교들이 행복을 만드는 과정에서 비슷한 종류의 기능을 하는 것이라면 그 종교의 신도수, 교리적 해석, 사회적 영향력, 경제적 및 교육적 수준과 상관없이 종교적 참여의 증대는 전체 사회의 행복을 증진시키는 데 기여하고 있는 것이다. 따라서 종교정책은 교단이나 조직에 대한 관리와 통제보다 거시적 종교수요를 증대시키고

확대시키는 데에 중점이 두어져야 한다.

결론

한계와 향후 과제들

이 책에서 논의했던 이론과 사례들에 대한 적용의 중심에 서 있는 종교시장이론은 공급 측 요인들에 대한 종교연구의 중요성을 본격적으로 제기하고 실제적 사례 분석을 통해 1990년대 이후 종교현상에 대한 인문학과 사회과학의 학제적 연구에 새로운 전환점을 가져다주었다는 점에서 큰 공헌을 하였다. 또한 이후 20년 동안 새로운 패러다임을 넘어 종교사회학의 주도적 패러다임으로서 사실상 북미와 유럽에서 많은 지지자들을 얻는 데 성공하였다. 한국에선 여전히 새로운 접근법이고 전공자가 드문 영역이지만 앞 장들에서 저자가 나름대로 적용한 것처럼 종교현상의 실제적 변화 원인과 결과에 대한 일관된 이론적 설명력과 예측력을 과시하고 있다.

후기산업사회에서 생존을 위한 무한경쟁에 내몰리고 극단적 개인주의와 물질주의로 무장한 현대인들이 종교적 안식을 추구하고, 종교적 믿음과 행위로부터 위안을 느끼고, 자신과 같은 종교성을 추구하는 공동체에서 새로운 자신의 정체성을 발견하고 건설해 가는 일련의 과정들은 복잡하고 모호한 인간의 비합리적 정신성으로 간단히 환원될 수는 없다. 정보통신과 교통 기술의 발달로 지역사회와 문화의 가시적 경계가 허물어짐으로써 종교적 일원주의 사회를 강제로 지탱하는 것은 불가능한 상황이 되었다. 따라서 모든 현대인은 이전에는 경험하지 못했던 새로운 세계관에 직면하고 대응하여야 하는 존재론적 조건의 변화로부터 정체성의 새로운 건설을 필사적으로 추구해야 하는 역동적 변화의 주인공이자 동시에 추종자들로서 새로운 지구사회의 시민으로 변모했다.

이기적인 인간의 욕심이 항상 파괴적인 것이 아니라 조화로운 사회를 건설할 수 있는 정신적 기초라는 믿음이 단지 경제학적 사고의 전유물은 아닐 것이다. 경제학적 사고가 인간의 이기심을 창조한 것이 아니라 인간들의 자기이익 추구 행위가 경제적 행위들을 이해할 수 있는 과학적 사고들을 가능하게 만든 것이기 때문이다. 마찬가지로 종교적 언어, 믿음, 행위 그리고 공동체들이 자신의 이익이 아니라 초월적이든 절대적이든 단지 타자의 이익을 위해서 존재하는 것이라면 종교는 코페르니쿠스가 지동설을 주장하기 훨씬 이전부터 이미 지구상에서 빠르게 사라져 갔을지도 모르겠다. 과학적 사고들이 기존의 절대적 타자의 관념을 끊임없이 해체하고자 하면 할수록 왜 새로운 절대자 또는 관념들을 찾아 인간은 스스로 종속되고 헌신하는 믿음의 자식들이 되고자 하는가? 동시대 사회의 지배적 가치관으로서 군림하는 과학적 세계관에 현대인들이 결코 만족하지 못하는 이유는 무엇일까? 종교시장이론의 문제의식은 바로 이런 형태의 현실적 자의식으로부터 출발한 것이다. 종교적 이타성과 성스러움을 과학적 절대주의와 세속적 물질주의가 아직도 해체하지 못하고 있는 이유 중에서 가장 근원적인 대답은 인간에게 그런 가치들이 여전히 유익한 결과들을 제공하기 때문이라고 주장하는 것이다. 아리스토텔레스와 토마스 아퀴나스 그리고 애덤 스미스의 지적 전통을 따르자면, 인간은 이기적이기 때문에 이타적일 수 있는 것이고 그럼으로써 합리적이면서 성스러운 존재이기를 추구할 수 있는 것이다. 그러나 종교시장이론의 이런 소박한 실제적 자의식에 대해 많은 비판들이 함께 고려되어야 한다.

무엇보다 가장 신랄한 비판은 종교시장이론에서 가정하는 합리성의 개념에 집중되고 있다. 막스 베버가 유형화시킨 인간의 행위 유형(1968:25) 중에서 '전통적(traditional)' 이거나 '감정적인(affectionate)' 행위가 합리적 선택이론에서의 비합리적 행위들에 해당할 것이다. 이때 이런 전통적이거나 감정적 행위들의 비중이 인간 행위의 많은 부분을 차지하고 있다면, 다시 말해 계산되고 선택된 행위의 비중이 상대적으로 매우 적다면 종교적 행위와 믿음을 합리성의 관점에서 설명하는 것은 합리적 인간성의 측면을 지나치게 과장해서 해석하는 논리의 비약에 기초한 것이 된다. 물론, 이런 비판은 결국 인간성의 본질에 대한 근본적 관점의 차이에서 기인한다. 무의식이나 본능적 에고이즘에 지배되고 있는 인간성을 지지하는 사람들은 인간의 계산적 합리성 개념을 쉽게 수용하기 어렵다. 프로이드와 같은 정신분석학적 맥락을 따르고 있는 종교심리학자들과 루돌프 오토(Rudolf Otto)의 맥락을 따르는 종교현상학자들에게 종교는 공포, 두려움, 경외감, 죄의식, 역사적 원형으로의 회귀와 같은 감성(emotion), 감정(affection), 경험(experience)의 영역을 벗어나서는 정확히 이해하기 어려운 현상이다. 이런 측면에서 본다면, 합리적 선택이론으로 대표되는 종교시장이론은 종교현상의 본질을 계산적 합리성과 교환행위로 설명함으로써 지극히 환원주의적인 종교이해에 갇혀 있다고 할 수 있다.

그러나 오랫동안 주요한 종교연구가들에 의해 논쟁된 것처럼 '환원' 의 개념적 혼동과 남용은 별개의 문제로 하더라도 '환원될 수 없는 종교의 본질' 에 대한 선험적인 가정들을 이미 전제하는 것과 하나의 학문적 담론으로서 방법론적 객관성을 동시에 유지하는 것은 단순한 선언이나 논쟁으로 해결될 수 있는 것이 아니다. 종교심리학이나 종교사회학, 종교인류학과 같은 종교에 관한 주요한 사회과학적 접근법 전체를 환원주의로 간단히 단정하는 것은 선험적 전제에 기초하여 종교현상에 대한 학제적 연구의 시대적 중요성과 필연성을 부정하는 방법론적 주관주의자들의 편견이자 또 하나의 이데올로기일지도 모른다. 시걸(Robert Segal)이 반환원주의의 환원성에 대해 비판한 것처럼 어쩌면 모든 형태의 종교이해가 적어도 방법론적으로는 환원주의일 수밖에 없는 것이다(1983).

둘째, 종교시장이론에서 사용되는 '합리성' 개념의 비합리적 기초에 대한 비판들이다. 이런 비판은 종교적 행위를 경제화시키는 것에 대한 강한 거부감으로부터 자주 제기된다. 지구화이론을 종교사회학에 도입한 로버트슨(Roland Robertson)은 종교적 언어의 경제화는 모든 것이 상품화되는 근대 후기 사회의 산물로서 합리적 사고의 실패를 인식하지 못하는 "합리성의 비합리성(the irrationality of rationality)"이라고 비난한다(1992: 153). 그는 문화적 자율성을 주장하는 우스나우를 인용하면서(Wuthnow, 1991) 종교를 단지 개인적 선택의 산물로 이해하는 것은 합리적이고 계산적인 행위 주체에 과도한 특권을 부여하는 것으로서 개인성(individuality)의 현대적 개념을 소홀히 취급한 것이라고 비판한다(1992:149). 다시 말하면, 브루베이커(Rogers Brubaker)가 베버의 합리성 개념으로부터 지적한 것처럼(1984:92), 오늘날 개인들의 합리적 삶 그 자체가 비합리적 선택 위에 건설되어 있다는 근대사회의 역설적 구조를 종교시장이론은 간과하고 있는 것이다. 이런 구조적 비합리성에 대한 주장은 부르디외(B. Bourdieu)가 행위를 아비투스(habitus)와 장(field)의 우연적 만남의 산물이라고 부르는 이유와 일맥 상통하고 있다(Robertson, 1992:153). 로버트슨은 이런 신구 패러다임의 논쟁을 지구화의 관점에서 다음과 같이 요약하고 있다(1992:155).

> 지구화가 경제주의와 문화주의 논쟁을 종식시키고 있는 것과 마찬가지로 세속화와 탈세속화 문제의 초월을 야기하고 있다. 개인적 선택들은 지속적으로 사회 및 문화적 결과들을 갖고 있고, 그와 동시에 그런 선택들은 우리가 지금은 모호하게만 식별하고 있는 주변 환경들에 의해 형성된다.

문화주의의 대립항으로서 종교시장이론을 '경제주의'로 이해하는 로버트슨의 주장은 종교시장이론을 신자유주의 경제학의 사회학적 부산물로 취급하는 많은 비판가들의 입장을 요약하고 있다. 그러나 개인의 범위를 넘어서 있는 집단적 가치들에 대한 합리적 선택이론의 '두꺼운' 모델들은 주변 환경들이 부과하는 구조적 요소들을 이미 다양한 측면에서 반영하고 있다(Becker, 1996; Frank, 1985; Hechter, 1994). 이러한 모델들에서 개인은 구조적 요인들에 무감각한 이기적 행위자(selfish agent)로 이해되기보다는 단지 자기 이익을 추구하는(self-interested) 좀 더 현실적인 존재들로서 간주되고 있다(Hechter and Kanazawa, 1997:194). 이런 모델들에서는 개인이 단순히 이기적 목적에서의 이익 극대화를 추구하는 존재들이 아니라 만족스러운 이익의 수준을 추구한다고 가정한다. 그래서 이런 '만족스러운 합리적 선택이론(a satisfactory rational choice theory)'은 경제학을 지탱하는 세 가지 굳건한 기본 가정들, 즉 극대화 행위(maximizing behavior), 시장균형(market equilibrium), 안정된 선호(stable preference)의 문제를 매우 유연하게 적용하고 있다(Willer, 1992:50).

종교시장이론의 이데올로기적 측면을 비판적으로 고찰하는 것은 중요하고 필요한 일이다. 또한 모든 이론은 그 시대와 사회를 지배하고 있는 이데올로기의 영향을 필연적으로 받는다. 그럼에도 불구하고, 이론 그 자체와 이데올로기를 기본적으로 동일시하는 단순화(simplification)는 전자를 후자에 의해 야기된 잉여적 산물로 종속시키는 것과 마찬가지로 이론에 대한 또 하나의 환원적 이해로서만 타당한 것이다. 서양사회와 같은 완전 경쟁적 종교시장을 결코 경험한 적이 없는 한국사회에서 종교에 대한 정부 통제를 당연시하고 종교의 비합리성에 대한 확신으로 무장한 관료나 지식인 엘리트들이 결과적으로는 계획된 종교경제를 추구하는 '종교시장의 마르크스주의자들' 로 기능해 왔다. 대조적으로 동시대 현실에 부합하도록 최소한의 규제와 공정한 경쟁을 기초로 한 종교시장의 건설을 주장하는 종교시장이론의 현실적 설명력은 합리성과 효율성 원칙에 의해 오늘날 자연스럽게 해체되어 가는 계획적 종교경제의 실패를 충분히 이해하고 있다는 점이다.

셋째, 인간이 종교적 선택과 같은 문화적 소비를 할 때 자신이 원하는 것에 기초할 뿐만 아니라 다른 사람이 나에게 무엇을 원하는가에 의해서도 깊이 영향을 받는다고 한다(Robertson, 1992:151; Sherkat and Wilson, 1995:1016). 순수하게 자신만의 이익을 고려하기보다는 자신의 결정으로 영향을 받을 수 있는 주변 사람들의 상태까지 예상하여 문화적 소비를 결정한다는 것이다. 문화적 소비는 사회적 제약들에 종속되어 있다. 예를 들어, 모태 신앙자들이 성장하면서 자신들의 종교적 믿음에 회의적이면서도 개종이나 배교를 하지 않고 부모와 동일한 종교적 멤버십을 유지하고자 하는 경우와 같다.

또한, 도구적 합리성만을 인정하는 합리적 선택이론에서는 행위 그 자체의 윤리성, 즉 목적적 합리성이 존재하지 않기 때문에 나치의 유태인 대학살과 같은 만행도 나치주의자들의 사회적 이념을 효과적으로 달성하기 위한 합리적 행위로 설명될 수밖에 없다. 무엇보다 주관적 합리성(subjective rationality)의 지나친 강조는 합리성의 의미가 이미 문화적으로 결정되어 있다는 것을 간과하고 있다. 무속인의 예언과 목사의 종말론 중에서 어떤 것을 믿는 것이 자신에게 더 이익이 되는지는 그 사회의 문화적 맥락을 떠나서는 판단하기 어렵다. 마찬가지로 개인의 이익과 집단의 이익이 충돌하는 경우에도 개인주의적 문화가 지배적인 사회와 집단주의적 문화가 지배적인 사회에서의 합리성 개념 역시 다를 수밖에 없다. 합리적 선택이론이 기초하고 있는 극단적 개인주의의 관점에서는 비용과 편익의 기준에 대한 다양한 문화적 차이들이 반영되지 못하고 있는 것이다.

그러나 야나코네(Iannaccone)는 종교적 인적 자본(religious human capital)의 개념을 사용하여 사회적 제약들을 합리적 선택이론의 틀 안에서 설명하고자 한다. 간단히 설명하면, 모태 신앙자들의 경우와 같이 시간적으로 축적된 자신만의 종교적 경험, 인적 관계, 종교적 교리와 의식에 대한 지식은 중요한 종교적 자원들로 간주될 수 있기 때문에 장기간 축적된 일종의 인적 자본이 된다. 한 종교의 인적 자본을 많이 소유한 사람들이 종교적 이동을 고려할 때 장기간 투자해서 축적된 인적 자본을 상쇄할 만큼의 편익을 제공하는 다른 대안들을 찾아야 하는 것이다. 따라서 축적된 인적 자본의 양이 많으면 많을수록 다른 종교로의 개종은 어렵게 된다고 그는 설명한다(Iannaccone, 1990).

또한, 문화적 차이에 대한 요소들이 시장가격에 반영되는 경우가 일반적이므로 종교시장의 수요자와 공급자들의 선택을 결정하는 종교서비스의 종합적 가격지수가 존재할 수 있다면 종교시장에서 문화적 요소들은 이미 내재적으로 그 가격지수에 일정한 비중으로 포함되어 있는 것이다. 예를 들어, 맥도널드 햄버거의 지역적 가격 차이를 활용한 빅맥지수는 한 재화의 가격이 이미 여러 가지 지역적 특수성을 충분히 반영하고 있다는 좋은 사례이다. 이처럼 종교시장에서도 개별 종교서비스의 가격은 생산과 소비 과정에 영향을 미칠 수 있는 수많은 환경적 요소들을 반영하여 결정되는 것으로 이해할 수 있다. 물론, 가격의 구체적 결정요소와 과정을 밝히는 것이 미시경제학의 주된 탐구대상인 것과 마찬가지로 종교시장이론에서도 주요한 향후 연구과제가 될 것이다.

넷째, 합리적 선택이론은 동어 반복적 순환론에 빠질 수 있다. 합리적 선택이론에 따르면, 종교적 수요는 안정적이기 때문에 공급 측 요소들이 현재적 또는 잠재적 수요자에게 호소함으로써 종교적 활력을 낳고, 공급 측 경쟁을 통해 승리한 공급자는 다시 사회화되고 일상화되면서 내적 비효율이 증가한다. 따라서 좀 더 효율적인 공급자를 찾는 새로운 수요를 만들고 이것이 공급자들에게 새로운 서비스의 창출을 동기화한다. 이런 논리는 결국 공급이 수요를 창출하고, 창출된 수요에 기초해서 다시 새로운 공급자가 발생한다는 순환론적 논리에 기초하고 있다. 또한, 종교적 수요의 안정성 가정은 역사적 사실과도 부합되지 않는 측면이 있다. 과학적 세계관의 발전으로 종교적 수요는 꾸준히 감소해 왔고 개인적으로나 사회적으로 종교의 역할이나 영향력이 축소되어 가는 것은 원시사회로부터 고대, 중세, 근대 및 현대 사회로의 시대 간 변화를 관통하는 큰 흐름이었다. 또한, 합리적 선택이론에서 사용하는 세속화의 개념은 아래로만 내려가는 엘리베이터처럼 오직 직선적(linial) 형태의 세속화 개념에 의존하고 있는 것이지만, 실제 동시대 세속화론자들은 직선적 세속화 개념보다는 주기적(cyclical)이고 역설적(paradoxical)인 세속화 개념을 혼용하여 사용하고 있다(Goldstein, 2009). 다시 말하면, 합리적 선택이론 그 자체가 이미 세속화된 사회적 및 문화적 현상의 한 측면이다. 경제적 합리성에 기초하여 공급자와 수요자가 종교적 선택을 결정한다는 관념은 어쩌면 극단적으로 세속화된 사회에서나 유용한 것일지 모른다(Bruce, 1993:204).

그러나 이런 비판에 대하여 합리적 선택이론은 기본적으로 연역적 이론이라는 점이 고려될 필요가 있다(Simpson, 1990). 그것은 모든 인간이 합리적이라는 선언적 주장으로부터 인간의 종교적 행위 패턴에 관한 많은 명제들과 정의를 도출해 낸다. 귀납적 설명에 익숙한 기존의 사회학적 관점들에서 합리적 선택이론을 순환론적 설명이라고 비난하는 이유는 동일한 종교현상들에 대한 설명방식의 차이를 일정 부분 과장해서 해석한 것이다. 세속화론자들의 종교적 변화에 대한 설명과 예측은 지난 50년간 종교인구의 폭발적 성장을 경험하고 있는 유럽을 제외한 대부분의 사회들에서 실패했으며, 종교의 영향력이 보편적으로 쇠퇴하고 있다는 어떤 경험적 증거도 제시하지 못했다. 대조적으로 연역법에 기초한 합리적 선택이론은 하나의 사회이론으로서의 예측력을 사회에 분명하게 제공하고 있다. 사회이론은 단순히 현실을 이해하고 분석하는 데에 머물지 않고 다가올 변화에 대해 예측하고 설명해야 할 책임이 있는 것이다. 종교적 현실과 미래에 대해 모호한 입장으로 일관하고 있는 세속화이론과 달리 합리적 선택이론의 주장들은 구체적이고 일관적이며 명료하다.

다섯째, 합리적 선택이론에서 가장 중요한 개념으로 사용되는 '보상(reward)' 의 의미는 선과 악, 보상과 처벌이라는 이원론적 종교교리의 일면만을 지나치게 확대해서 설명하고 있다. 종교적 보상에 대한 교리만큼이나 종교적 처벌(punishment)에 대한 공포와 책임감으로 종교적 공급자와 소비자들이 종교적 선택을 하게 된다는 점을 간과하고 있다. 이것은 종교적 선택의 윤리적 측면을 거의 도외시하고 있는 합리적 선택이론의 한계를 거듭 보여주는 것이다(Collins, 1997). 보상-교환 관계의 영역 밖에서도 인간은 종교에 대한 필요성을 항상 느끼고 있고 보상에 대한 기대가 없다 해도 악, 사탄, 불의, 삶의 고통과 같은 다양한 문제들을 종교적 처벌의 개념으로 이해하고 그런 처벌에서 벗어나거나 또는 그 처벌을 내면화하기 위해 더욱더 종교적일 수도 있는 것이다.

여섯째, 합리적 선택이론은 제도종교와 유신론 중심적인 서구 문화적 편향성에 함몰되어 있다. 종교적 믿음과 조직들이 다른 사회제도들과 상대적으로 뚜렷하게 구분되어 발전해 온 유럽과 미국에서는 종교적 서비스의 공급자와 수요자가 쉽게 구분될 수 있지만, 동양사회에서는 이런 구분이 어려운 경우가 많다(Sharot, 2002:444; Hamilton, 2009:125). 불교, 도교, 힌두교와 같은 동양 종교들은 기독교와 같은 배타적 멤버십에 기초한 종교조직들을 필수적 요소로 간주하지 않으며, 특히 동아시아에 광범위하게 혼재하고 있는 샤머니즘에서는 회중(congregation)조직 자체가 존재하지 않는다. 게다가, 불교와 도교는 샤머니즘과 혼합되어 공급되고 소비됨으로써 다중적 멤버십(plural membership)을 자유롭게 허용한다. 합리적 선택이론이 주장하는 광범위한 보상에 기초한 배타적인 교환관계가 동양 종교들의 다중적 멤버십보다 더 효율적인 종교진화의 단계라는 경험적 증거는 없다.

이런 비판에 대하여 야나코네는 포트폴리오(portfolio)의 개념을 도입하여 서구 종교의 집단적 생산(collective production)과 동양 종교의 사적 생산(private production)의 차이가 종교적 선택의 위험을 관리하는 양자 간 방법의 차이를 낳았다고 주장한다(1995). 종교의 사적 생산이 많은 사회에서는 기능적으로 제한적인 역할만을 담당하는 각각의 신들을 동시적으로 또는 연속적으로 소비할 수 있는 다중적 멤버십이 종교적 투자에 대한 위험도를 평균적으로 가장 낮게 유지할 수 있는 소비전략이기 때문이다.

일곱째, 합리적 선택이론에서 주장하는 비용과 편익의 계산은 시장에서 통용되는 객관적 측정단위가 존재하여야 한다. 즉 시장의 참여자들이 비용과 편익의 기준으로 삼을 수 있는 상품시장에서의 화폐와 같은 측정단위가 종교시장에서는 처음부터 존재할 수 없다. 비용과 편익에 대한 막연한 기대는 가질 수 있다고 하더라도 종교적 선택의 순편익을 결정할 만큼의 척도를 종교 공급자나 수요자들이 스스로 발견하는 것은 현실적으로 매우 어려운 것이다. 그러나 이런 비판에 대하여 종교성(religiosity)을 객관적으로 측정할 수 있는 합의된 기준이 없다는 것이 먼저 인정되어야 한다. 종교시장에서 '시장가격(market price)'과 같은 객관적인 측정단위를 발견하기 어려운 것은 종교성을 정확히 지수화할 수 있는 사회문화적 합의가 결여되었기 때문이지 비용과 편익의 계산이 종교시장에 부재하기 때문은 아닌 것이다.

여덟째, 종교적 독점시장(religious monopoly)이 종교적 성장을 야기할 수도 있다. 법적으로 국교(establishment)를 인정하거나 교회세(church tax)를 부과하는 종교시장에서도 종교인구의 성장과 높은 교회 참석률을 유지하고 있는 남유럽국가들과 이슬람 사회가 존재한다. 이런 면에서 경쟁적이고 다원주의적인 종교시장에서만 종교적 활력이 존재할 수 있다는 합리적 선택이론의 주장은 종교적 현실을 지나치게 단순화시켜서 이해하고 있다. 이러한 가톨릭 효과(the Catholic effect)에 대하여 스타크와 핑키는 로마 가톨릭 교회의 국제화가 서루 다른 국가와 문화의 차이를 인정할 수밖에 없는 필요성을 낳았고 그것이 카톨릭 교회의 내적 다양성에 기여했다고 설명한다(2000:243-247). 실제로 디오탈레비(Luca Diotallevi)는 가톨릭 독점시장인 이탈리아에서 내적 경쟁의 중요성을 확인해 주고 있다(2002). 또한, 합리적 선택이론을 이슬람 사회에서 검증한 연구는 거의 없지만, 이슬람 사회가 탈국교화(disestablishment)된다면 현재보다 더 높은 수준의 종교적 참여율과 종교인구의 성장을 경험할 것이라는 이론적 예측은 가능하다.

위와 같은 다양한 비판들에도 불구하고, 합리적 선택이론 또는 종교시장이론은 그것의 경험적 설득력을 양적 및 질적으로 향상시키면서 하나의 모델을 넘어 과학적 종교연구에서 필수적으로 이해야 할 이론으로 성숙해졌다. 스테픈 워너가 동시대 종교사회학이 '새로운 패러다임(new paradigm)'을 향해 가고 있다고 선언했을 때(Warner, 1993), 그것은 새로운 이론(a new theory)의 수준을 넘어서 있는 거대한 담론(metanarrative)의 변화를 의미하는 것이었다(Lechner, 1997:192-197). 그러나 합리적 선택이론은 그런 패러다임 변화의 원인도 아니고 결과도 아니다. 단지 경제적 개념을 차용하여 종교현상을 설명하고자 하는 다양한 시도들 중에서 가장 체계적이고 설명력 있는 이론으로서 그것의 한계와 잠재력을 보여주고 있다. 디머레스(N.J. Demerath)가 적절히 지적한 것처럼(1995:109), 종교시장이론이 북미 사회의 종교시장을 설득력 있게 설명하는 것과 대조적으로 유럽이라는 거대한 지역의 종교적 변화를 설명하는 데 여전히 경험적 한계를 노출하고 있다는 면에서 아직은 경험적이기보다는 가설적인 주장들에 기초하고 있는 면이 크다고 할 수 있다.

그럼에도 불구하고 종교시장이론의 많은 주장들과 통찰력은 이러한 한계보다 더 의미 있는 전환점을 종교연구자들에게 만들어주었다. 뒤르켐과 베버 이후의 종교사회학적 접근법들이 소홀히 취급했던 종교제도, 성직자, 종교 관련 법령, 국가의 종교적 태도와 정책 등이 사회 내의 전체 종교인들의 이익과 행복에 어떻게 영향을 미칠 수 있는지를 그것은 체계적으로 설명하였다.

종교적 수요를 인위적으로 조작하기보다 불필요한 종교적 규제와 독점적 구조를 제거하고 종교 간 경쟁을 통해 종교를 필요로 하는 모든 사람들, 즉 수요자와 공급자들이 그들의 종교적 선택으로부터 더 만족스럽고 행복한 상태에 도달할 수 있다는 다원주의 명제(pluralism thesis)가 오늘날 더 타당할 수 있는 이유는 종교현상의 상품화에 대한 규범적 판단을 보류했기 때문에 더 설득력 있게 보이는 것이다.

종교현상을 시장의 관점에서 이해할 때 필연적으로 도출되는 다원주의 명제(pluralism thesis)는 정적이고 수동적이며 비자발적인 종교행위 주체들 및 종교적 시스템에 대한 기존의 편견을 버리고, 자발적이고 능동적인 주체로서 종교적 변화를 이끌고 사회화과정에 다양한 방법으로 직접 참여하는 종교 공급자들과 수요자들을 전제로 한다. 물론, 브루스(S. Bruce)가 주장하는 것처럼 종교라는 상품은 자동차와 같은 성질의 소비재가 아니고, 종교적 신자(believer)는 결코 상품시장의 소비자(consumer)와 같은 집단이 아니다(1993).

하지만 수많은 종교 조직들과 교리, 행위들로 가득찬 종교다원주의 사회에서 모든 사람들이 자유롭게 종교적 선택을 할 수 있다는 점에서는 실제적으로 자동차의 구매자와 다를 바 없이 늘 선택의 문제에 직면하고 있고, 그 선택의 결과로부터 가족, 이웃, 사회, 국가에 적지 않은 영향을 미치고 또 영향을 받게 되는 상황에 대한 고려를 할 수밖에 없는 것은 종교적 신자가 상품시장의 소비자보다 더 신중하고 사려 깊게 전체의 이익과 자신의 이익에 대한 상대적 편익의 비중을 고민하기 때문이다.

수많은 종교가 진열된 종교시장에서 공급자와 수요자가 길을 잃고 헤매는 것이 사회적 및 개인적으로 얼마나 큰 비효율과 손실을 초래하는 것인지 우리는 이제 분명히 깨달을 수 있다. 따라서 종교를 상품으로 간주한다는 것이 종교적 선택을 가볍게 여기는 세태를 정당화하는 것이 아니라 종교적 선택에 내재하고 있는 시장의 자연적 질서를 얼마나 냉철하게 인식하고 설명할 수 있느냐의 문제라는 것을 분명히 알 수 있다.

다시 강조하면, 종교가 자동차나 부동산과 달리 그 가치를 알 수 없는 신성한 것이라는 그런 공허한 관념적 이해보다 학문적으로 더 중요한 종교 이해는 자동차나 부동산 시장에서와 마찬가지로 종교시장에도 인간들이 오래전부터 스스로 만들고 유지하고 있는 보이지 않는 질서가 존재하고 있다는 것을 증명하고 또 설명하는 것이다. 종교시장이론은 이런 면에서 자본주의적 세계관의 발전과 함께 그것의 이론적 설득력을 더 증대시켜 갈 것이며, 미로처럼 복잡하고 혼란스러운 종교시장에서 아무도 길을 잃지 않도록 인간의 근원적 종교성과 중단 없이 연결된 통찰력으로 우리 모두를 침착하게 안내할 것이다.

참고문헌

I. 한국어

강돈구. 1993. "미군정의 종교정책." 『종교연구』 12 : 15-42.

_____. 2006a. "한국의 종교교육과 종교정책." 『종교연구』 48 : 139-162.

_____. 2006b. '여호와의 증인' 의 특징과 전개. 『종교연구』 43 : 45-69

강인철. 2006. "한국사회와 종교권력—비교역사학적 접근." 『역사비평』 77 : 118-149.

_____. 2007. "박정희 정권과 개신교 교회." 『종교문화연구』 9권 : 83-118.

_____. 2008. 『종교권력과 한국천주교회』. 오산 : 한신대학교 출판부.

고병철. 2011. "한국종교정책의 진단과 과제 : 문화체육관광부의 종무실을 중심으로." 『종교연구』 65 : 1-34.

김금하. 2007. 『비단꽃 넘세』. 서울 : 생각의 나무.

김병서. 1995. 『한국사회와 개신교 : 종교사회학적 접근』. 서울 : 한울아카데미.

김성건. 2006. "세계화와 영적 혁명—한국 개신교 내의 새로운 오순절 성령운동을 중심으로." 『담론 201』 9(1) : 231-258.

_____. 2010. "종교와 행복 : 한국사회의 관리·전문직의 사례를 중심으로." 『담론 201』 13(4) : 127-157.

_____ (외). 2013. 『21세기 종교사회학』. 다산출판사.

김순석. 2008. "대한불교 조계종과 한국불교 태고종의 성립 과정." 『순천향 인문과학논총』 22 : 143-174.

김윤태. 2010. "행복지수와 사회문화적 분석." 『문화경제연구』 13(1) : 23-45.

김이석. 2011. "행복지수의 함정." 『한국논단』 3월호 : 12-13.

김재영. 2013. "신종교 연구방향에 대한 종교학적 성찰." 『한국종교』 36 : 133-186.

김정수. 2013. "우리나라 종교갈등의 특성과 바람직한 종교정책의 모색." 『한국정책학회 하계학술발표논문』. pp.687-718.

김종서. 1990. "현대 종교조직의 유형론 연구 : 교화-교파이론을 중심으로." 『정신문화연구』 13(4) : 97-113.

_____. 1992. "종교단체의 합리적 재산관리." 『다보』 3 : 24-31.

_____. 2005. 『종교사회학』. 서울 : 서울대학교 출판부.

김철수. 2013. "한국의 종교지형." 『21세기 종교사회학』. 서울 : 다산출판사.

김항섭. 2008. "종교경제학에 대한 비판적 이해." 『종교문화연구』 10(12) : 1-26.

노길명. 2003. 『한국신흥종교연구』. 경세원.

_____. 2005. 『한국의 종교운동』. 서울 : 고려대학교 출판부.

노치준. 1986. "한국교회의 개교회주의에 관한 연구." 『기독교사상』 30(5) : 80-105.

류성민. 2007. "한·중·일 삼국의 종교정책 비교." 『종교연구』 46 : 35-75.

문영석. 2005. "해외 죽음학의 동향과 전망." 『종교연구』 39 : 293-313.

문화체육관광부. 『한국의 종교현황』 1970년~2011년

박명수. 2010. "정부의 전통종교 문화정책 현황과 기독교의 대응방안." 『성결교회와 신학』 24 : 81-121.

박승길. 1995. "해방 이후 한국인의 종교생활과 종교사회학." 『한국사회학회 심포지움 논문집』 pp.311-360.

_____. 1998. "미군정의 종교 정책과 기독교의 헤게머니 형성." 『사회과학연구』 5 : 61-90.

박종주. 1994. "한국에서의 국가-종교관계 변화분석 : 제1~6공화국의 종교정책을 중심으로." 『한국사회와 행정연구』 5(1) : 195-212.

백종구. 2010. "한국 현대 종교문화정책의 역사와 전망." 『성결교회와 신학』 24 : 55-80.

소성규. 2012. "종교 단체의 법적 규율을 위한 입법적 시론." 『한국법정책학회』 12(2) : 453-482.

송기춘. 2006. "종교 관련 제도의 헌법적 문제점과 그 개선방안." 『헌법학연구』 한국헌법학회 12(5) : 113-146.

송재룡. 2008. "에밀 뒤르켐 150주년 탄생기념 ; 한국사회의 자살과 뒤르케임의 자살론 : 가족주의 습속과 관련하여." 『사회이론』 34 : 123-164.

신호균 · 김영애 · 최장모 · 도현옥 · 이명선. 2011. "소그룹형태에 따른 교회의 건강성이 성도들의 영적성장에 미치는 영향에 관한 연구 : 가정교회, 셀, 구역을 중심으로." 『로고스경영연구』 9(2) : 152-173.

여호와의 증인들. 『여호와의 증인들 연감』 2000년~2014년.

오경환. 1990. 『종교사회학』. 서울 : 서광사.

유광석. 2013. "합리적 선택이론에서 종교적 수요의 안정성 논쟁." 『담론 201』 16(2) : 49-73.

유동식. 1965. 『한국종교와 기독교』. 서울 : 대한기독교서회.

_____. 1975. 『한국무교의 역사와 구조』. 서울 : 연세대 출판부.

유동식 · 금장태. 1986. 『한국종교사상사 II』. 서울 : 연세대 출판부.

윤용복. 2007. " '여호와의 증인' 의 역사와 특성." 『종교연구』 47 : 289-313.

윤이흠. 1985. "한국인 종교적 심성의 근인 : 종교인구통계조사의 허실." 『정경문화』 245 : 378-387.

윤이흠 외. 1985. "종교조사의 방법론 개발과 한국인의 종교성향." 『한국종교의 이해』 서울 : 집문당. pp.343-371.

이기태. 2006. "점복촌의 역사적 실태 연구." 『한국무속학』 13 : 233-271.

이민수(역). 1995. 『삼국유사』. 서울 : 을유문화사.

이상선. 1998. 『高麗時代 寺院의 社會經濟硏究』. 서울 : 誠信女子大學校 出版部.

이상엽. 2005. 『명리정의』. 서울 : 아신출판사.

이영훈. 2009. "여의도순복음교회, 새로운 50년을 바라보며." 『기독교사상』 53(6) : 208-215.

이원규. 1990. "종교성과 삶의 만족도의 상관관계에 대한 경험적 연구." 『신학과 세계』 20 : 246-299.

_____. 1994. "한국종교의 사회적 및 심리적 기능에 대한 경험적 연구." 『신학과 세계』 28 : 232-253.

_____. 2001. 『종교사회학의 이해』. 서울 : 나남출판.

_____. 2013. "병든 사회, 상처 입은 영혼, 치유하는 교회." 『신학과 세계』 76 : 103-133.

이은선. 2010. "정부의 민족종교 및 민속문화정책 현황과 기독교계의 대응." 『성결교회와 신학』 24 : 122-152.

이재창. 1993. 『韓國佛敎 寺院經濟 硏究』. 서울 : 불교시대사.

정상우. 2012. "한국의 종교 법제도와 정책의 흐름과 쟁점." 『법학연구』. 경상대학교 법학연구소 20(3) : 369-395.

정수진. 2012. "무형문화재의 향방 : 한일 양국의 제도 비교로부터." 『동아연구』 서강대학교 동아연구소 62 : 265-297.

정태식. 2013. "종교와 정치." 『21세기 종교사회학』. 다산출판사.

조병수. 2001. "셀 목회와 현대 목회의 전략." 『신학정론』 19(2) : 305-342.

조성돈 · 정재영 외. 2007. "그들은 왜 가톨릭교회로 갔을까." 서울 : 예영커뮤니케이션.

조세희 · 이재혁. 2013. "왜 '느슨한' 교회가 성장하는가? : 합리적 선택론에서 본 한국 그리스도교의 교세변화."『한국사회학』 47(2) : 61-100.

조연상. 2012. "행복지수와 한국 재정정책 방향."『재정정책논집』 14(4) : 3-30.

조흥윤. 1998. "무교사상사"『한국종교사상사 IV』. 서울 : 연세대 출판부.

_____. 1999. "Cultural Interbreeding between Korean Shamanism and Imported Religions." *Diogenes* 47(3) : 50-61.

최길성. 1994.『한국무속의 이해』. 서울 : 예전사.

최현종. 2012. "제도화된 영성과 한국 종교 지형의 변화 : 가톨릭과 개신교를 중심으로."『종교와 문화』 22 : 137-156.

한국갤럽(편). 1997.『한국갤럽 여론조사총람 1992-1997』 상·하권. 서울 : 한국갤럽.

_____. 2004.『한국인의 종교와 종교의식 : 1984, 1989, 1997, 2004년 비교조사 분석』. 서울 : 한국갤럽.

한국기독교사회문제연구원(한기원). 1982.『한국교회 100년 종합조사연구 : 보고서』.

한국천주교중앙협의회,『한국천주교회 통계』 1996년~2013년.

한내창. 2013. "여러 문화에서 종교성과 사회적 태도."『한국의 종교사회학』. 서울 : 늘봄.

한미준 · 한국갤럽(편). 1999.『한국개신교인의 교회활동 및 신앙의식 조사보고서』. 서울 : 두란노.

Ⅱ. 영어

Adorno, Theodore W.(et al.). 1950. *The Authoritarian Personality*. New York : Harper & Sons.

Alexandrin, Glen. 1993. "Elements of Buddhist Economics." *International Journal of Social Economics* 20(2) : 3-11.

Azzi, Corry and Ronald G. Ehrenberg. 1975. "Household Allocation of Time and Church Attendance." *Journal of Political Economy* 83(1) : 27-59.

Bainbridge, William S. 2007. *Across the Secular Abyss*. Lanham, MD :

Lexington Books.

_____. 2009. "Atheism" in *The Oxford Handbook of The Sociology of Religion*. ed. by Peter Clarke. New York : Oxford University Press. pp.319-335.

Baker, Donald I. 2008. *Korean Spirituality*. Honolulu : University of Hawaii Press.

Bankston, Carl L. III. 2002. "Rationality, Choice and the Religious Economy : the Problem of Belief." *Review of Religious Research* 43(4) : 311-325.

_____. 2003. "Rationality, Choice, and the Religious Economy : Individual and Collective Rationality in Supply and Demand." *Review of Religious Research* 45(2) : 155-171.

Barker, Eileen. 1984. *The Making of a Moonie : Brainwashing or Choice*. Oxford : Basil Blackwell.

Becker, Gary S. 1957. *The Economics of Discrimination*. Chicago : University of Chicago Press.

_____. 1964. *Human Capital*. New York : National Bureau of Economic Research, Columbia University Press.

_____. 1968. "Crime and Punishment : An Economic Approach." *Journal of Political Economy* 76(2) : 169-217.

_____. 1976. *The Economic Approach to Human Behavior*. Chicago : University of Chicago Press.

_____. 1981. *A Treatise on the Family*. Cambridge, MA : Harvard University Press.

_____. 1996. *Accounting for Taste*. Cambridge, MA : Harvard University Press.

Beckford, James A. 1975. *The Trumpet of Prophecy : A Sociological Study of Jehovah's Witnesses*. New York : Wiley.

Berger, Peter L. 1963. "A Market Model for the Analysis of Ecumenity." *Social Research* 30 : 75-90.

_____. 1967. *The Sacred Canopy : Elements of a Sociological Theory of Religion*. Garden City, N.Y. : Doubleday.

_____. 1997. "Epistemological Modesty : An Interview with Peter

Berger." *Christian Century* 114(Oct 29) : 972-978.

_____. 2001. "Reflections on the Sociology of Religion Today." *Sociology of Religion* 62(4) : 443-454.

Berger, Peter L. and Anton Zijderveld. 2010. *In Praise of Doubt : How To Have Convictions Without Becoming A Fanatic.* 『의심에 대한 옹호』 함규진(역). 서울 : 산책자.

Besier, Gerhard and Renate-Maria Besier. 2001. "Jehovah's Witnesses Request for Recognition as a Corporation under Public Law in Germany : Background, Current Status, and Empirical Aspects." *Journal of Church and State* 43(1) : 35-48.

Beyer, Peter. 2003. "Defining Religion in Cross-national Perspective : Identity and Difference in Official Conceptions." *In Defining Religion*, edited by A. L. Greil and David G. Bromley, Amsterdam and London : JAI. 163-188.

Bouma, Gary D. 1999. "Managing Religious Diversity : From Threat to Promise." Special Edition of *Australian Religious Studies Review* 12(2).

_____. 2009. "Religious Diversity." In *The Oxford Handbook of the Sociology of Religion,* edited by Peter Clarke. New York : Oxford University Press, 506-522.

Bourdieu, P. 1990. *In Other Words.* Oxford : Polity Press.

Bradley, D. E. 1995. "Religious Involvement and Social Resources : Evidence from the Americans' Changing Lives Data." *Journal for the Scientific Study of Religion* 34 : 259-267.

Bromley, David and James T. Richardson. 1983. *The Brainwashing / Deprogramming Controversy.* Edwin Mellen Press : New York.

Bromley, David and Thomas Robbins. 1992. "The Role of Government in Regulating New and Nonconventional Religions" In *The Role of Government in Monitoring and Regulating Religion in Public Life*, Waco, TX : Dawson Institute of Church-State Studies, Baylor University.

Brown, D. R. and L. E. Gary. 1994. "Religious involvement and health status among African American males." *Journal of the National Medical Association* 86 : 825-831.

Bruno, Antonetta Lucia. 2002. *The Gate of Words : Language in the Rituals of Korean Shamans*. Leiden, Netherlands : Leiden University.

Brooke, Rosalind and Christopher Brooke. 1984. *Popular Religion in the Middle Ages : Western Europe, 1000-1300*. London : Thames & Hudson.

Brubaker, Rogers. 1984. *The Limits of Rationality : An Essay on the Social and Moral Thought of Max Weber*. London : George Allen & Unwin.

Bruce, Steve. 1992. *Religion and Modernization*. Oxford : Clarendon Press.

_____. 1993. "Religion and Rational Choice : A Critique of Economic Explanations of Religious Behavior." *Sociology of Religion* 54(2) : 193-205.

Buchanan, James and Gordon Tullock. 1962. *The Calculus of Consent*. Ann Arbor : University of Michigan Press.

Buswell, Robert E. 2007. *Religions of Korea in Practice*. Princeton, NJ : Princeton University Press.

Cadge, Wendy. 2009. "Religion, Spirituality, and Health : An Institutional Approach." In *The Oxford Handbook of the Sociology of Religion*. Ed. by Peter B. Clark. New York : Oxford University Press. pp.836-856.

Carroll, Michael P. 1987. "Praying the Rosary : The Anal-Erotic Bias in the Sociology of Religion." *Sociology of Religion* 57(3) : 225-239.

Casanova, Jose. 1994. *Public Religions in the Modern World*. Chicago : Chicago University Press.

Chesnut, R. Andrew. 2003. *Competitive Spirits : Latin America's New Religious Economy*. Oxford and New York : Oxford University Press.

Chung, David. 2001. *Syncretism : the Religious Context of Christian Beginnings in Korea*. Albany : State University of New York

Press.

Clark, C. Allen. [1932] 1961. *Religions of Old Korea*. Seoul : Christian Literature Society of Korea.

Coleman, James S. 1964. "Collective Decisions." *Sociological Inquiry* 34(2) : 166-181.

_____. 1966. "Individual Interests and Collective Action." *Public Choice* 1 : 49-62.

_____. 1988. "Social Capital in the Creation of Human Capital." *American Journal of Sociology* 94(supplement) : S95-S120.

_____. 1989. "Rationality and Society." *Rationality and Society* 1(1) : 5-9.

_____. 1990. *Foundations of Social Theory*. Cambridge : Harvard University Press.

_____. 1993. "The Rational Reconstruction of Society : 1992 Presidential Address." *American Sociological Review* 58(1) : 1-15.

_____. 1994. "A Rational Choice Perspective on Economic Sociology." *In The Handbook of Economic Society*, edited by Neil J. Smelser and Richard Swedberg. Princeton, NJ : Princeton University Press.

Collins, Randall. 1997. "An Asian Route to Capitalism : Religious Economy and the Origins of Self-Transforming Growth in Japan." *American Sociological Review* 62(6) : 843-865.

Comiskey, Joel. 2008. "Dr. Cho's Cell Groups and Dynamics of Church Growth." 『세계가 주목한 조용기 목사의 교회성장』 교회성장연구소(편). 서울 : 교회성장연구소.

Cook, Karen. 1982. "Network Structure from an Exchange Perspective." In *Social Structure and Network Analysis*, edited by Peter V. Marsden and Nah Lin. Beverly Hills, LA : Sage Publications. pp.177-199.

David G. Bromley and James T. Richardson(ed.). 1983. "The Brainwashing/Deprogramming Controversy : An Introduction." In *The Brainwashing/Deprogramming Controversy*, New York : Edwin Mellen Press. pp.1-11.

Davie, Grace. 1994. *Religion in Britain since 1945 : Believing without Belonging*. Cambridge, Mass. : Basil Blackwell.

_____. 2006. "Is European Exceptional Case?" *International Review of Mission* 95(378/379) : 247-258.

Dawkins, Richard. 2006. *The God Delusion*. Boston : Houghton Mifflin.

Dawson, Lorne L. 2009. "Church-Sect-Cult : Constructing Typologies of Religious Groups." In *The Oxford Handbook of the Sociology of Religion*, ed. by Peter B. Clarke, New York : Oxford University Press, pp.525-544.

_____. 2001. "The Cultural Significance of New Religious Movements : The Case of Soka Gakkai." *Sociology of Religion* 62(3) : 337-364.

Demerath, N. J. 1995. "Rational Paradigms, A-Rational Religion and the Debate over Secularization." *Journal for the Scientific Study of Religion* 34 : 105-112.

Diotallevi, Luca, 2002. "Internal Competition in a National Religious Monopoly : The Catholic Effect and the Italian Case." *Sociology of Religion* 63(2) : 137-155.

Dobbelaere, Karel. 1987. "Some Trends in European Sociology of Religion : The Secularization Debate." *Sociological Analysis* 50 : 377-387.

Douglas, Mary. 1986. *How Institutions Think*. Syracuse, NY : Syracuse University Press.

Durkheim, Emil. [1915]1965. *The Elementary Forms of the Religious Life*. *Trans*. by Joseph Ward Swain. New York : Free Press.

_____. [1897]1951. Suicide. New York : Free Press.

Ecklund, Elaine H. and Kristian Schultz Lee. 2011. "Atheists and Agnostics Negotiate Religion and Family." *Journal for the Scientific Study of Religion* 50(4) : 728-743.

Ellison, Christopher G. 1991. "Religious Involvement and Subjective Well-Being." *Journal of Health and Social Behavior* 32(1) : 80-99.

Ellison, Christopher G. and Darren E. Sherkat. 1995. "The 'Semi-Involuntary Institution' Revisited : Regional Differences in Church Participation Among Black Americans." *Social Forces* 73 : 1415-1437.

Ellison, Christopher G. and D. A. Gay. 1990. "Region, Religious Committment, and Life Satisfaction among Black Americans." *Sociological Quarterly* 31 : 123-147.

Ellison, Christopher G. and L. K. George. 1994. "Religious Involvement, Social Ties, and Social Support in a Southeastern Community." *Journal for the Scientific Study of Religion* 33 : 46-61.

Emerson, Richard. 1972. "Exchange Theory." In *Sociological Theories in Progress*, vol.2, edited by Joseph Berger, Morris Zelditch, Jr., and Bo Anderson. Boston : Houghton Mifflin. 38-87.

Finke, Roger. 1990. "Religious Deregulation : Origins and Consequences." *Journal of Church and State* 32 : 609-626.

_____. 1997. "The Illusion of Sifting Demand : Supply-side Interpretations of American Religious History." In *Retelling U.S. Religious History*, edited by Thomas Tweed, Berkeley and Los Angeles : University of California Press. 108-124.

Finke, Roger, and Laurence R. Iannaccone. 1993. "Supply-side Explanations for Religious Change in America." *The Annals* 527 : 27-39.

Finke, Roger, and Rodney Stark. 1992. *The Churching of America, 1776-1990 : Winners and Losers in Our Religious Economy*. New Brunswick, NJ : Rutgers University Press.

Fisher, Mary Pat. 2008. *Living Religions*. Upper Saddle River, NJ : Pearson Education Inc.

Frank, Robert H. 1985. *Choosing the Right Pond : Human Behavior and the Quest for Status*. New York : Oxford University Press.

Freud, Sigmund. [1927]1961. *The Future of an Illusion*. Garden City, N.Y. : Doubleday.

Garces-Foley, K.(ed.). 2003. "Buddhism, Hospice, and the American Way of Dying." *Review of Religious Research* 44 : 341-353.

_____. 2006. *Death and Religion in a Changing World*. London : M.E. Sharpe.

Gaustad, Edwin S. 1993. "Book Review" *The Journal of Religion* 73(4) :

640-642.

Gibbs, Eddie. 2008. "Dr. Cho's Lay Equipping Leadership and Church Growth."『세계가 주목한 조용기 목사의 교회성장』 교회성장연구소(편). 서울 : 교회성장연구소.

Gill, Anthony and Erik Lundsgaarde. 2004. "State Welfare Spending and Religiosity : A Cross-National Analysis" *Rationality and Society* 16(4) : 399-436.

Glock, C. Y. 1964. "The Role of Deprivation in the Origin and Evolution of Religious Groups." In *Religion and Social Conflict*, edited by Robert Lee and Martin E. Marty. New York : Oxford University Press. 24-36.

Glock, C. Y and R. Stark. 1965. *Religion and Society in Tension*. Chicago : RandMcNally.

Goldstein, Warren S. 2009. "Secularization Patterns in the Old Paradigm." *Sociology of Religion* 70(2) : 157-178.

Grayson, James Huntley. 1992. "The accommodation of Korean folk religion to the religious forms of Buddhism : an example of reverse syncretism." *Asian Folklore Studies* 51(2) : 199-218.

_____. 2003. Korea—A Religious History. London : Routeledge.

Habermas, Jurgen. 2006. "Religion in the public sphere." *European Journal of Philosophy* 14(1) : 1-25.

Hamberg, Eva M. and Thorleif Pettersson. 1994. "The Religious Market : Denominational Competition and Religious Participation in Contemporary Sweden." *Journal for the Scientific Study of Religion* 33(3) : 205-216.

Hamilton, Malcolm. 2009. "Rational Choice Theory : A Critique." In *The Oxford Handbook of The Sociology of Religion*, edited by Peter B. Clarke. New York : Oxford University Press. 116-133.

Hammond, P. and D. Machacek. 1999. *Soka Gakkai in America : Accommodation and Conversion*. New York : Oxford University Press.

Hampshire, Annette P. and James A. Beckford. 1983. "Religious Sects and the Concept of Deviance : The Mormons and the Moonies."

The British Journal of Sociology 34(2) : 208-229.

Halman, L. and R. Inglehart(et al.). 2008. *Changing Values and Beliefs in 85 Countries*. Leiden, Netherlands : Brill NV.

Harvey, Youngsook Kim. 1987. "The Korean Shaman and the Deaconess : Sisters in Different Guises." In *Religion and Ritual in Korean Society*. Ed. by Laurel Kendall and Griffin Dix. Berkeley, CA : Institute of East Asian Studies, University of California. 149-170.

Hechter, Michael. 1994. "The Role of Values in Rational Choice Theory." *Rationality and Society* 6(3) : 318-333.

Hechter, Michael and Satosh Kanazawa. 1997. "Sociological Rational Choice Theory." *Annual Review of Sociology* 23 : 191-214.

Howarth, Glennys. 2007. *Death & Dying : A Sociological Introduction*. Cambridge, UK : Polity.

Hummer, Robert A., Richard G. Rogers, Charles B. Nam, and Christopher G. Ellison. 1999. "Religious Involvement and U.S. Adult Morality." *Demography* 36 : 273-285.

Hunt, Stephen. 2012. "Death and Dying." In *Religion and Culture : Contemporary Practices and Perspectives*. Ed. by Richard D. Hecht and Vincent F. Biondo III. Santa Barbara, CA : Fortress Press. 231-252.

Hurst, J. 1992. *Nichiren Shishu Buddhism and the Soka Gakkai in America : The ethos of a new religious movement*. New York : Garland.

Iannaccone, Laurence R. 1988. "A Formal Model of Church and Sect." *The American Journal of Sociology* 94(Supplement) : S241-S268.

_____. 1990. "Religious Practice : A Human Capital Approach." *Journal for the Scientific Study of Religion* 29(3) : 297-314.

_____.1992. "Sacrifice and Stigma : Reducing Free-Riding in Cults, Communes, and Other Collectives." *Journal of Political Economy* 100(2) : 271-292

_____. 1994. "Why Strict Churches are Strong." *The American Journal of Sociology* 99(5) : 1180-1211.

_____. 1995. "Risk, Rationality, and Religious Portfolios." *Economic Inquiry* 33(2) : 285-295.

_____. 1998. "Introduction to the Economics of Religion," *Journal of Economic Literature* 36(September) : 1465-1496.

Iannaccone, Laurence R., Roger Finke, and Rodney Stark. 1997. "Deregulating Religion : The Economics of Church and State." *Economic Inquiry* 35(April) : 350 364.

Iannaccone, Laurence R., Daniel V. A. Olson, and Rodney Stark. 1995. "Religious Resources and Church Growth." *Social Forces* 74(2) : 705-731.

Inglehart, Ronald(et al.). 2010. *Changing Human Beliefs and Values, 1981-2007.* Mexico : Siglo XXI Editores,

Introvine, Massimo and Rodney Stark. 2005. "Religious Competition and Revival in Italy : Exploring European Exceptionalism." *Interdisciplinary Journal of Research on Religion* 1(article 5). http : //www.religjournal.com

Kastenbau, Robert J. 2007. *Death, Society and Human Experience.* New York : Pearson.

Kim, Andrew Eungi. 2005. "Nonofficial Religion in South Korea : Prevalence of Fortunetelling and other Forms of Divination." *Review of Religious Research* 46(3) : 284-302.

Kim, Sung-ho. 2002. "Rapid Modernization and the Future of Korean Christianity." *Religion* 32 : 27-37.

Kim, Tae-kon. 1998. *Korean Shamanism-Muism.* Trans. by Chang Soo-kyung. Seoul : Jipmoondang.

Kohn, Livia(ed). 2000. *Daoism Handbook.* Leiden; Boston : Brill.

Lang, Graeme, Selina Ching Chan, and Lars Ragvald. 2005. "Temples and the Religious Economy." *Interdisciplinary Journal of Research on Religion* 1 (Article 4). http : //www.religjournal.com

Lawson, Ronald. 1995. "Sect-State Relations : Accounting for the Differing Trajectories of Seventh-Day Adventists and Jehovah's Witnesses" *Sociology of Religion* 56(4) : 351-377.

Lechner, Frank J. 1991. "The Case Against Secularization : A Rebuttal."

Social Forces 69(4) : 1103-1119.

_____. 1997. "The New Paradigm in the Sociology of Religion : Comment on Warner." *American Journal of Sociology* 103(1) : 182-192.

Leuba, James H. 1934. "Religious Beliefs of American Scientists." *Harper's Magazine* 169 : 291-300.

Levin, J. S., L. M. Chatters, and R. J. Taylor. 1995. "Religious Effects on Health Status and Life Satisfaction among Black Americans." *Journal of Gerontology : Social Sciences* 50 : 154-163.

Levi-Strauss, Claude. [1962]1996. *La Pensée Sauvage*. Paris : Plon. 『야생의 사고』 안정남 (역). 서울 : 한길사.

Lim, Chaeyoon and Robert D. Putnam. 2010. "Religion, Social Networks, and Life Satisfaction." *American Sociological Review* 75(6) : 914-933.

Lim, Chaeyoon, Carol Ann MacGregor, and Robert D. Putnam. 2010. "Secular and Liminal : Discovering Heterogeneity Among Religious Nones." *Journal for the Scientific Study of Religion* 49(4): 596-618.

Malinowski, Bronislaw. 1926. "Magic, Science, and Religion." In *Science, Religion, and Reality*, edited by Joseph Needham, New York; Toronto; The Macmillan co. pp.18-84.

_____. [1948]1954. *Magic, science and religion : and other essays*. Garden City, N.Y. : Doubleday.

Mollat, M. 1986. *The Poor in the Middle Ages : An Essay in Social History*. Trans. by Arthur Goldhammer. New Haven : Yale University Press.

Martin, David. 1969. "Some Utopian Aspects of the Concept of Secularization." In *The Religious and the Secular*. London : Routledge and Kegan Paul.

Metraux, D. A. 1988. *The History and Theology of Soka Gakkai : A Japanese new religion*. Lewiston, New York : Edwin Mellen Press.

_____. 1994. *The Soka Gakkai Revolution*. Lanham, MD : University of America.

_____. 1996. *The Lotus and the Maple Leaf : The Soka Gakkai Buddhist Movement in Canada*. Lanham, MD : University of America.

Miller, Alan S. 1992. "Conventional Religious Behavior in Modern Japan : A Service Industry Perspective." *Journal for the Scientific Study of Religion* 31 : 207-214.

_____. 1995. "A Rational Choice Theory Model of Religious Behavior in Japan." *Journal for the Scientific Study of Religion* 34 : 234-244.

Natali, Carlo(ed.). 2009. *Aristotle : Nicomachean Ethics*. Book VII. Oxford ; New York : Oxford University Press.

Olson, Mancur Jr. 1965. *The Logic of Collective Action*. Cambridge, MA : Harvard University Press.

Ostow, Mortimer. 1990. "The Fundamentalist Phenomenon : A Psychological Perspective." In *The Fundamentalist Phenomenon : A View from Within, a Response from Without*, edited by Norman J. Cohen. Grand Rapids, Mich. : Eerdmans. 99-125.

Park, Young-Shin. 2000. "Protestant Christianity and Its Place in Changing Korea." *Social Forces* 47(4) : 507-524.

Penton, James M. 1985. *Apocalypse Delayed : A Story of Jehovah's Witnesses*. Toronto : University of Toronto Press.

_____. 1990. "A Story of Attempted Compromise : Jehovah's Witnesses, Anti-Semitism and the Third Reich." *The Christian Quest* 3(1) : 33-45.

Rey, Terry. 2004. "Marketing the goods of salvation : Bourdieu on religion." *Religion* 34 : 331-343.

Richardson, James T. 1985. "The Active vs. Passive Convert : Paradigm Conflict in Conversion/Recruitment Research." *Journal for the Scientific Study of Religion* 24(2) : 163-179.

_____. 1991. "Cult/Brainwashing Cases and Freedom of Religion." *Journal of Church and State*(winter) : 55-74.

Robbins, Thomas. 1988. *Cults, Converts & Charisma*. Beverly Hills, Calif. : Sage.

Robertson, Roland. 1992. "The Economization of Religion? Reflections on the Promise and Limitations of the Economic Approach,"

Social Compass 39(1) : 147-157.

Roemer, M. 2006. "Do Religious Beliefs and Membership Affect Life Satisfaction and Happiness in Japan?" Paper presented at the Annual meeting of *the American Sociological Association*, Quebec, Canada, August 10. Online <PDF>. 1-20.

Roof, Wade Clarke, and William Mckinney. 1987. *The American Mainline Religion : Its Changing Shape and Future*. New Brunswick, NJ : Rutgers University Press.

Rose, H. J. 1973. "Divination." In *A Dictionary of Religion and Ethics*. Detroit : Gale Research Co. 775-780.

Satoru, Kaneko. 1990. "Dimensions of Religiosity among Believers in Japanese Folk Religion." *Journal for the Scientific Study of Religion* 29(1) : 1-19.

Santangelo, Federico. 2013. *Divination, Prediction and The End of The Roman Republic*. New York : Cambridge University Press.

Segal, Robert. 1983. "In Defense of Reductionism." *Journal of the American Academy of Religion* 51(March) : 97-124.

Sharot, Stephen. 2002. "Beyond Christianity : A Critique of the Rational Choice Theory of Religion from a Weberian and Comparative Religions Perspective." *Sociology of Religion* 63(4) : 427-454.

Sherkat, Darren E. 1997. "Embedding Religious Choices : Integrating Preferences and Social Constraints into Rational Choice Theories of Religious Behavior." In *Rational Choice Theory and Religion : Summary and Assessment*, edited by Lawrence A. Young. Routledge Press. 65-86.

_____. 2001. "Tracking the Restructuring of American Religion : Religious Affiliation and Patterns of Religious Mobility, 1973-1998." *Social Forces* 79(4) : 1459-1493.

Sherkat, Darren E. and Christopher G. Ellison. 1999. "Recent Developments and Current Controversies in the Sociology of Religion." *Annual Review of Sociology* 25 : 363-394.

Sherkat, Darren E. and John Wilson. 1995. "Preferences, Constraints, and Choices in Religious Markets : An Examination of Religious

Switching and Apostasy." *Social Forces* 73 : 993-1026.

Simpson, John H. 1990. "The Stark-Bainbridge Theory of Religion." *Journal for the Scientific Study of Religion* 29(3) : 367-371.

Skidelsky, Robert. [1996]2000. *Keynes.* London : Oxford University Press. 『케인즈』 이상훈 (역). 서울 : 시공사.

Smith, Adam. [1776]2007. *An Inquiry into the Nature and Causes of the Wealth of Nations.* Hampshire, UK : Harriman House.

Smith, Christian. 2003. "Theorizing Religious Effects among American Adolescents." *Journal for the Scientific Study of Religion* 42 : 17-30.

Spiro, Melford E. 1966. "Buddhism and Economic Action in Burma." *American Anthropologist* 68(5) : 1163-1173.

Stark, Rodney. 1985. "Church and Sect." In *The Sacred in a Secular Age.* ed. by Phillip E. Hammond, Berkley and LA : University of California Press. 139-149.

_____. 1996. "Why Religious Movements Succeed or Fail : A Revised General Model." *Journal of Contemporary Religion* 11(2) : 133-146.

_____. 2001. "Reconceptualizing Religion, Magic, and Science." *Review of Religious Research* 43(2) : 101-120.

_____. 2007. *Discovering God : the Origins of the Great Religions and the Evolution of Belief.* New York : Harper Collins Publishers.

Stark, Rodney, Eva Hamberg, and Alan S. Miller. 2005. "Exploring Spirituality and Unchurched Religions in America, Sweden, and Japan." *Journal of Contemporary Religion* 20(1) : 3-23.

Stark, Rodney and Laurence R. Iannaccone. 1994. "A Supply-Side Reinterpretation of the Secularization of Europe." *Journal for the Scientific Study of Religion* 33(3) : 230-252.

_____. 1997. "Why the Jehovah's Witnesses Grow So Rapidly : A Theoretical Application." *Journal of Contemporary Religion* 12(2) : 133-157.

Stark, Rodney and Roger Finke. 2000. *Acts of Faith : Explaining the Human Side of Religion.* Berkeley, Los Angeles, and London :

University of California Press.

Stark, Rodney and William S. Bainbridge. 1979. "Of Churches, sects, and Cults : Preliminary Concepts for a Theory of Religious Movements." *Journal for the Scientific Study of Religion* 18 : 117-131.

_____. 1985. *The Future of Religion : Secularization, Revival, and Cult Formation*. Berkeley; LA : University of California Press.

_____. 1987. *A Theory of Religion*. New York : P Lang.

Stonebraker, Robert J. 1993. "Optimal Church Size : The Bigger the Better?" *Journal for the Scientific Study of Religion* 32(3) : 231-241.

Sullivan, Dennis H. 1985. "Simultaneous Determination of Church Contributions and Church Attendance." *Economic Inquiry* 23(2) : 309-320.

Suzuki, Kentaro. 1995. "Divination in Contemporary Japan : A General Overview and an Analysis of Survey Results." *Japanese Journal of Religious Studies* 22(3-4) : 249-266.

Swatos, William H., Jr. 1991. "Cultural-Historical Factors in Religious Economies : Further Analysis in Canadian Case." *Review of Religious Research* 33(1) : 60-75.

Swatos, William H., Jr. and Kevin J. Christiano. 1999. "Secularization Theory : The Course of a Concept." *Sociology of Religion* 60(3) : 209-228.

Swatos, William H., Jr., Peter Kivisto, and Paul M. Gustafson. 1998. "Max Weber." In *Encyclopedia of Religion and Society*, edited by William H. Swatos, Jr. Hartford Institute for Religion Research. http://hirr.hartsem.edu/ency/Weber.htm

Tiryakian, Edward A. 1993. "American Religious Exceptionalism : A Reconsideration." *American Academy of Political and Social Science* 527 : 40-54.

Thomas, Keith. 1971. *Religion and the Decline of Magic*. New York : Scribner's.

Veenhoven, Runt. 1984. *Conditions of Happiness*. Dordrecht,

Holland : Reidel.

Vernon, Glenn M. 1968. "The Religious 'Nones' : A Neglected Category." *Journal for the Scientific Study of Religion* 7(2) : 219-229.

Verter, Bradford. 2003. "Spiritual Capital : Theorizing Religion with Bourdieu against Bourdieu." *Sociological Theory* 21(2) : 150-174.

Viner, Jacob. 1978. *Religious Thought and Economic Society*. Edited by Jacques Melitz and Donald Winch. Durham, North Carolina : Duke University Press.

Wah, Carolyn R. 2001. "Jehovah's Witnesses and the Responsibility of Religious Freedom : The European Experience." *Journal of Church and State* 43(3) : 579-601.

_____. 2002. "Jehovah's Witnesses and the Empire of the Sun : A Clash of Faith and Religion During World War II." *Journal of Church and State* 44(1) : 45-72.

Wallace, Anthony F. C. 1966. *Religion* : An Anthropological View. New York : Random House.

Warner, R. Stephen. 1993. "Work in Progress towards a New Paradigm for the Sociological Study of Religion in the United States." *American Journal of Sociology* 98(5) : 1044-1093.

Weaver, Andrew J., K. I. Pargament, K. J. Flannelly, and J. E. Oppenheimer. 2006. "Trends in the Scientific Study of Religion, Spirituality, and Health : 1965-2000. *Journal of Religion and Health* 45(2) : 208-214.

Weber, Max. 1958. *The Protestant Ethic and the Spirit of Capitalism*. Trans. by Talcott Parsons. New York : Scribner.

_____. 1968. *Economy and Society : An Outline of Interpretive Sociology*. New York : Bedminster Press.

_____. [1922]1993. *The Sociology of Religion*. Boston : Beacon Press.

Willer, Daivd. 1992. "The Principle of Rational Choice and The Problem of a Satisfactory Theory." In *Rational Choice Theory : Advocacy and Critique*, edited by James S. Coleman and Thomas J. Farraro. Newbury Park, CA : Sage Publications, 49-78.

Wilson, Bryan R. 1969. *Religion in Secular Society : A Sociological Comment*. Harmondsworth : Penguin.

_____. 1975. "The Debate over Secularization : Religion, Society and Faith." *Encounter* 45 : 77-84.

_____. 1977. "Aspects of Kinship and the Rise of Jehovah's Witnesses in Japan." *Social Compass* 24(1) : 97-120.

Wilson, B. and K. Dobbelaere. 1994. *A Time to Chant : Soka Gakkai Buddhists in Britain*. Oxford : Oxford University Press.

Wood, James E. Jr. 1989. "Religious Pluralism and Religious Freedom." *Journal of Church and State* 31 : 7-14.

Woodberry, R. D. 2008. "Pentecostalism and Economic Development." In *Markets, Morals, and Religion*. Ed. by B. I. Jonathan. Brunswick, NJ : Transaction Publishers. 157-177.

Wuthnow, Robert J. 1991. "Religion as Culture." In *Religion and the Social Order*, vol. 1. Edited by D. G. Bromley. Greenwitch, CT : JAI Press.

Yang, Der-Ruey. 2005. "The Changing Economy of Temple Daoism in Shanghai." In *State, Market, and Religions in Chinese Societies*, edited by Fenggang Yang and Joseph B. Tamney. Leiden : Brill, 113-148.

Yang, Fenggang. 2006. "The Red, Black, and Gray Markets of Religion in China." *The Sociological Quarterly* 47(1) : 93-122.

_____. 2012. *Religion in China : Survival and Revival under Communist Rule*. New York : Oxford University Press.

Yang, Fenggang and Joseph B. Tamney(ed.). 2005. *State, Market, and Religions in Chinese Societies*. Leiden, Netherlands : Brill.

Yoo, Kwangsuk. 2012a. "Applicability of Religious Economy Model (REM) to the Growth of Fortunetelling in Contemporary Korea." Ph. D. Dissertation, University of Ottawa, Canada.

_____. 2012b. "Limitations of Religious Economy Model in Korean Religious Market." 『종교와 문화』 23 : 177-197.

_____. 2013. "Religiosity and Unemployment In terms of Rational Choice Theory." 『종교와 문화』 24 : 149-168.

Zaleski, Peter A. and Charles E. Zech. 1994. "Economic and Attitudinal Factors in Catholic and Protestant Religious Giving." *Review of Religious Research* 36(2) : 158-167.

_____. 1995. "The Effect of Religious Market Competition on Churching Giving." *Review of Social Economy* 53(3) : 350-367.

찾아보기

ㅇ

[저자약력]

유광석

서울대 종교학과 졸업

University of Ottawa, 종교학 석사 및 박사

서울대학교 종교문제연구소 객원연구원

한국종교학회 상임이사

한국종교사회학회 상임이사

경희대학교 정보사회연구소 연구교수

서울대 및 서강대 출강

「합리적 선택이론에서 종교적 수요의 인징싱 논쟁」,
『21세기 종교사회학(공저)』 외 다수

종교시장의 이해

2014년 9월 5일 제1판 1쇄 발행
2015년 8월 10일 제1판 3쇄 발행

저 자 유 광 석
발행인 강 희 일 · 박 은 자
발행처 다 산 출 판 사
서울특별시 마포구 용강동 494 - 85
등 록 1979. 6. 5. 제 3-86 호(윤)
전 화 717-3661~2, 718-1751~2
FAX 716-9945
조 판 민 하 디 지 탈 아 트

茶山出版社

정가 16,000원 파본은 바꾸어 드립니다.

http://www.dasanbooks.co.kr
ISBN 978-89-7110-464-4 93210

종교학

21세기 종교사회학(2014 세종도서 학술부문)

신국판 / 408쪽 / 20,000원 / 2013년 12월 발행
김성건 · 박승길 · 최현종 · 유광석 · 정태식
전명수 · 박수호 · 송재룡 · 장형철 · 김철수

기본적 인식에 기초하여 최근 세계 종교사회학계의 일각에서 주창되고 있는 중요한 '새로운 패러다임'과 연관된 다양한 연구 주제 및 동향을 종합적으로 저술하고 있다.

종교시장의 이해(2015 학술원 우수학술도서)

신국판 양장 / 264쪽 / 16,000원 / 2014년 9월 발행
유광석

종교시장이론의 핵심을 충실하면서도 깊이 있게 설명한 바탕위에서 이 이론을 한국적 상황에서 몇 가지 사례에 대해 적용하고 결론 부분에서 종교시장이론의 한계와 잠재력에 대해서 균형 잡힌 논의를 펼치고 있다.

종교와 사회진보

신국판 양장 / 224쪽 / 13,000원 / 2015년 6월 발행
송재룡 · 김성건 · 전명수 · 정승안 · 유광석 · 최현종 · 장형철

거시적으로 한국사회의 사회적 진보의 동인을 이루는 다차원적 요인들에 대한 종교문화 사회학적 접근의 이론적 및 현상적 토대를 넓히는 데에 크게 기여할 것이다.